Maria Rösslhumer **Die FPÖ und die Frauen**

Maria Rösslhumer

DIE FPÖ UND DIE FRAUEN

Döcker Verlag

Druck gefördert durch das Bundesministerium für Wissenschaft und Verkehr und die Abteilung für Stadtentwicklung und Stadtplanung, Gruppe Wissenschaft, der Stadt Wien

Deutsche Bibliothek – CIP-Einheitsaufnahme

Rösslhumer, Maria:
Die FPÖ und die Frauen / Maria Rösslhumer. Wien: Döcker, 1999
ISBN 3-85115-263-8

Coverfoto: Votava

Umschlag: fuhrer
Kern: kranz

ISBN 3-85115-263-8

A-1030 Wien, Hintzerstraße 11

Druck: Berger, Horn

Inhalt

Einleitung

23. Ordentlicher Parteitag der Freiheitlichen Partei Österreichs (FPÖ) am 9. und 10. November 1996: Auf Vorschlag von Bundesparteiobmann Jörg Haider wird mit überwiegender Mehrheit[1] eine Frau – Haiders langjährige Pressesprecherin und EU-Parlamentarierin Susanne Riess-Passer – zum »geschäftsführenden Parteiobmann«[2] der Freiheitlichen (F)[3] gewählt und das in der »männlichsten« (Hofinger/Ogris 1996, 225) aller Parteien Österreichs. Mit dieser Nominierung – für die sogar eine Statutenänderung notwendig war – unternahm Jörg Haider einen weiteren Versuch, eine Frau an seiner Seite zu plazieren. Neuerlich hoffte er, daß sie ihm *»in allen Bereichen zur Seite stehen«* (APA v. 6.11.1996) und ihn auf keinen Fall enttäuschen werde. Drei Jahre zuvor, Anfang 1993, hatte ihn Heide Schmidt, seine von ihm 1988 ernannte Generalsekretärin (und mit ihr ein Teil des liberalen Parteiflügels) verlassen. Gemeinsam mit ParteikollegInnen hatte die abtrünnige F-Spitzenpolitikerin eine neue Partei gegründet, das Liberale Forum (LIF), und ihrem Mentor den Rücken gekehrt. Der unmittelbar folgende gravierende (Mandats)Verlust[4] konnte die Freiheitlichen und Haiders Position im besonderen jedoch weder inner- noch außerparteilich wesentlich schwächen[5]. Schließlich eilt(e) die FPÖ seit den Nationalratswahlen 1986 unter ihrem Obmann Jörg Haider von Sieg zu Sieg. Die Gründe für die steile *»politische Aufwärtsbewegung«* der FPÖ, die bis zu diesem Zeitpunkt in einer *»politischen Durststrecke«*[6] steckte, sind vielfältig. Neben nationalen und internationalen Veränderungen haben vor allem der Bruch der kleinen Koalition zwischen FPÖ und SPÖ im Jahre 1986 und der personelle Wechsel an der Spitze der FPÖ zu starken Irritationen in der politischen Landschaft Österreichs geführt. Zusätzlich verunsicherten die geopolitischen Umwälzungen in Europa und sozioökonomische Einbrüche in der Arbeitsmarktsituation die österreichischen WählerInnen und führten zugleich zu einer weiteren Schwächung der traditionellen Parteien. Wirtschaftliche, sozialpolitische und vor allem sparpolitische Fehlleistungen der Regierungsparteien begünstigten die Umstrukturierung der Parteienlandschaft und die verstärkte WählerInnenfluktuation.

Die innenpolitische Fehlentscheidung der Regierungsparteien, der Parteienproporz und die unsichere Haltung der Regierung in wichtigen Fragen der Beschäftigungspolitik waren Wasser auf den Mühlen einer strategisch denkenden FPÖ, die bald entscheidende Wahlerfolge erzielte. Die aus dem politschen Siegeszug resultierenden Stimmengewinne und

Mandatszuwächse nützten bei den Freiheitlichen auch Frauen. Sie rückten in neu hinzugekommene Mandate nach. Ob dies schon einer Überwindung der »Männergesellschaft« in der bis dahin fast ausschließlich von Männern dominierten FPÖ gleichkam – wie es von Haider und einzelnen Tageszeitungen unmittelbar nach der Nominierung des weiblichen »stellvertretenen Parteiobmannes« angekündigt wurde – ist jedoch fraglich. Ein Blick in die Geschichte der FPÖ und deren Anhängerschaft zeigt nämlich, daß die Freiheitliche Partei bis heute vorwiegend für Männer eine politische Heimat darstellt. Auch die Wahlerfolge der letzten zehn Jahre hat die FPÖ beziehungsweise Parteiobmann Haider, hauptsächlich den männlichen Geschlechtsgenossen zu verdanken. Nicht nur die FPÖ-Wählerschaft, auch die Parteimitglieder und Haiders engste Gefolgschaft rekrutieren sich überwiegend aus Männern – verstärkt aus politischen Aufsteigern jüngeren Alters. Wenig überraschend wurde seine *»Bürgerbewegung«* von JournalistInnen und AutorInnen oftmals als *»Buberlpartie«*, *»Männerclan«* oder *»Haiderclan«* apostrophiert.

Ginge es nach Haiders früherer Überzeugung, so wären Frauen immer noch »Einzelfälle« in der Politik. 1978, als FPÖ-Abgeordneter zum Nationalrat und für soziale Angelegenheiten in der Partei[7] zuständig, äußerte sich Haider besonders zynisch über die von Bundeskanzler Bruno Kreisky bestellten vier Staatssekretärinnen: *»Denn wenn wir jetzt anfangen, für jeden Schwerpunkt, der im Rahmen der Regierungserklärung gesetzt wurde, einen eigenen Staatssekretär einzuführen, dann würde das ja noch nicht das Ende dieser Entwicklung bedeuten. Denn man hat ja hier nur punktuell irgendwelche Schlaglichter der Regierungserklärung herausgenommen und diesmal unter dem Deckmantel ›Frau‹ versucht, eine Fülle von neuen Regierungsfunktionären zu schaffen. Dann werden wir künftighin einen Staatssekretär zur Bekämpfung der Armut in Österreich brauchen, dann werden wir aber auch sicherlich einen Staatssekretär brauchen, der für die Schichtarbeiter zuständig ist, wenn wir jetzt einen Staatssekretär haben, der für die Belange der arbeitenden Frau zuständig ist, wie man es in den Zeitungen lesen konnte«.*[8]

1984, zwei Jahre vor seiner Übernahme der FPÖ, hoffte Haider noch, das Eindringen von Frauen in politische Gremien verhindern zu können. In einem Zeitungsinterview meinte er gegenüber einer Jornalistin: *»Das mit den Frauen in der Politik wird sich nicht halten (...) Das geht zurück, Sie werden sehen«* (Kurier v. 7.10.1984). Daß Politik nichts für »richtige« Frauen sei, davon war er überzeugt: *»Ich habe noch nie eine erotische Politikerin kennengelernt. Fast alle werden verhärmt davon. Bitte, vielleicht* *gibt es Einzelfälle, wo der Politikerjob paßt, (für) eine richtige Frau«* (ebd., 1984). Zum Schlagwort »Feminismus« meinte Haider, *»das ist eine Bewegung, die sich selbst totläuft«* (Der Standard v. 21. 08. 1995).

Zwar wurde der Frauenanteil bei den Freiheitlichen seit 1986 auf vielen politischen Ebenen gesteigert, von einem vermehrten frauenpolitischen Interesse oder gar von einer »Feminisierung« der Partei war und ist jedoch wenig zu spüren. Dies ist umso erstaunlicher, als der Frauenanteil im Parlament gerade zu Beginn von Haiders Obmannschaft, in der XVII. Legislativperiode 1986, den bis dahin höchsten Wert von 11,5% erreicht hatte (vgl. Rossmann 1995, 45).

Es stellt sich daher die Frage, warum die F-Politik trotz zunehmender Frauenpräsenz ausschließlich männlich ausgerichtet wird. Die Gründe dafür dürften einerseits darin liegen, daß die FPÖ unter Jörg Haider Frauen zwar aus wahltaktischen Gründen nicht ausschließen kann, ihren Politikerinnen im parteiinternen Entscheidungs- und Willensbildungsprozeß jedoch wenig Macht einräumt. Andererseits ist das frauenpolitische Verständnis der Freiheitlichen auch heute noch von einem *»traditionellen werteideologischen Gedankengut – nämlich der Bewahrung der Werte der Familie, Volk und Heimat«* – geprägt (Frauenbericht 1995, 586). So ist die Betonung der Familie auch im Parteiprogrammentwurf von 1997 weiterhin deutlich hervorgehoben:

»Die Familie, geprägt durch die gegenseitige Verantwortung der Generationen, ist wichtigste soziale Grundlage einer freiheitlichen Gesellschaft. Für die Familie ist das Kind konstitutiv. Durch das Kind wird eine Lebensgemeinschaft von Mann und Frau zur Familie (..). Die für Kinder notwendige Geborgenheit soll die Familie als natürliche Gemeinschaft vermitteln, keine Einrichtung des Staates vermag die Familie in ihrer Funktion vollwertig zu ersetzten« (Parteiprogramm. Der Entwurf im Wortlaut Artikel XII, (1) 1997, 17).

An diesem traditionellen Verständnis der Familie und implizit auch des Geschlechterverhältnisses hat offenbar auch die 1994 gegründete Frauenorganisation *»Initiative Freiheitliche Frauen« (IFF)* wenig geändert, obwohl die Vertreterinnen Frauen und Frauenpolitik von familienpolitischen Themen erstmals getrennt behandeln wollen.[9]

Ich teile, aufgrund meiner Recherchen, mit den Autorinnen des Frauenberichtes[10] die Meinung, daß es sich bei einem Großteil der FPÖ-Spitzenpolitikerinnen um »Kriegsgewinnlerinnen« der Frauenbewegung handelt, um Politikerinnen, die feministische Bestrebungen in der Politik immer abgelehnt, wenn nicht sogar bekämpft haben (vgl. Frauenbericht 1995,

588)[11]. Die Frage ist jedoch, warum sie dies tun und wie die FPÖ-Politikerinnen im politischen Alltag damit zurande kommen. Darüber hinaus ist von Relevanz:

Welche Frauen unterstützen die heutige FPÖ, die in erster Linie von Parteichef Jörg Haider dominiert und geleitet wird? Immerhin gilt er als ein umstrittener und für viele schwer faßbarer Politiker, dessen politisches Ziel einzig und allein die Machtübernahme im Lande ist. Außerdem ist Haider Obmann einer Partei, die heute als die beinahe stärkste rechte Partei in Europa gilt und der es gelungen ist, Österreich in den letzten Jahren stark zu demoralisieren und zu polarisieren. Sind es, so ist zu fragen, ausschließlich Frauen mit ausländerfeindlicher, konservativer oder rechtsextremer Weltanschauung, die sich für diese Partei stark machen? Handelt es sich um Frauen, die ihre eigene Rolle nicht reflektieren und das Männliche in der Politik als das Selbstverständliche und Normale ansehen?

Interessant in diesem Zusammenhang ist auch die Folgewirkung des Austritts der FPÖ-Generalsekretärin Heide Schmidt im Jahre 1993 (1988 war sie noch die erste und einzige Frau in dieser Position) und der Gründung des »Liberalen Forums« (LIF). Dieser unerwartete Schritt einer langjährigen FPÖ-Spitzenpolitikerin wurde zwar anfänglich mit Mißtrauen beobachtet, machte sie aber bald zur »Identifikationsfigur« für viele ÖsterreicherInnen. Heide Schmidt hat als Politkarrierefrau vor allem bei jenen Frauen gepunktet, die sich von der Frauenpolitik anderer Parteien nicht angesprochen fühlten – insbesondere von gebildeten »Aufsteigerinnen«, Selbständigen und Akademikerinnen (vgl. Frauenbericht 1995, 586). Das drückte sich auch in der Themenführerschaft des LIF in Frauenfragen aus (vgl. Standard-Umfrage v. 15.09.1997).[12] Welche Politikerinnen sind in der FPÖ zurückgeblieben? Welche Politik verfolgen sie? Wer wählt sie und warum?

Ausgehend von der Tatsache, daß zu dieser Thematik keine empirischen Arbeiten[13] vorliegen, soll zunächst die Frage beantwortet werden, wie Frauen aus der FPÖ zur Politik und zu ihren Spitzenpositionen gekommen sind und aus welchen Motiven sie gerade dieser Partei beigetreten sind. Dabei stehen Fragen nach der politischen Sozialisation im Mittelpunkt. Wo stießen die Frauen auf Barrieren, wie gehen sie damit um, in welchen Bereichen gibt es Widersprüche und welche Konsequenzen ergeben sich daraus?

Im ersten Teil meiner Arbeit beschäftige ich mich mit der österreichischen Parteienlandschaft, mit dem Wandel der Berufspolitik sowie mit dem Ein- und Ausschluß von Frauen aus der Politik. Anschließend greife ich den theoretischen und empirischen Diskussionsstand zur politischen Partizipation von Frauen auf – eine Zusammenfassung, die keinen Anspruch auf Vollständigkeit erhebt, wohl aber darauf, eine Disskusion anzuregen. Damit im Zusammenhang steht eine knappe Synapse der Repräsentanz von Frauen in der österreichischen Parteienlandschaft in der Zeit von 1945 bis 1997.

Der mittlere Abschnitt meiner Arbeit gilt der Freiheitlichen Partei selbst: ihrer Fraktionsgeschichte, ihrer ideologischen Entwicklung, den männerbündischen Strukturen, Haiders Frauenbild und -politik, dem Frauenbild der Freiheitlichen, der Präsenz von FPÖ-Politikerinnen auf den einzelnen politischen Ebenen und der *»Initiative Freiheitlicher Frauen« (IFF)*, die 1994 von Ursula Haubner[14], der Schwester des derzeitigen Parteiobmanns Jörg Haider, ins Leben gerufen wurde.

Kernstück der Arbeit ist die Auswertung und Analyse von Interviews mit Politikerinnen aus der FPÖ.[15] Die Interviewpartnerinnen setzen sich aus sechs Nationalratsabgeordneten, einer Bundesrätin, einer EU-Abgeordneten und der Parteiobmannstellvertreterin zusammen. Befragt wurden nicht nur Frauen, die derzeit ein politisches Amt bei der FPÖ einnehmen, sondern auch drei Ex-Parteifunktionärinnen, die entweder in eine andere Partei gewechselt sind beziehungsweise eine neue Partei gegründet oder sich fast gänzlich aus allen Parteifunktionen zurückgezogen haben. Zur Komperation und um ein möglichst umfangreiches Politikerinnenbild zu erhalten, ergänzte ich die Untersuchung durch zwei Kommunalpolitikerinnen aus Wien. Die Interviews mit den drei Ex-Parteifunktionärinnen und den beiden Gemeindepolitikerinnen sollten bei der Auswertung als Vergleichsgruppe zu den aktiven F-Spitzenpolitikerinnen dienen. Im weiteren geht es um ihre politischen Handlungspielräume (Stellenwert, Strategien, Chancen, Rekrutierung, Barrieren, Hindernisse, Kritik und Netzwerke) innerhalb der Freiheitlichen Partei und in der Politik allgemein.

Parteipolitik und Frauenpolitik

Eine Arbeit über eine politische Partei ist insofern ein schwieriges Unterfangen, als Parteien im Vergleich zu früher einem raschen Struktur- und Organisationswandel unterliegen. Während zu Beginn der Zweiten Republik bis Ende der siebziger Jahre die politisch relevanten[16] Parteien[17] in Österreich ein relativ stabiles Bild präsentierten, befindet sich die österreichische Parteienlandschaft seit Mitte der achtziger Jahre in ständiger Veränderung. Die Parteien haben sich nicht nur in ihrem Wesen – das heißt hinsichtlich ihrer Struktur, Funktion und Programmatik – gewandelt, vielmehr ist das gesamte österreichische Parteiensystem[18] im letzten Jahrzehnt einem »generellen Wandel«[19] unterworfen. Am deutlichsten ist dies am Parteienpluralismus und an der WählerInnenfluktuation der einzelnen Parteien zu erkennen. Von den drei politisch stärksten österreichischen Parteien hat die Freiheitliche Partei den gravierendsten Wandel erfahren.

Bis zur Mitte der achtziger Jahre konnten sich die Parteien an einem relativ stabilen Wahlverhalten der ÖsterreicherInnen orientieren. Ab 1983 konstatierte die Wahlforschung jedoch eine zunehmende Erosion der Parteigebundenheit von WählerInnen, die die Wahlausgänge auch für die Parteien unberechenbarer machten (vgl. Plasser u. a. 1987/3, 242). Die Ursache für die Aufkündigung von Parteiloyalitäten lag darin, daß sich Wählerinnen und Wähler bei ihrer Stimmabgabe stärker an thematischen und inhaltlichen Fragestellungen orientierten. In diesem Zusammenhang spielte auch die Etablierung der »Frauenfrage« als gesellschaftsfähiges Thema eine nicht unwesentliche Rolle. Die Parteien konnten die Forderungen von Frauen nach einer stärkeren parlamentarischen Präsenz nicht mehr länger ignorieren, ohne das Risiko weiblichen Stimmenverlustes einzugehen. Diese Entwicklung zeichnete sich bereits seit Mitte der siebziger Jahre ab, doch erst Mitte der achtziger Jahre gewährten die Parteien den Frauen größere Möglichkeiten, ihre Anwartschaft auf Mandate kundzutun (vgl. Neyer 1992, 297).

Die Krise des Parteienstaates kann auch als Reaktion auf das sich wandelnde Bild des Politikers gesehen werden. Max Webers Idealtypus eines »Berufspolitikers« – er bezieht sich *»ausschließlich auf die Spannweite männlicher Erfahrungswelt«* (Kreisky 1994, 195) – sollte mit drei Eigenschaften ausgestattet sein: mit Leidenschaft, Verantwortungsgefühl (*»ein starkes langsames Bohren von harten Brettern«*) und mit Augenmaß. Unter letzterem versteht Weber eine gewisse *»Distanz zu den Dingen und Menschen«* (Weber 1990, 27).

Webers berufspolitische Qualitäten scheinen heute ihre Bedeutung verloren zu haben. Umgelegt auf die Gegenwart spricht man heute von *»Reformwille und einer langfristigen Perspektive, die Politik zu gestalten«* anstatt von *»Leidenschaft«* für die Politik; Verantwortungsgefühl heißt heute *»Entwicklung zu Folgebewußtsein«*; statt »Augenmaß« sagt man gegenwärtig, *»in Ruhe und Skepsis die Dinge zu betrachten«* (vgl. Landfried 1994, 211). Die Fähigkeiten und Qualitäten der PolitikerInnen des frühen 20. Jahrhunderts sind obsolet geworden. Stattdessen dominieren *»Sachzwang, Hektik und Darstellungkunst«* die Politik (ebd., 211). Diese Bedingungen führten nach Landfried dazu, daß Politiker immer häufiger darauf verzichten, Reformprogramme durchzuführen und sich über eine Sache umfassend in Kenntnis zu setzen. Zur Selbstdarstellung in den Medien und zur Profilierung in der Öffentlichkeit nehmen sie sich hingegen ausreichend Zeit. Dies führt unter anderem zum schlechten Ruf der politischen Klasse in der Öffentlichkeit, denn die Bevölkerung fühlt sich nicht mehr ausreichend vertreten. Umstritten ist auch die Professionalisierung der politischen Klasse. Der zunehmende Trend, neben der Berufspolitik einem Beruf nachzugehen, erscheint vielen PolitikerInnen heute nicht mehr als problematisch. Im Gegenteil! Das Wissen aus der Praxis wird zur Legitimierung und wichtigen Ergänzung der politischen Arbeit stilisiert. Diese Deprofessionalisierung hin zum zivilen Beruf erleichtert den Zugang für »QuereinsteigerInnen«[20]. Auf die Bedeutung des »Quereinsteigertums« und dessen Konsequenz komme ich später zurück.

Wer zur Gruppe der Herrscher gehört, darüber hatte Max Weber eine sehr klare Vorstellung und für die Bezeichnung »politische Klasse« wählte er den Begriff »Berufspolitikerschicht«. Darunter subsumierte er zwei Typen von Politikern: jene, die *für* die Politik und jene, die *von* der Politik leben. Unter politischer Klasse versteht man heute (nach Klaus von Beyme[21]) ein Kartell von Parteieliten, in das auch Oppositionsparteien[22] und »Hinterbänkler«[23] eingebunden sind. Parteienstaatlichkeit ist somit eine Erscheinung der modernen Demokratie. Eine Gegenüberstellung von politischer Klasse[24] und politischer Elite[25] ist zwar möglich, aber die Personen, die mit beiden Termini bezeichnet werden, sind größtenteils ident. Eine Differenzierung zwischen politischer Elite und politscher Klasse sei daher für die heutige politische Klasse in einem gewandelten Parlament nicht mehr erklärungskräftig, meint Christine Landfried.

Denn »Hinterbänkler« würden sich vorrangig um den Ausbau von Privilegien kümmern und keinen maßgeblichen Einfluß auf politische Entscheidungen besitzen. Mitglieder der politischen Klasse wären hingegen meist *»Inhaber von Spitzenpositionen im Regierungs-, Parlaments- und Parteienbereich auf Bundes- und Landesebene (...) sie entwickeln im Laufe ihrer Karriere ein hohes Potential an gemeinsamen politischen Werten, ähnliche Karrierewege, hohen Bildungsgrad, soziale Herkunft aus der Mittelschicht«* und ähnliche ökonomische Grundlagen (Landfried 1994, 212-214). Die Mitglieder der politischen Klasse unterscheiden sich heute deutlich vom Sozialprofil der WählerInnenschaft. Da die Quantität an Frauen in Spitzenpositionen noch immer verhältnismäßig gering ist, zählen nur wenige zur politischen Klasse.

Empirische Daten zur Situation von Frauen in der Politik im allgemeinen, in den österreichischen Parteien und auf den jeweiligen politischen Ebenen im besonderen sind im Vergleich zu theoretischen Auseinandersetzungen mit Frauenpolitik[26] noch eine Mangelware. Vergleichende Überlegungen zu anderen Parteien konnten daher kaum vorgenommen werden. Meine Überlegungen basieren somit hauptsächlich auf Interviews.

Regina Köpl[27] und Irene Dyk[28] beschäftigten sich in den achtziger Jahren mit der Frauenpolitik innerhalb der SPÖ und mit Frauen im Parlament. Gerda Neyer[29] und Erna Appelt[30] setzten sich theoretisch und empirisch mit Frauen in der Sozialpartnerschaft und im Nationalrat auseinander. Gemeinsam mit anderen Autorinnen reflektierten sie das Verhältnis autonomer und institutioneller Frauenpolitik in Österreich und die Erfahrungen von Feministinnen in politischen Institutionen. Während über Frauen in der SPÖ Untersuchungen vorliegen, existiert kaum empirisches Material über die Frauen in der ÖVP[31] und in den drei Oppositionsparteien. Die von Sieglinde Rosenberger geführten Gespräche mit Funktionärinnen der Frauenorganisationen der ÖVP dienten meiner Untersuchung jedoch als hilfreicher Hintergrund. Insbesondere dort, wo es sich um die Suche nach dem Spezifischen der FPÖ-Frauen handelt. Eine repräsentative Studie über das Tätigkeitsprofil von Abgeordneten in den Bundesländern Oberösterreich, Steiermark und Vorarlberg wurde kürzlich von Elisabeth Wolfgruber im Rahmen einer Dissertation erarbeitet.[32]

In Deutschland sind inzwischen zahlreiche Veröffentlichungen und Forschungsarbeiten zum Thema Frauen und Politik erschienen. Die Untersuchungen zu Frauen in der Kommunalpolitik befassen sich mit der Frage nach den Gründen für die Unterrepräsentation von Frauen in den politischen Gremien (vgl. Hoecker 1987; Horstkötter 1990, Hünert 1996).

Beate Hoecker überprüfte Mitte der achtziger Jahre die politischen Karrieremuster von Frauen und suchte nach Erklärungen für das Präsenzdefizit von Frauen in der Politik (Hoecker 1987, 3-14). Sie ging der Frage nach, inwieweit politische Karrieren Aufstiegsrestriktionen für Frauen beeinhalten und orientierte sich am vorherrschenden karrieretheoretischen Ansatz von Dietrich Herzog[33]. Frauen wollen nicht, sie können nicht, man läßt sie nicht: Dies sind, überspitzt formuliert, die Begründungen für die marginale Präsenz von Frauen in der Politik. Anhand von fünf Thesen[34] belegte Beate Höcker, daß der »politische Elitenselektionsprozeß weitgehend auf männliche Biografien zugeschnitten ist« und daß männliche Politiker kaum interessiert sind, partriarchale Systeme zu verändern (vgl. auch Wolfgruber 1997, 15). Mit Hilfe der Abkömmlichkeitsthese (*»Frauen haben keine Zeit«*) argumentiert Hoecker, daß Hausarbeit und Kindererziehung nach wie vor Frauensache seien und eine Beteiligung von Männern – wenn überhaupt – nur sehr bescheiden ausfiele. Während Frauen gesellschaftliche Restriktionen in Kauf nehmen müßten, wenn sie im öffentlichen Raum aktiv würden, sei es für Männer selbstverständlich, sich dafür von der Familie abkömmlich zu machen. Die Isolationsthese (*»Frauen sind Außenseiter«*) fußt auf der Tatsache, daß Frauen bei der Gestaltung unserer Lebenswelt andere Akzente setzen und sich im Gegensatz zu den Männern für die »weichen« politischen Themen wie Abrüstung, Frieden, Umwelt- und Sozialpolitik sowie Frauen- und Familienpolitik interessieren. In der Öffentlichkeit wird jedoch männerdominierten Interessensgebieten wie Wirtschafts-, Finanz- und Außenpolitik mehr Aufmerksamkeit, Macht und Prestige zugeschrieben. Als Reaktion auf die Sozialstrukturthese (*»Frauen sind nicht kompetent«*) konnte Hoecker nachweisen, daß weibliche Parteimitglieder ein ähnliches Bildungsniveau aufweisen wie männliche und in politischen Belangen ebenso kompetent agieren wie diese. Da sich der Rekrutierungsprozeß der Parteien aber an der Berufsposition des öffentlichen Bereichs orientiert, werden Frauen für ihre Tätigkeiten als Hausfrauen und Mütter nicht mit dem politischen Aufstieg in der Partei belohnt. Verstärkt wird diese Tatsache dadurch, daß Männer in ihren Fraktionen die Mehrheit stellen und einander auf dem Weg zur Spitze wechselseitig stützen und fördern. Hinsichtlich der Diskriminierungsthese (*»Frauen sind nicht politikfähig«*) konnte Hoecker zeigen, daß Frauen in der Politik trotz gesetzlich anerkannter Gleichberechtigung nach wie vor diskriminiert werden. Die Gesellschaft weist Frauen geschlechtsspezifische Rollen zu, die im herrschenden Parteien- und Politiksystem keine adäquate Funktionszuweisung erfahren, und sie schafft gleichzeitig für Männer Funktionen, die eine komfortable Verbindung von Beruf und Politik ermöglichen.

Unter der Sozialisationsthese (*»Frauen sind nicht motiviert«*) faßt Hoecker jene Erklärungen zusammen, die Unterschiede zwischen weiblicher und männlicher Sozialisation für das Präsenzdefizit von Frauen in der Politik verantwortlich machen: Danach fehle es Frauen an langfristiger Aufstiegs- und Karriereplanung. Sie zeigten weniger Interesse an aktiver politischer Arbeit und an Kandidaturen für Parteiämter oder öffentliche Funktionen. Sie bevorzugten außerdem die passive Mitgliedsrolle in einer Partei. Im traditionellen Frauenbild liege ihre Konzentration auf Familie, Freundeskreis und Herstellung von Harmonie. Hoecker konnte jedoch nachweisen, daß Politikerinnen eine gleich große Bereitschaft wie ihre Berufskollegen besitzen, politische Verantwortung in Führungspositionen zu übernehmen (Hoecker 1987, 143).

Publikationen mit Interviews von Politikerinnen zu ihrer politischen Arbeit sind im letzten Jahrzehnt vielzählig herausgebracht worden (z. B. Huber 1984; Lepsius 1987; Götte 1991; Volk 1992; Kahlweit 1994). Weitere Autorinnen wie Birgit Meyer (1992), Virginia Penrose (1993) und Bärbel Schöler-Macher (1991, 1994) beschäftigten sich damit, was weibliche Politik sein könnte und wie Frauen mit Macht umgehen. Schöler-Macher ging im Rahmen einer Forschungsarbeit auch dem Phänomen der »Fremdheit« von Frauen in der Politik und dem subjektiven Erleben von Frauen nach. Ihre Aufmerksamkeit richtete sich dabei auf die Strukturen, die jenes Gefühl der Fremdheit erzeugen.

Der schwierigen Beziehung zwischen Politikern und Politikerinnen im österreichischen Parlament widmete Eva Rossmann eine journalistische Arbeit. Sie dokumentierte durch die wörtliche Wiedergabe von Aussagen zahlreicher Parlamentarier aller Parteien, welche Verhaltensweisen und Redewendungen männliche Nationalratsabgeordnete anwenden, wenn sie mit Frauen in der Politik konfrontiert werden (Rossmann, 1995).

Faktum ist, daß Frauen seit Beginn der siebziger Jahre ihr politisches Verhalten überdacht und geändert haben und sich ihrer Bedeutung in männerpolitischen Zusammenhängen bewußter sind. Die breite öffentliche Diskussion der letzten Jahre über Gleichberechtigung hat jedenfalls dazu geführt, daß frauenfeindliche Einstellungen kaum mehr offengelegt werden.

»Mit der Erlangung des Wahlrechts und der Verankerung des Gleichheitsgrundsatzes in der Verfassung wurden Frauen zwar formal die gleichen

politischen Rechte zuerkannt wie Männern; die politische Wirklichkeit von Frauen hat sich dadurch nur partiell verändert. Noch immer ist das politische System durch einen männlichen Geschlechtsmonismus geprägt, der Normen, Strukturen und Funktionsweisen des Politischen bestimmt« (Neyer 1997, 185).

Auch nach der Wiedererrichtung der Demokratie im Jahre 1945 gab es nur schwerfällige Veränderungen in der Repräsentanz von Frauen in den politischen Institutionen. Von den 165 Abgeordneten zum Nationalrat waren bis Ende der sechziger Jahren neun Personen Frauen, was einem Anteil von 5,5% entspricht. Sieben gehörten der Sozialdemokratischen Partei an und zwei der ÖVP. Erst mit dem Aufkommen der autonomen Frauenbewegung Mitte der siebziger Jahre, ihrer wachsenden gesellschaftlichen Bedeutung und ihrem zunehmenden Einfluß auf die Geschlechterpolitik der Parteien kam es langsam zu einem deutlichen Anstieg der politischen Partizipation von Frauen. 1986 erhöhte sich der Frauenanteil im Parlament auf über 10% und 1994 auf über 20%. Nach der letzten Nationalratswahl im Dezember 1995 stellten Frauen ein Viertel (25, 7% = 47) aller Nationalratsabgeordneten. Mit Stand vom 20. März 1997 sind 49 von 183 Abgeordneten Frauen, das ergibt einen Frauenanteil von 26,8%.

Seit Mitte der siebziger Jahre hat sich der Frauenanteil im Nationalrat somit mehr als verdreifacht. Damit liegt Österreich international auf dem sechsten Rang unter den 21 Europaratsmitgliedern beziehungsweise weltweit an der siebenten Stelle unter 177 Ländern. Der internationale Vergleich relativiert sich jedoch angesichts der Tatsache, daß Frauen zwar die Mehrheit der Wahlberechtigten darstellen, aber durch weniger als ein Viertel Frauen im Nationalrat vertreten sind. Diese Disparität im Geschlechterverhältnis führt letztlich auch zur begrenzten Einflußnahme von Frauen auf den politischen Diskurs und auf die politischen Entscheidungen (vgl. Neyer 1997, 187).

Die sozial-, gesellschafts- und frauenpolitischen Errungenschaften der letzten Jahre verdanken Frauen dem gemeinsamen Kampf von feministischen Frauenpolitikerinnen und autonomen Frauen. Dank ihres Einsatzes konnte die Politik zur gesetzlichen Gleichberechtigung der Geschlechter[35] forciert werden.

Die Geschichte der institutionellen Frauenpolitik in Österreich ist nur im Zusammenhang mit der Frauenbewegung[36] erklärbar. Auf der einen Seite entwickelte sich die informelle, außerinstitutionelle Politik der neuen, autonomen Frauenbewegung, die ihr Netz außerhalb der etablierten Organisationen knüpfte, und auf der anderen Seite die institutionelle Frauenpolitik im Kontext der bestehenden staatlichen und gesellschaftlichen Einrichtungen. Die neue autonome Frauenbewegung *»schuf ein Klima, das für Frauendiskriminierung sensibel machte«*, sie verstand sich als *»Widerstand gegen patriarchale Selbstverständlichkeiten«*, brachte *»privatisierte Tabus wie die Gewalt gegen Frauen an die Öffentlichkeit, kämpfte zur Beseitigung der Kriminalisierung der Abtreibung, forderte (...) die Vergesellschaftung von Familien- und Beziehungsarbeit«* (Rosenberger, 1992, 59).

Die institutionelle Frauenpolitik war realpolitisch über weite Strecken Gleichberechtigungspolitik. Beruflich, soziale und politische Ungleichheit der Frauen, gemessen an den männlichen Standards, war ihr Thema in den 70er und 80er Jahren. Die Sozialdemokratische Arbeiterpartei – die Vorgängerin der heutigen SPÖ – engagierte sich bereits in der ersten Republik für die staatsbürgerliche Gleichheit der Geschlechter, für spezielle Arbeitsschutzgesetze für berufstätige Frauen und für die Entkriminalisierung der Abtreibung. Die Formulierung von Frauenfragen hat in der sozialistischen Politik Tradition. Die SPÖ war 1970 auch die erste politische Partei, die zumindest programmatisch ein Naheverhältnis zu Frauenfragen herstellte. Sie versuchte auch, den wachsenden Frauenprotest aufzufangen, die entstehende Frauenbewegung in die Partei einzubinden und ihr Angebote der Zusammenarbeit zu machen (vgl. Rosenberger, 1992, 57-62). Erfolge in Sachen Frauenpolitik gab es immer dann, wenn Frauenpolitikerinnen und autonome Frauen zusammenarbeiteten. Welche Positionen und Standpunkte Politikerinnen entwickeln, die weder mit der autonomen Frauenbewegung, noch mit emanzipatorischer Frauenpolitik zu tun haben wollen, wird uns in weiterer Folge beschäftigen.

Die Entwicklung der Freiheitlichen Partei Österreichs

Auch wenn sich die heutige FPÖ unter Parteiobmann Jörg Haider nicht mehr als klassische Repräsentantin des »dritten Lagers«[37] sieht, sondern – auf Grund des enormen Zuwachses an WählerInnen seit der Mitte der achtziger Jahre – als eine »Mittelpartei«[38], werden die Freiheitlichen *»immer noch als die jüngste parteipolitische Manifestation«* mit jenem über 100 Jahre alten »dritten Lager« assoziiert (Luther 1997, 286). Dazu zählten vor allem dezentralisierte Honoratiorenparteien[39] mit regionalen Hochburgen wie Kärnten, Oberösterreich und Salzburg.[40] Die politischen Formationen des »dritten Lagers« waren gekennzeichnet durch eine relativ niedrige Organisationsdichte, eine eher flukturierende WählerInnenschaft und eine hohe Neigung zu internen – meist ideologischen – Auseinandersetzungen. Männliche, anti-klerikale, anti-sozialistische, liberale und (deutsch)national gesinnte WählerInnen und Funktionäre vereinigten sich im »dritten Lager«, wobei die Deutschnationalen in der ersten Republik am zahlreichsten vertreten waren. Dies ist womöglich eine Erklärung dafür, warum diese Parteien relativ früh und ohne großen Widerstand in der NSDAP aufgingen. 1945 etablierten sich die Volkspartei (ÖVP), die Sozialdemokraten (SPÖ) und die Kommunistische Partei (KPÖ), das deutschnationale »dritte Lager« blieb jedoch aus dem Gründungsakt[41] und vorerst auch von den Wahlen ausgeschlossen. Erst mit der 1949 gegründeten »Wahlpartei der Unabhängigen« (WdU) – aus verfassungsrechtlichen Gründen in »Verband der Unabhängigen« (VdU) unbenannt – trat wieder eine Gruppierung zur Nationalratswahl an, die für ehemalige NationalsozialistInnen wählbar war. Der Verband der Unabhängigen (VdU), »der als liberales Gegengewicht zum Großparteienproporz sowie als Mittel zur Integrierung ehemahliger Nazis und anderer Unzufriedenen« (Kraus 1988, 193-224 zitiert nach Luther, 1997, 286) geplant war, wurde 1955 aufgrund interner Konflikte aufgelöst. Mit dem Gründungsparteitag vom 7. April 1956 ging aus den Vorläuferorganisationen die »Freiheitliche Partei Österreichs« (FPÖ) hervor. Der innerparteiliche Spagat zwischen den liberalen Grundsätzen, denen sich einige Gründungsväter des VdU verpflichtet fühlten, und dem Nationalismus führender FPÖ-Funktionäre sowie der Ausrichtung auf eine breite WählerInnenschaft glückte mehr schlecht als recht.[42] Außerdem standen mit den Obmännern Anton Reinthaller (1956-58) und Friedrich Peter (1958-1978) ehemalige Nationalsozialisten an der Spitze der Partei.

Der Politologe Kurt Richard Luther, der die Geschichte der Bundes-FPÖ in vier Perioden unterteilt, sloganisiert das erste Jahrzehnt der FPÖ mit »Ghettopartei«: organisatorisch schwach, programmatisch national, in der Wählergunst stark sinkend und vom politischen Geschehen weitgehend ausgeschlossen (vgl. Luther 1997, 287). In der »Normalisierungsphase«, Mitte der sechziger Jahre, habe der damalige Parteiobmann Friedrich Peter die FPÖ aus ihrer Isolation herauszuführen versucht, was auch teilweise gelungen sei und die dritte Phase der politischen Akzeptanz ab 1978 unter Parteichef Alexander Götz (1978-1980) herbeigeführt habe. Andererseits wurden die seit der Gründung der Partei immer wieder aufbrechenden innerparteilichen Konflikte zwischen liberal und national gesinnten FunktionärInnen damit nicht aus der Welt geschafft. Die radikalsten Gruppierungen innerhalb FPÖ zeigten wenig Verständnis für die in Richtung SPÖ gerichtete Konsenspolitik.[43] Unter Parteiobmann Norbert Steger (1980-1986) erlangte die FPÖ erstmals Regierungsbeteiligung und bildete eine kleine Koalition mit der SPÖ. Die Zeit der Koalition mit den Sozialdemokraten führte jedoch die damals organisatorisch noch unterentwickelte und nicht regierungsfähige Partei beinahe in den politischen Ruin. *»Unter Steger mußten wir eigentlich immer Angst haben, aus dem Parlament rauszufliegen«* erzählte eine der Interviewpartnerinnen. Die Verschlechterung der wahlpolitischen Position und die immer größer werdenden internen Auseinandersetzungen in Zusammenhang mit Norbert Stegers starker Betonung des Liberalismus mündeten im Herbst 1986 in der Wahl des politischen Aufsteigers Jörg Haider zum neuen Bundesparteiobmann. Damit trat die FPÖ in eine Phase des populistischen Protests ein. Mit dem neuen Parteichef an der Spitze begann die erfolgreichste Zeit in der Parteigeschichte der FPÖ, vor allem hinsichtlich der Wahlergebnisse und der Mandate. Gleichzeitig wird der FPÖ unter Haider seit damals Koalitionsunfähigkeit vorgeworfen, was zur Folge hat, daß die Freiheitlichen bis heute keine Regierungsverantwortung bekamen.

VON DER PARTEI ZUR »BÜRGERBEWEGUNG«

Um welches Parteienwesen beziehungsweise um welche soziologische Parteistruktur handelt es sich bei den Freiheitlichen? Läßt sich die FPÖ überhaupt als Mitgliederpartei, Kaderpartei, WählerInnenpartei, Weltanschauungspartei, Klassenkampfpartei, Honoratiorenpartei etc. bezeichnen, noch dazu, wo sie sich seit Jänner 1995 selbst als *»Bewegung«*, genau genommen als *»Bürgerbewegung«*[44], definiert?

»Die FPÖ ist zweifellos für österreichische Verhältnisse keine Mitgliederpartei. Sie ist eine Wählerpartei« schrieb Erich Reiter 1982 und erklärte seine Feststellung damit, daß *»im Verhältnis der Wähler die Mitgliederzahl sehr gering ist«*[45]. Auch wenn der Trend des FPÖ-Mitgliederstandes während der letzten zehn Jahre im Steigen begriffen war (+21%), trifft Reiters Zuordnung der Freiheitlichen zu den Wählerparteien – trotz großer Unterschiede in der Mitgliederdichte der Partei in den einzelnen Ländern – auch heute noch zu (vgl. Luther 1997, 292). Bei den Nationalratswahlen 1994 und 1995 erreichte die FPÖ mehr als eine Million WählerInnenstimmen (1,042.332/ 1,060.175), der Mitgliederanteil betrug bloß 43.764 und 44. 541.

Nach Bodo Zeuner, der sich mit Parteistrukturen befaßt, gehören dezentrale Strukturen mit Fraktionsdisziplin zu den Merkmalen von Honoratiorenparteien. Die Hauptorganisationsprinzipien einer Honoratiorenpartei sind seiner Ansicht nach:

- Relative Unabhängigkeit der einzelnen Abgeordneten sowohl gegenüber der Fraktionsführung als auch gegenüber der außerparlamentarischen Partei;
- Unabhängigkeit der örtlichen Parteikomitees voneinander;
- geringe Zahl der Mitglieder dieser Komitees und geringes Interesse, mehr Mitglieder zu gewinnen;
- zeitliche Begrenzung der Komiteetätigkeit auf den Wahlkampf; Einflußunterschiede in den Komitees nach wirtschaftlicher Macht und örtlichem Ansehen.

Elemente dieser Struktur fanden sich in allen Parteien des »dritten Lagers«. Sie sind heute auch in konservativen und liberalen Parteien anzutreffen. Die Mitbestimmung der Mitglieder spielt in diesen Organisationstypen kaum eine Rolle (vgl. Zeuner 1969, 22-24). Einige Fraktionsgrundsätze finden sich auch in der heutigen FPÖ wieder. Durch die Wahlerfolge der Partei seit 1986 wurden auch prominenten, parteilosen »Quereinsteigern« sichere Listenplätze auf höchsten Funktionärs- und Mandatarspositionen zugeteilt. Diese Praxis hat jedoch zur Folge, daß die Loyalität der Parteineulinge weniger der Parteibasis gilt, als der Person des Bundesparteiobmanns. Häufige Personalrochaden und ein an der Person des jeweiligen Parteiobmanns ausgerichteter Stil sind daher typische Erscheinungen der Honoratiorenparteien des »dritten Lagers«. Diese dürften in der heutigen Partei unter der jetzigen Parteiführung

»ein übermäßig hohes Ausmaß erreicht (...) haben« konstatiert der Politologe Luther (1997, 290).

Auf ihrem außerordentlichen Parteitag im Linzer Design-Center im Jänner 1995, unmittelbar nach der Nationalratswahl, beschlossen die Freiheitlichen, sich von nun an nicht mehr durch den in die Jahre gekommenen Begriff »Partei« zu charakterisieren, sondern sich »Bewegung« zu nennen. Eine Umwandlung mit Symbolcharakter, denn sie sollte eine klare Absage an den von der FPÖ immer schon angeprangerten Parteienstaat darstellen (vgl. Luther 1997, 290).

Da die neue Bezeichnung parteiintern wenig Akzeptanz fand und das »Bündnis Bürger '98« um die liebgewonnene Parteiförderung der Altpartei FPÖ umgefallen wäre, blieben von dem Wandlungsbeschluß nur das lautmalerische Kürzel »F« und die Umbenennung des »Freiheitlichen Bildungswerkes« in »Freiheitliche Akademie« übrig.[46] Die »Bewegung« bildete somit zusammen mit der beibehaltenen Partei das »Bündnis Bürger '98«[47]. Zweck der Partei sollte »die Unterstützung von Bürgerbewegungen zur Beteiligung an der politischen Willensbildung und Entscheidungsfindung« (§ 2 [2] OS) sein. Die Bürgerbewegung strebt folgende Ziele an: festere Bindung der WählerInnenschaft an die Partei; Zugriff auf eine breite Auswahl an potentiellen MandatarInnen (darunter QuereinsteigerInnen); Vorwahlen, und zwar nach dem amerikanischen Vorbild, wodurch die Medienpräsenz der Partei gestärkt werden sollte.

Zusätzlich zu den genannten Reformzielen wurden dem äußersten Kreis der Bürgerbewegung, den sogenannten neuen BündnisbürgerInnen *»neue Möglichkeiten zur Mitarbeit«* (GO 1, 2 und 6-8) angeboten. Inwieweit »Bürger« geschweige denn »Bürgerinnen« in der FPÖ-Bewegung tatsächlich Mitbestimmungsrecht besitzen, ist jedoch fraglich. Die Chancen zur Mitbestimmung waren in der Realität nämlich äußerst beschränkt und hingen vom Besitz einer »Zutrittskarte« ab, denn nur Parteimitglieder erhielten infolge dieser Reform die »Partei-Card« und nur sie genossen automatisch aktives und passives Wahlrecht. Die neuen »BündnisbürgerInnen« konnten je nach Engagement, Alter, Herkunft und finanziellen Ressourcen in den Besitz einer »Info-Card«[48], »Aktiv-Card« oder »Förderer-Card« gelangen (vgl. Schranz o. J., 5). InfokartenbesitzerInnen[49] wird der Zugang zu politischen Informationen beziehungsweise zum »Infotelefon« gewährt. InhaberInnen einer »Aktivkarte« sind darüber hinaus zur Teilnahme an Seminaren und Arbeitskreisen berechtigt. Außerdem erhalten sie – wenn gewünscht – innerhalb von vierzehn Tagen einen Termin bei einem/einer Parlamentarier/in. Unter bestimmten Umständen[50] wird dieser Gruppe auch das aktive oder passive Wahlrecht bei Wahlkonventen[51] zugestanden. Um in den Besitz einer Fördererkarte zu kommen, ist ein Mindestbetrag von ATS 10.000,- zu erbringen, als Gegenleistung werden Informationen und die Teilnahme an geselligen Veranstaltungen angeboten und *»bei Erfüllung der Vorraussetzungen für eine Aktivkarte eventuell auch die damit verbundenen Rechte«* zur Mitbestimmung (Luther 1997, 291).

Die Hauptfunktion, die den »BündnisbürgerInnen« daher zukommt, ist hauptsächlich die von »billigen WahlhelferInnen«,[52] da Bundesparteivorstand, Präsidium und Parteitag als Gremium erhalten bleiben und der Obmann weiterhin fast ausschließlich von den Delegierten des Parteitags gewählt wird (vgl. auch Schranz o. J., 5)[53].

Die FPÖ: ein moderner »Mischtyp«?

Die »reine« Honoratiorenpartei, die demokratische Massenpartei, die kommunistische Kaderpartei, die faschistische Führerpartei und die moderne Mehrzweckpartei existieren heute nicht mehr, doch haben die heutigen Parteiorganisationen gewisse Elemente dieser Parteien übernommen. Zu einem dieser modernen »Mischtypen« (Zeuner) dürfte meiner Meinung nach auch die »Haiderpartei« gehören. Das zeigt sich allein schon an dem erwähnten Finanzierungsmodus der FPÖ, zu dem mittlerweile auch Mitgliedsbeiträge gehören. Während Honoratiorenparteien von zeitweilig und zufällig eingehenden Spenden einzelner finanziert wurden, decken Massenparteien ihren Finanzbedarf aus Beiträgen der einfachen Mitglieder ab.

Bis in die Mitte der achtziger Jahre war die FPÖ keine »Massenpartei« oder »Volkspartei«, weil sie stets auf das Ansprechen von Minderheiten ausgerichtet war. Mittlerweile ist eine Einstufung als »Volkspartei« für die heutige FPÖ aus mehreren Gründen gerechtfertigt: zum einen, weil man unter der Bezeichnung »Volkspartei« eine Partei versteht, die ihrem Wesen nach möglichst alle Schichten der Bevölkerung anspricht. Die FPÖ unter der Führung Jörg Haiders bemüht sich seit 1986 intensiv um immer neue WählerInnenschichten. Nachdem er einen Großteil der erwerbstätigen Männer als Wähler erreicht hatte, versucht Jörg Haider seit geraumer Zeit den weiblichen Teil der Bevölkerung, religiöse Menschen und auch das »intellektuelle Klientel« (Der Standard v. 31.05./ 01.06.1997) für sich zu gewinnen. Zum anderen bezeichnet sich die FPÖ selbst aufgrund der geringen traditionellen AnhängerInnen und ihrer seit 1986 enorm angewachsenen WählerInnen als *»Partei der Mitte«* (Ewald Stadler), die als *»mittelfristiges Ziel eine Profilierung als ›Volkspartei‹ anstrebe«* (Plasser zit. n. News v. 31.07.1997).

Der Begriff »Volkspartei« ist auch als Gegensatz zur »Weltanschauungspartei« gemeint. Von einer klaren Ideologie oder festgesetzten Weltanschauung kann im Vergleich zur Gründungspartei der Freiheitlichen nicht mehr die Rede sein, vielmehr ist eine große *»Bandbreite an Meinungsbildungen«* vorhanden (Luther 1997, 299). *»Es reicht von liberalen bis hin zu konservativen beziehungsweise an den Rechtsradikalismus grenzenden Ideen und umfaßt unzählige Formen und Mischungen der nationalen und liberalen FPÖ-Traditionen, wovon aber nur wenige in intellektuell anspruchsvoller und intergrierter Form vorliegen«* (ebd., 299).

Jörg Haider bemüht sich seit einiger Zeit auch um die Stimmen von ArbeitnehmerInnen. Sie zu erreichen scheint ihm letztlich gelungen zu sein. So sprachen die Medien unmittelbar nach den Wahlerfolgen der letzten Jahre von der neuen *»Arbeiterpartei«* (Profil v. 09.09.1996). Unabhängig davon, wie sehr sich die Freiheitlichen tatsächlich für die ArbeiterInnen einsetzen, bezeichnen sie sich selbst jedenfalls als die *»unumstritten größte Arbeitnehmerpartei«* (Ewald Stadler, in: Profil v. 15.09.1997). Hier möchte ich ein Interviewzitat einer FPÖ-Politikerin vorziehen, die den WählerInnenzuwachs wie folgt analysierte:

»Durch den unheimlichen Zuwachs der Wähler (...) haben wir soviel Arbeiter dazug'kriegt. Das haben wir nie gehabt. Wir haben ja sehr viel von der SPÖ abgesahnt. Da muß man natürlich auch mehr Arbeiterpolitik, Arbeitnehmerpolitik machen« (Interview 7).

Die FPÖ: eine moderne »Führerkultbewegung«?

Die neuen FunktionärInnen um den Parteichef Jörg Haider präsentieren sich als junge dynamische Truppe. Es sind in erster Linie jüngere, aktiv wirkende Männer, die politisch eher unbedarft sind. Aber auch jene Frauen, denen es gestattet wurde, in der FPÖ Spitzenpositionen einzunehmen, geben sich fortgeschrittlich, erfolgreich, emanzipiert und gleichberechtigt, als moderne Karrierefrauen.

Fast alle SpitzenfunktionärInnen führen ihren Beitritt in die FPÖ auf ihre Verstimmung über die herrschenden politischen Umstände – genauer: auf den Proporz und die Parteibuchwirtschaft – zurück. Der Hauptgrund des FPÖ-Engagements der F-PolitikerInnen lautet: *»Hier kann man etwas bewegen«* (Profil v. 13.01.1997) beziehungsweise die FPÖ sei *»die einzige Partei, die derzeit Reformen durchzieht«* (Interview 10).

Weltanschauliche Motive und ideologische Argumente spielen bei den »HaiderianerInnen« hingegen keine allzugroße Rolle.

Harry Schranz meint dazu: *»Die Intention, die hinter dieser Imitation amerikanischer Vorbilder steckt, liegt auf der Hand. Haider will eine Bewegungsromantik simulieren, vortäuschen, daß in der FPÖ im Gegensatz zu den anderen Parteien ›etwas in Bewegung ist‹. Damit sollen vor allem junge und politisch eher unbedarfte Menschen ›eingefangen‹ werden, für die gleichzeitig der ›Apparatschik‹ in den Altparteien als Feindbild aufgebaut wird«* (Schranz o. J, S. 5).

Die FPÖ: eine Law and order-Bewegung?

Daß es sich beim Führungsstil des Parteichefs Jörg Haider um einen monokratischen Führungsstil handelt, stellte der Obmann in seiner politischen Laufbahn bereits mehrmals unter Beweis. Offen zutage kam es vor allem in seinem Umgang mit Menschen. Die Aggressionen Haiders richteten sich nicht nur gegen politische Gegner und Feindbilder, innerparteiliche Opponenten und Konkurrenten, die einen autoritären Führer nicht dulden wollten, sondern auch gegen einstige Freunde, Förderer und Kampfgenossen. Bei seinen politischen Liquidierungen schreckte der Parteiobmann auch nicht vor jenen Personen zurück, die einst zu seinem Aufstieg beigetragen hatten. *»Der Weg Haiders ist mit unzähligen politischen Leichen gepflastert. Mit solcher Rücksichtslosigkeit ging bisher noch kein anderer österreichischer Politiker gegen Konkurrenten und ehemalige Parteifreunde vor«* kommentierten Brigitte Bailer-Galanda und Wolfgang Neugebauer (1997, 31) das Vorgehen Haiders.

DIE FORMALE ORGANISATION DER FPÖ

Der formale Parteiaufbau ist trotz Neuerungen im Jahre 1992 und 1995 seit der Gründung weitgehend gleichgeblieben. Dennoch machen sich unter der jetzigen Parteiführung einige Veränderungen bemerkbar, die sich auf die Organisation auswirken.

Durch die Mandatszugewinne seit der Mitte der achtziger Jahre hat sich vor allem die Präsenz von Ex-offizio-Mitgliedern in den Parteigremien erhöht. So ist z.B. die Zahl der wegen ihres Mandats zur Mitgliedschaft in der Bundesparteileitung berechtigten Personen von 14 (1981) auf ungefähr 156 (1996) und 226 (1997) angestiegen. Gleichzeitig hat zwischen 1990 und 1994 auch eine Reduktion der direkt gewählten Mitglieder in den höchsten Gremien stattgefunden. Dabei wurde die Anzahl der vom

Organe	Mitglieder	Treffen	Funktionen
Bundesparteitag höchstes Parteiorgan.	Bundesparteileitung u. Delegierte aus den Landesgruppen im Verhältnis zu Mitgliederzahlen u. seit 1992 auch aus den Nationalrats- und Landtagswahlergebnissen	alle 2 Jahre	Wahl des BPO und seiner fünf StellvertreterInnen, Mitglieder der B-parteileitung, B-parteigerichts, Rechnungshof, Verabschiedung des Parteiprogramms. Beschlußfassung über Anträge der Bundesparteileitg. u. Delegierten. Änderungen des OS seit 1995 für »das Öffnen der Partei für neue Formen von Bündnissen mit Bürgern«.
Bundesparteileitung zweithöchste Instanz 156 Mitglieder (Stand Mai '96) 226 Mitglieder (Sept. 1997)	Regierungsmitglieder aus Bund- u. Land u. NR-abg. u. BRabg. u. seit '95 Landtagsabg. u. EU-Abg. u. Mitglieder des B-parteivorst.[1]	vierteljährlich	finanzielle und personelle Aufsicht innerhalb der Partei. Durchführung der Bundestagsbeschlüsse. Beschlußfassung mit Zweidrittelmehrheit über Änderungen der GO.
Bundesparteivorstand zwischen 1990 und 1996 von 22 auf 34 Mitglieder vergrößert (Stand Mai '96). 37 Mitglieder (Sept. '97)	Mitglieder d. Parteipräsidiums und vier v. Bundesparteitag gewählte Mitglieder und seit '92 Obmänner d. Landesklubs	monatlich	bemächtigt in dringenden Fällen Funktionen der Parteileitung auszuüben, jedoch mit nachträglicher Billigung der Parteileitung.
Bundespartei-präsidum jüngstes Parteiorgan seit 1976 eingeführt 13 Personen[2] (Stand Mai 1996) 19 Personen (Sept. '97)	Parteiobmann u. fünf Stellvertr. u. geschäftsf. Obmann des NR- u. BRklubs u. neun geschäftsf. Landesparteiobmänner[3]	14tägig	Besorgung der laufenden Parteigeschäfte. Vorstand kann dem Präsidium Teile seiner statutenmäßigen Aufgaben übertragen.
Bundesparteigericht			für bestimmte Streitigkeiten
Rechnungsprüfer			für Rechnungskontrolle
Bundesparteiobmann			Vorsitz der Gremien; externe Vertretung der Partei; interne Weisungsbefugnis gegenüber allen seinen Mitgliedern[4], FunktionärInnen und Angestellten[5] Kompetenzen aufgrund der Aussicht über die gesamte Parteitätigkeit. Seit '95 Verfügung über ein eigenes Büro »Stabstelle für Planung, Organisation u. Strategie«.

Tabelle 1: Organisation

Quelle: Luther 1997, 287-289 und aus eigenen Recherchen.

1 Seit 1992 genauer geregelt: 1 Landesgruppenvertreter pro volle 1000 Parteimitglieder der Landesgruppe.

2 Bestand bis 1992 aus Parteiobmann, seiner damals 8 Stellvertreter, Obmann des Nationalratsklubs und den Generalsekretären seit Mai 1996.

3 Die geringe Gesamtzahl ergibt sich daraus, daß drei BPO-Stellvertreter gleichzeitig Landesparteiobmänner sind. Hinzu kommen fünf weitere, vermutlich kooptierte und formal nicht stimmberechtigte Personen, wie etwa der Bundesgeschäftsführer und der Leiter der Freiheitlichen Akademie. (Quelle: Bundesgeschäftsstelle, zit.n. Luther 1997, 302).

4 Auffallend ist die Weisungsbefugnis der BPO gegenüber den Mitgliedern!

5 Dem BPO fiel bis 1995 das Vorschlagsrecht eines oder mehrerer Generalsekretäre sowie – im Einvernehmen mit dem Bundesparteivorstand – die Bestellung des Bundesgeschäftsführers zu. Im Zuge der Abschaffung der 1974 eingeführten Generalsekretäre ist die Bestellung des Geschäftsführers seither weder im OS noch in der GO geregelt (vgl. Luther 1997, 302).

Bundesparteitag gewählten BundesparteiobmannstellvertreterInnen, die von Amts wegen im Präsidium sitzen, von acht (1990) auf derzeit fünf verringert.

Eine weitere Konsequenz der Umstrukturierung findet sich in einer Abwertung des Bundesparteivorstandes zugunsten des Parteipräsidiums. So kann sich der Bundesparteiobmann der Unterstützung »seiner« Klubobmänner sowie jener (geschäftsführenden) Landesparteiobmänner sicher sein, die Jörg Haider dort in den letzten Jahren »plaziert« hat.

Bisher übten alle Bundesparteiobmänner ihre Funktion unter weitgehend gleichbleibenden statuarischen Bestimmungen aus. Bundesparteiobmann Haider schöpfte aufgrund seiner politisch errungenen Stärke seine statuarischen Kompetenzen jedoch nicht nur voll aus, sondern baute sie sowohl formal als auch de facto weiter aus. Durch die Obmannschaft Haiders verloren die Gremien von Anfang an an politischem Einfluß, da Haider vorwiegend zu einem politischen Alleingang ohne vorherige Absprache und Aushandlung mit den Gremiumsmitgliedern tendiert. Bisher hat ihm diese Vorgangsweise nicht geschadet, denn *»dank seines Charismas, seiner ideologischen Gewandtheit, seiner Beherrschung der starken Kärntner Landesgruppe und der Wahlerfolge seit 1986 kann sich Haider der Unterstützung der Basis sicher sein«* (Luther 1997, 290). Damit hat er eine Position errungen, die seinen Vorgängern vorenthalten blieb, denn die Macht eines Bundesparteiobmannes hängt von seinem politischen Stil, von der Verankerung in einer starken tonangebenden Landesparteiorganisation und letztendlich vor allem von seinen Wahlerfolgen ab. Angesichts der jüngsten innenpolitischen Konflikte und Zerrüttungen[54] scheint jedoch die hundertprozentige Loyalität gegenüber dem Freiheitlichenchef brüchig zu werden. Mit wiederholten Rücktrittsdrohungen versucht er neuerdings, seine Position zu sichern.

DIE WÄHLERINNEN DER FPÖ

In Jörg Haiders F-Bewegung stehen nicht nur mehrheitlich Männer an den Rednerpulten, die Freiheitlichen haben auch deshalb etwas zu sagen, weil sie von Männern in die Gremien gewählt werden. Gäbe es in Österreich kein Frauenwahlrecht, so wären die Freiheitlichen bei den Wahlen zum europäischen Parlament am 13. Oktober 1996 zur stimmenstärksten Fraktion avanciert. 32% der Männer stimmten nämlich für die F, 28% für die ÖVP und nur 26% für die Sozialdemokraten. Daß Haiders Partei die relative Mehrheit verfehlte, geht einzig und allein auf das Konto von Frauen, von denen nur 25% die Freiheitlichen wählten (31% die ÖVP und 32% die SPÖ; Der Standard v. 15.10.1996).

»Gender gap« im Wahlverhalten

Während seit den siebziger Jahren im restlichen Europa die früher beobachteten geschlechtsspezifischen Unterschiede in den Wahlentscheidungen zusehends verschwanden, prägte sich der *gender gap* in Österreich ab der Mitte der achtziger Jahre erst richtig aus.[55] In bezug auf die freiheitliche Partei verschob sich mit Haiders Machtantritt das Geschlechterverhältnis zugunsten der Männer. Während der Frauenanteil bei den Großparteien bis 1990 nahezu unverändert blieb und bei den Grünen auf 52% stieg, fiel er bei der FPÖ seit 1982 mit 52% auf den bis dorthin tiefsten Stand von 46%. Das von der FPÖ 1993 initiierte Volksbegehren »Österreich zuerst« brachte der Haider-Partei weitere gravierende Stimmenverluste ein, vor allem bei der weiblichen Wählerschaft. Wäre damals gewählt worden, so wäre der Frauenanteil unter 35% gesunken, meinen die beiden Wahlforscher Christoph Hofinger und Günter Ogris. Dieser Wählerinnenschwund war mitverantwortlich für die Gründung einer freiheitlichen Fraueninitiative, IFF, auf die ich später näher eingehen werde. Während Haiders Obmannschaft sank der Wählerinnenanteil jedenfalls auf 42 % im Jahr 1995 und 41% 1996. Die folgende Tabelle soll die Entwicklung veranschaulichen:

	Anteil der Frauen an der freiheitlichen Wählerschaft
1982	52%
1986	47%
1990	46%
1994	43%
1995	42%
1996	41%

Tabelle 2: Entwicklung der Wählerinnenschaft der FPÖ. Quelle: Hofinger/Ogris 1996, 218.

Aufgrund von Wahlanalysen wissen wir, daß junge Frauen aus der höchsten Bildungsschicht in der FPÖ-WählerInnenschaft am wenigsten anzutreffen sind. Das heißt, junge Männer mit Matura- oder Universitätsabschluß votieren eindeutig konservativer als gleichaltrige Frauen. Aber auch bei männlichen Schülern und Studenten erhalten FPÖ und ÖVP wesentlich mehr Zuspruch als bei ihren Kolleginnen. Der Anteil an jungen Männern ohne Matura ist bei der FPÖ doppelt so hoch wie der junger Frauen. Die Geschlechterkluft ist bei den über 45jährigen ohne Matura zwar geringer als bei den unter 45jährigen, aber auch hier wählen Frauen deutlich weniger oft freiheitlich (Hofinger/Ogris 1996, 224). Daran hat sich bis heute nichts geändert: Während die deklarierten Anhänger der anderen österreichischen Parteien mehrheitlich weiblich sind, sind es bei der FPÖ überdurchschnittlich viele männliche junge Wähler (Standard v. 07.09.1998).

Mit dem Wahlstrategen Jörg Haider an der Spitze gelang es der FPÖ, immer neue WählerInnenschichten anzusprechen. *»Es ist Haider unbestreitbar gelungen, mit dem Bild des ›unbelasteten‹ Oppositionsführers und einer ›Politik‹, die im wesentlichen allen alles verspricht, in großem Maß Wähler zu gewinnen«* (Schranz o. J., S. 7).

Die ArbeiterInnen

Die Wahlerfolge verdankt der Parteiobmann hauptsächlich seinen Geschlechtsgenossen. Statistiken und Wählerstromanalysen zeigen, daß ihm vor allem männliche Berufstätige das Vertrauen schenkten. Waren es vorerst ländliche Arbeiterschichten und Landwirte, die für ihn stimmten, so erreichte er bei der Nationalratswahl im Dezember 1995 auch die städtischen Arbeiternehmer.[56] Das brachte ihm auch die Bezeichnung *»Führer einer protestorientierten Arbeiterpartei«* ein (Profil v. 09. 09. 1996). Nach Hofinger und Ogris stehen die Freiheitlichen vor allem bei den jungen, männlichen Arbeitern *»kurz vor der Erreichung einer absoluten Mehrheit«* (Hofinger/Ogris 1996, 224).

Infolge der freiheitlichen Wahlgewinne hat sich mit der Verdopplung der GesamtwählerInnenschaft auch der Prozentsatz der weiblichen Haider-Wähler von 1986 bis 1995 mehr als verdoppelt. Auch wenn Arbeiterinnen deutlich seltener als ihre männlichen Berufskollegen für die Freiheitlichen votieren, ist der Anteil an berufstätigen Frauen in den letzten neun Jahren überproportional gestiegen und hat sich nahezu verdreifacht; während 1986 nur 7% der berufstätigen Frauen für die FPÖ ihre Stimme abgaben, waren es 1995 bereits 20%.[57] Die geringste positive Resonanz von Frauen für die Freiheitlichen kommt laut einer IFES-Telefonumfrage (Nov./Dez. 1995) aus der Reihe der jungen Frauen in der höchsten Bildungsschicht, wo eine Zwei-Drittel-Mehrheit für SPÖ, LIF und Grüne votiert (Hofinger/Ogris 1996, 223). Die folgende Tabelle zeigt die Stimmenanteile (in Prozent) der Freiheitlichen, aufgeschlüsselt nach dem Geschlecht.[58]

NR-Wahl	berufstätige Männer	berufstätige Frauen	pensionierte Männer	pensionierte Frauen	Hausfrauen	Männer	Frauen
1986	13	7	11	5	8	12	7
1990	20	13	22	12	11	20	12
1994	28	17	29	19	17	28	17
1995	30	20	23	10	14	27	16

Tabelle 3: Verteilung von Stimmen für die FPÖ nach Geschlecht.

Dieser Trend setzte sich bei den Europa-Wahlen 1996 in frappierender Weise fort: 33% der weiblichen Berufstätigen stimmten am 13. Oktober 1996 für die blaue Fraktion (Der Standard v. 15.10.1996). Ein ähnliches Ergebnis zeigte die Wiener Gemeinderatswahl, die am selben Tag stattfand. Ein nicht unbeträchtlich hoher Anteil an berufstätigen, jungen Frauen wählte somit die FPÖ. *»Erstmals (hat) die FPÖ, deren Wähler bisher vor allem männlich waren, Frauen angezogen: Von den unter 30jährigen Frauen ohne Matura haben 49 Prozent die Freiheitlichen gewählt«* heißt es dazu in Der Standard v. 18.10.1996.

Die hohe Zustimmung aus der Gruppe der berufstätigen Frauen kann als Protestvotum angesehen werden. Viele berufstätige Frauen dürften sich mit ihrer Stimmabgabe für die Freiheitlichen in erster Linie an der SPÖ gerächt haben, die im Nationalratswahlkampf 1995 das Versprechen »Beruf und Kinder dürfen kein Widerspruch sein« plakatierte, mit dem zweiten Sparpaket jedoch vor allem Frauen in besonderer Weise traf (Profil v. 19. und 26.02.1996). Haider selbst sieht die Wurzeln dieses Trends eher in der »Entideologisierung« der Politiker und Wähler: Diese sei, *»derart dramatisch fortgeschritten«*, *»daß die Leute mit politischen Positionen relativ wenig anfangen können«* (Profil v. 09.10.1995). Warum er hauptsächlich männliche Wähler überzeugen kann, erklärt er mit den gewählten Sachthemen: *»Privilegien, Ausländerfrage, Mißstände aufdecken. Das spricht stärker die Emotionen der Männer an«* (Falter Nr. 35/1996, 8-10).[59]

Vielleicht ist der Grund für den Zugewinn an erwerbstätigen jungen Frauen auch darin zu suchen, daß die FPÖ Frauen »einfachere« Lebenslösungen anbietet. In Zeiten zunehmender Frauenarbeitslosigkeit, unsicherer Berufs- und Zukunftsausichten klingen Aussagen wie *»Arbeitsplatz Familie attraktiver«* machen, *»flexiblere und familienfreundliche Arbeitszeitmodelle wie Tele-Heimarbeit«* statt Arbeitslosigkeit; *»Arbeitsplatz Privathaushalt wird zukunftsträchtiger«*[60], *»Zusammenhalt in der Familie wiederherstellen«* statt zu hohe Scheidungsraten (APA v. 06.09.96), gesellschaftliche Aufwertung *»intakter Familien«*, statt *»Single-Dasein«* (APA v. 21.02.1996) wieder verlockend. Sie prophezeien nämlich Entlastung vom Frauendilemma: der Doppel- und Mehrfachbelastung. Die FPÖ-Familiensprecherin Edith Haller hält von der eherechtlichen Verankerung der Hausarbeitsaufteilung zwischen Mann und Frau ohnedies nichts, denn die *»Mutter-Kind-Beziehung«* würde sich dadurch stark *»verschlechtern«* und eine Arbeitsaufteilung zwischen Partnern würde *»klar zu Lasten des Nachwuchses«* gehen. Es bestünde vielmehr der Bedarf nach qualifizierten Teilzeitarbeitsplätzen, denn *»viele Frauen erledigen die Hausarbeit gerne«* (Edith Haller, APA-OTS v. 18.12.1996). Anstatt *»primären Ausbau von Kinderbetreuungsplätzen«* fordert sie *»Individualbetreuung durch Tagesmütter«*, denn die *»Betreuung durch die Mutter oder den Vater ist der unumstritten beste Weg«* (Edith Haller, APA-OTS v. 14.03.1998). Frauen sollten daher *»selbstbewußt in die Zukunft schauen«*. Eine bewußte »stolze« Zustimmung zur tradierten Frauenrolle verspricht hier geordnete und sichere Lebensverhältnisse. Sie erscheint handhabbarer als die gefürchtete Doppelbelastung oder die Entwicklung einer ungewissen Lebensperspektive. Sie schützt außerdem vor den komplizierten und widersprüchlichen Bemühungen um Emanzipation und Gleichberechtigung.

Die KatholikInnen

Obwohl die Freiheitlichen bislang mit Religion wenig anfangen konnten, suchen Freiheitliche Mandatare seit einiger Zeit auch in kirchlichen Kreisen nach SympathisantInnen. Im neuen Parteiprogramm heißt es dazu:

»Die Bewahrung der geistigen Grundlagen des Abendlandes erfordert ein Christentum, das seine Werte verteidigt. (...) Im Bestreben um den Erhalt dieser Grundlagen Europas sehen sich die Freiheitlichen als ideelle Partner der christlichen Kirchen« (Parteiprogramm 1998, Kapitel V, Abs. 2)

Mit dem neuen Programm der FPÖ[61] zielt die Partei augenscheinlich darauf, den *»traditionell antiklerikalen Deutschnationalismus«* und das Bekenntnis zur *»deutschen Volks-und Kulturgemeinschaft«* abzulegen. *»Christlich-konservativ«* lautet der neue Parteikurs. Damit will die Parteispitze gemeinsam mit dem *»rechten Flügel der Kirche«* den Weg Jörg Haiders an die Macht bereiten (Profil v. 29.03.1977). Kirchliche Sozialforscher stufen das Potential an konservativen KatholikInnen, jene, die der rechten Kirchenlinie von Bischof Kurt Krenn folgen, relativ hoch ein – mit fast fünf Prozent der Wahlberechtigten. Immerhin soll es sich um eine Gruppe von 200.000 ÖsterreicherInnen handeln (ebd., 1977).

Die Intellektuellen und die KünstlerInnen

Seit ihrem offiziellen Ausbruch aus dem deutschnationalen Lager versuchen die Freiheitlichen gezielt, eine Politik der »Normalisierung« einzuschlagen. Wenn Haider sein politisches Ziel erreichen möchte, müßte er nach den KatholikInnen eine weitere kleine politische Gruppe überzeugen, die sich dem SympathisantInnenkreis der FPÖ bislang nicht zuordnen ließ, nämlich die *»gebildete, eher weltoffene soziale Schicht meist jüngerer Menschen, die vom Typus her Kunst auch jenseits von Klimts ›Kuß‹ (...) konsumieren«* (Standard v. 31.05./01.06.1997). In diesem Personenkreis müßte Parteiobmann Haider jedoch noch sehr viel Überzeugungsarbeit leisten, da insbesondere KünstlerInnen und Kunstverantwortliche[62] zur großen Gruppe der freiheitlichen Feindbilder gehören. Besonders KünstlerInnen, die sich in ihrem Wirken konsequent gegen die Kunst- und Politikauffassung der FPÖ wendeten und sich in ihrem Schaffen mit der Vergangenheit Österreichs kritisch auseinandersetzten, wurden von Haider angegriffen – so auch die österreichische »Staatskünstlerin« Elfriede Jelinek:

»Was ist das für eine österreichische Kulturgesellschaft, in der hochsubventionierte Künstler wie Elfriede Jelinek im Ausland nichts Besseres zu tun haben, als Schmutz und Abfall über Österreich zu gießen, sodaß sogar die Gattin des französischen Botschafters in Wien sich berufen fühlt, einen korrigierenden Artikel zugunsten Österreichs zu verfassen. Ist das das Kulturbekenntnis, welches wir haben wollen?«[63]

DIE ANHÄNGER DER FPÖ

Im Juni 1996 hatte die Partei einen Mitgliederstand von 44.451 Personen, wobei Kärnten den höchsten Stand mit 6.629 Mitgliedern aufwies. Über den weiblichen Mitgliederanteil sind mir keine offiziellen Daten bekannt, inoffiziellen Berichten zufolge beträgt der Frauenanteil ungefähr 38%.

Haiders engste Gefolgschaft besteht und bestand bis auf wenige Ausnahmen aus Männern. Ein Merkmal der F, welches sich nicht wesentlich von ihren Vorgängerparteien unterscheidet ist: Trotz flukturierender WählerInnenschaft setzen sich die Vertreter des »dritten Lagers« überproportional aus männlichen Wählern und Mitgliedern zusammen: *»Akademiker, Protestanten und Personen mit geringer Religiosität, Kleinbürger und Kleinstädter sowie aus Protestwählern, die teils eine gewisse Anfälligkeit für autoritäre Denkweisen aufweisen«* (Luther 1997, 286). Der Zuzug neuer akademischer Kräfte in der »Normalisierungsphase« ab Mitte der sechziger Jahren (neben Akademikern zusätzlich »Selbständige[64], Unternehmer und Freiberufler) brachte zwar eine Veränderung der Berufsstruktur der FPÖ-Wähler mit sich, änderte jedoch an der traditionell männlichen Anhängerschaft nichts (ebd., 286).

Seit 1986 werden die Mitglieder der FPÖ immer jünger.[65] Sieht man sich die personellen Veränderungen seit Haiders Machtübernahme in der FPÖ an, so fällt auf, daß jüngere Männer, deren politisches Vorleben unauffällig ist, in Entscheidungspositionen gekommen sind – ein Phänomen, das vermutlich mit der Person des Parteiobmanns zusammenhängt. Jörg Haiders jugendlich sportliches Auftreten dürfte hier seine Wirkung zeigen. Haider selbst präsentiert sich gerne als besonders »männlich«, sei es als Familienoberhaupt, Charmeur oder Sportler. Seine mediengerecht aufbereiteten Freizeitaktivitäten reichen von Bungee-Jumping und Extremklettern bis zur erfolgreichen Teilnahme am Wiener und New Yorker Stadtmarathon. Dabei *»transportiert er die typisch männlichen Eigenschaften des furchtlosen Draufgängers«* schreibt der Wiener Sportwissenschafter Rudolf Müllner (Der Standard v. 12. 09. 1996).

Haiders Imagekorrektur der letzten Jahre zeigt Erfolg. Laut einer Umfrage[66] gingen noch vor kurzem die Freiheitlichen als klare Gewinner aus der jetzigen Koalitionskonstellation SPÖ und ÖVP hervor. Bei einer Neuwahl hätte die FPÖ zu dieser Zeit sogar (mit 26%) vor der ÖVP (mit 23%) den zweiten Platz nach der Sozialdemokratischen Partei eingenommen, hieß es in Der Standard Ende März 1997. Seit Bekanntwerden der Malversationen des ehemaligen FPÖ-Verkehrssprechers Rosenstingl im Mai 1998 fielen die Freiheitlichen jedoch auf den dritten Platz (mit 22%, Standard v. 07.09.1998 und 19%, Profil v. 07.09.1998) zurück, wie die jüngsten Umfragen zeigen.

Während Haiders populistische Politik in der österreichischen Bevölkerung bis vor kurzem Anerkennung fand, kämpft er international mit seinem schlechten Image als *»mit Abstand erfolgreichste radikal-rechtspopulistische Partei Westeuropas«* (Fritz Plasser und Peter Ulram zit. n. Profil v. 27.10.1997). Besonders in den USA gilt Jörg Haider als *»extrem* *nationalistisch und extrem antisemitisch«*. Dies ist auch der Grund, warum er sich in letzter Zeit auffallend oft in den USA aufhält. So tingelte er in Begleitung seines weiblichen »stellvertretenden Parteiobmannes«, Susanne Riess-Passer, mehrmals durch amerikanische Städte und versuchte, seine Person positiver ins Rampenlicht zu stellen und konservative Allianzpartner zu finden.

Die frauenpolitischen Ziele und Werte der FPÖ

Ein einheitliches FPÖ-Frauenbild oder Rollenmodell für beide Geschlechter findet sich in den Programmschriften der Freiheitlichen nicht. Die traditionelle Aufgabenverteilung Frau = Mutter und »nach innen« orientiert, Vater = Ernährer und »nach außen« gerichtet, wird grundsätzlich befürwortet, auch wenn die Präsenz von Frauen in der Partei zugenommen hat und die Frauenpolitik durch die 1994 erfolgte Gründung einer »neuen Fraueninitiative« getrennt von der Familienpolitik angesprochen wird.

Die Bandbreite an Stellungnahmen zum Geschlechterverhältnis in den Publikationen und Programmen der FPÖ beziehungsweise FPÖ-naher Initiativen reicht von einem liberal-konservativen Verständnis im Parteiprogramm von 1985, im Vertrag mit Österreichs Frauen und im Konzept der »Initiative Freiheitliche Frauen im Parlament« (IFF) über ein differenziertes Modell mit gleichwertiger Aufgabenverteilung bis hin zu biologischen Zuschreibungen von *»Mutterglück und Opfermut«* in den Aussagen Kriemhild Trattnigs und den Ausführungen der Aula-Jugend, die in dem Satz gipfeln: *»Die mangelnde Rechtsfähigkeit der Frau war eigentlich zu ihrem Schutz errichtet«*.[67]

Das Bekenntnis zur Familie

Das 1985 beschlossene Salzburger Parteiprogramm[68] der Freiheitlichen unter Parteichef Norbert Steger wurde Anfang 1998 durch ein Programm Jörg Haiders ersetzt.[69] Das »Bekenntnis zur Familie« nimmt darin einen wichtigen Stellenwert ein. Die Familie erhält nicht nur durch die Untermauerung mit auffallend großen Fotos eine starke Aufwertung, sondern vor allem durch die inhaltliche Schwerpunktsetzung. Im Steger-Programm hieß es zur Familie:

»Die Familie steht organisch zwischen dem Einzelnen und der Gesellschaft und ist als wichtigste soziale Gemeinschaft Grundlage des Staates, sie ist durch keine andere Einrichtung ersetzbar« (FPÖ 1985, Absatz 184).

Im neuen Programm 1998 wird die Familie als *»Kern der Gesellschaft«*, aber – und das ist neu – auch als *»Gemeinschaft der Generationen«* betrachtet. Das neugestaltete Programm zeigt dazu ein halbseitiges Foto mit einer glücklich lächelnden Großfamilie (ähnlich wie in einem Werbefilm) – ein Bub und ein Mädchen mit Eltern und Großeltern. Familie bedeutet für die »neue« FPÖ über das Zusammenleben von Mann und Frau mit mindestens einem Kind hinaus auch das Einbeziehen weiterer Familienmitglieder.

»Die Familie, geprägt durch die gegenseitige Verantwortung der Generationen, ist die wichtigste soziale Grundlage einer freiheitlichen Gesellschaft. Durch das Kind wird eine Lebensgemeinschaft von Mann und Frau zur Familie. Die Wesensfunktion der Familie besteht in der Erziehung ihrer Kinder und der generationenübergreifenden Fürsorge« (Programm 1998, Kapitel XII, Artikel 1)

»Familiäre Fürsorge- und Beistandspflichten bestehen nicht nur im Eltern/Kindverhältnis, sondern auch generationsübergreifend im Verhältnis zu allen anderen Familienmitgliedern« heißt es weiter. In welcher Form das Zusammenleben stattfinden soll, wird ebenfalls erklärt:

»In der Wohnbauförderung sollten Projekte gefördert werden, die auf das Zusammenleben mehrerer Generationen ausgerichtet sind« (ebd., Artikel 2, Absatz 2).

Wer in erster Linie für die Kinderbetreuung und für die Pflege der nahen Familienangehörigen zuständig ist, kann durch die abgebildeten Fotos im Kapitel XI »solidarisch und gerecht« leicht erraten werden. Unter dem Slogan *»Solidarität ist die Pflicht der Gemeinschaft, Schwachen und Bedürftigen zu helfen«* werden zwei Frauen unterschiedlicher Generationen dargestellt. Die ältere Frau bringt dem jungen Mädchen das Handarbeiten bei. Hinweise, daß für Kindererziehung, Haus- und Pflegearbeit wieder primär Frauen zuständig sein werden, geben folgende Passagen:

»Private und öffentliche Kinderbetreuungseinrichtungen sowie die Betreung der Kinder in der Familie sind gleichwertig zu behandeln und zu fördern. Möglichkeiten dazu bietet der Kinderbetreuungsscheck« (Programm 1998, Kapitel XII, Artikel 2, Absatz 3) und *»Zur Erleichterung der Kinderbetreuung in der Familie sollten Aufwendungen für Tagesmütter bzw. -väter, private Kinderkrippen, Haushaltshilfen und dergleichen steuerlich absetzbar sein«* (ebd., Artikel 3, Absatz 3). Für eine *»steuerrechtliche Besserstellung der Familien und zur Sicherstellung eines steuerfreien Existenzminimums«* fordern die Freiheitlichen die Einführung des *»Familiensplittings«* (ebd., Artikel 3, Absatz 1).

Die Themen Kinderbetreuungsscheck und Familiensplitting werden später noch ausführlich behandelt.

Der Ehe wird im alten wie im neuen Programm eine eindeutig vorrangige Bedeutung gegenüber der Lebensgemeinschaft eingeräumt. *»Wir*

Freiheitlichen bejahen die Ehe und die Familie und geben ihnen den Vorzug vor allen anderen individuellen Formen des Zusammenlebens« (FPÖ, 1985, Absatz 190). *»Die Familie beruht auf einer Lebensgemeinschaft von Mann und Frau, deren besondere gesellschaftliche Anerkennung durch das Institut der Ehe ausgedrückt wird«*, heißt es im neuen Programm.

An der gesellschaftlichen Realität von Alleinerziehenden kann auch die FPÖ nicht mehr vorbeisehen. *»Die Zahl jener Menschen, die allein für ein oder mehrere Kinder sorgen, ist groß. Für uns Freiheitliche ist es eine Selbstverständlichkeit, sie als Familie anzuerkennen. Es ist uns daher ein besonderes Anliegen, Alleinerzieher vor Benachteiligung zu schützen und ihnen bei ihren besonderen Problemen zu helfen«* (FPÖ 1985, Absatz 190).

»Die Familie ist eine natürliche Lebensgemeinschaft mit Kindern, wobei die Lebensgemeinschaft eines alleinerziehenden Elternteils mit Kind ebenfalls als Familie anzusehen ist.« (Programm 1998, Kapitel XII, Artikel 1, Abs 1).

Während Norbert Steger in puncto Lebensgemeinschaft eine liberale Formulierung wählte, distanziert sich das neue Haider-Programm eindeutig davon:

»Bestrebungen, gleichgeschlechtliche Partnerschaften Familien gleichzusetzen« werden im Unterschied zu 1985 im neuen Parteiprogramm klar *»abgelehnt«* (ebd., Artikel 1, Abs 1). Zwar waren im Salzburger Programm von 1985 alternative Lebensformen auch nicht erwünscht, sie wurden jedoch wesentlich liberaler betrachtet. Dort hieß es noch: *»Wir wenden uns aber gegen eine Diskriminierung anderer, frei gewählter Formen des Zusammenlebens im allgemeinen Rahmen unserer gesetzlichen Ordnung«* (FPÖ 1985, Absatz 170).

Behinderte und ältere Menschen werden im Kapitel II mit der Headline »Die Menschenwürde ist unantastbar« berücksichtigt. Auch wenn diese Personengruppen nicht explizit, sondern nur bildlich (halbseitiges Foto, auf dem eine Frau mit einem Kind im Rollstuhl gezeigt wird, daneben ein kleineres Foto mit Haider und einem älteren pflegebedürftigen Mann) vorkommen, so heißt es dazu:

»Der Mensch hat seinen Sinn in sich selbst, die Daseinsberechtigung des Menschen, seine Gesundheit und seine Würde sind Nützlichkeitserwägungen nicht zugänglich. Deshalb darf er in seiner Existenz weder durch Euthanasie und dergleichen in Frage gestellt werden.« (Kapitel II, Arikel 1, Absatz 1)

Auch Gewalt in der Familie ist im neuen Programm der Freiheitlichen ein Thema. Schutz vor sexuellem Mißbrauch und vor Mißhandlungen werden jedoch nur Kindern zugestanden.

»Der Staat hat insbesondere bei sexuellem Mißbrauch, Mißhandlungen, Verwahrlosungen und dergleichen in erster Linie das Kindeswohl zu beachten. Das Kind bedarf in diesen und ähnlichen Fällen dringenden Schutz durch den Staat.« (Programm 1998, Kapitel XII, Artikel 4, Absatz 1) Für Kinderschänder fordern die Freiheitlichen eine deutliche Verschärfung von Strafen (ebd., Absatz 2). Anfang dieses Jahres präsentierte Jörg Haider dazu ein 16 Punkte umfassendes Maßnahmenpaket für den Kampf gegen Kindesmißbrauch und Kinderpornographie.[70] Diese Forderungen wurden auch als »Dringliche Anfrage« im Nationalrat eingebracht. Im Zuge der Reformierung des Sexualstrafrechts wurde das Strafausmaß für Sexualstraftäter auf maximal 20 Jahre verschärft.[71] Die Freiheitlichen geben sich mit dieser Verschärfung jedoch nicht zufrieden. Wegsperren und zwar *»lebenslang für schweren Kindesmißbrauch und Kinderpornographie«* (Punkt 1 des Maßnahmenpakets) sind ihre Forderungen, ebenso: *»Keine bedingten Strafen«* (Punkt 2) und keine vorzeitige Haftentlassung (Punkt 3). Außerdem plädieren sie für eine *»lebenslange Führungsaufsicht nach Haftentlassung«* (Punkt 14). Dazu heißt es weiter:

»Regelmäßige Kontrollen der Sicherheitsbehörden, regelmäßige Meldepflicht des Verurteilten gegen bessere Evidenz über mögliche Gefährdung. In den USA ist sogar üblich, derartige Täter elektronisch zu kontrollieren. Jeder dieser Täter soll einen genetischen Fingerabdruck hinterlegen müssen. Bei neuen Delikten kann man so leichter Zugang zum potentiellen Täterkreis finden« (ebd.) Therapiemöglichkeiten sind nicht vorgesehen. Was hilft eine lebenslange Kontrolle von Kinderschändern, ohne die Chance auf ihre psychische Veränderung?

Gewalt in der Ehe zwischen den Partnern, die in der Regel Gewalt des Partners gegenüber der Partnerin bedeutet, wird weder im alten noch im neuen Programm thematisiert.

DER »VERTRAG MIT ÖSTERREICH«

Ende 1993 begannen die Freiheitlichen, mit Modernisierungsrhetorik und pseudomodernen Parteibeschlüssen »staatsmännisch« zu werden. In einer Klubklausur im Oktober 1993 wurde die »Dritte Republik« als Ziel proklamiert. Kurz danach, im November,[72] beschlossen die freiheitlichen RepräsentantInnen »in Ergänzung des Parteiprogrammes« neunzehn Thesen, die ihre Grundwerte »klar definieren« sollten. Frauenpolitik kommt in diesen Leitsätzen zur »politischen Erneuerung Österreichs«[73] nur im Zusammenhang mit Familienpolitik vor. Auch in der rund sechzig Seiten umfassenden »Österreich-Erklärung zur Nationalratswahl 1994« ist Jörg Haiders Frauenbild unverändert. Seine Lösung für die Doppelbelastung von Frauen liegt nicht in Kinderbetreuungseinrichtungen, sondern in der Aufwertung der Familie durch »Besteuerung des Familieneinkommens pro Kopf und durch die direkte Förderung von Familienleistungen« (Haider 1994, 33).

Im November 1995 enstand ein zusätzliches Manuskript, das weitere Reformvorhaben der Freiheitlichen beinhaltet. Regierungsunabhängige ExpertInnen wurden beauftragt, im Rahmen von acht Hauptarbeitskreisen[74] verschiedene Themenbereiche zu bearbeiten. Die Ergebnisse dieser Arbeitskreise sollten den Gehalt des »Vertrags mit Österreich«[75] liefern. Ausgearbeitet wurden quasi die programmatischen Texte für eine erhoffte freiheitliche Regierungsbeteiligung im Jahre 1998 beziehungsweise 1999. Derzeit liegt noch kein endgültiges Ergebnis vor, es gibt aber einzelne Konzepte für Frauen, Senioren[76] und die Familie. Sie bilden die »Bausteine« für den »Vertrag mit Österreich« wie es im Arbeitsentwurf der »Initiative Freiheitlicher Frauen« heißt:

»Dieses Konzept soll einer der Bausteine des Vertrages mit Österreich sein, in dem wir Freiheitliche uns gegenüber dem Bürger verpflichten, das was wir formulieren, ab 1998 umzusetzen« (IFF 1995, 1).

DIE »INITIATIVE FREIHEITLICHE FRAUEN« (IFF)

Haiders Sinneswandel bezüglich Frauen in der Politik drückt sich insbesondere in der Schaffung eines eigenen Frauenarbeitszirkels im Rahmen des »Vertrages mit Österreich« aus. Innerhalb des Hauptkreises »Soziales« installierten die Freiheitlichen eine eigene Untergruppe »Frauen«, deren Leitung Ursula Haubner, Haiders Schwester, übernahm. Um sich ganz ihrer neuen Aufgabe als Bundesbereichssprecherin für Frauen und Gleichbehandlung zu widmen, legte sie 1996 ihr Bundesratsmandat zurück und etablierte im Zuge dessen die »Initiative Freiheitliche Frauen« (IFF). Im Herbst 1997 wurde sie von der oberösterreichischen FPÖ zur Landesrätin gewählt und seither ist sie für Frauenfragen zuständig. Ihr IFF-Team setzt sich aus neun Landesbereichssprecherinnen sowie *»interessierte(n) Frauen aus verschiedensten sozialen und beruflichen Umfeldern«* zusammen.

IFF soll nicht familien-, sondern frauenpolitische Ziele umsetzen. Was die IFF-Frauen unter Frauenpolitik verstehen, präsentierten sie in ihrem Grundsatzpapier mit dem Titel: *»Frauen und Gleichbehandlung«*. Hauptmotiv für die »neue Fraueninitiative« war die Erschließung weiblicher Wählerschichten für die Freiheitlichen, wie dezitiert im Konzept eingestanden wird, und der Versuch, mehr Glaubwürdigkeit in Sachen Frauenangelegenheiten zu erlangen. Laut Umfragedaten und Wahlergebnissen getrauen die österreichischen Wählerinnen den Freiheitlichen nämlich – trotz des steigenden Anteils an freiheitlichen Mandatarinnen – »keine gewichtige Kompetenz bei Frauenangelegenheiten« zu: *»Laut einer Profilumfrage vom September 1994 glauben nur 6% der Frauen in Österreich, daß sie von den Freiheitlichen am besten vertreten werden«* (IFF 1995, 1).

Die Dringlichkeit für die Installierung einer eigenen Fraueninitiative sahen die F-Initiatorinnen vor allem im zu langsamen Vorankommen beziehungsweise in der Fehlentwicklung der österreichischen Frauenpolitik. *»Trotz festgelegter Einrichtungen in Österreich wie Frauenministerium, Frauenbeauftragte, Frauenquoten usw. haben die Entwicklungen in der Frauenpolitik der letzten zehn Jahre für Österreichs Frauen bei weitem nicht das Ausmaß erreicht, welches man sich gewünscht hätte«* heißt es im Konzept (IFF 1995, 1). Die Gründe, warum »Gleichberechtigung der Frauen noch lange nicht zur sozialen Realität geworden« ist, liegen laut IFF-Frauen, in der »sozialistisch dominierten Frauenpolitik«, die den »Geschlechterkampf« provoziere und sämtliche frauenpolitische Anliegen und Ziele in die »Sackgasse« führe.

Die IFF-Vertreterinnen fordern zwar eine »Neuformulierung der gesellschaftlichen Rollen« von Mann und Frau, aber nicht durch »Geschlechterkampf«, sondern durch partnerschaftliche Vereinbarungen. Wie es zu dieser geforderten Eintracht zwischen den Geschlechtern kommen soll, versuchten sie, im Kapitel »Unser Frauenbild« zu verdeutlichen. Hier wird allerdings durch widersprüchliche Forderungen sichtbar, daß der Platz der Frau letztlich doch in der Familie zu sein hat. Ihr Frauenbild leiten IFF-Frauen von einer amerikanischen Autorin und Psychoanalytikerin namens Harriet Goldhor Lerner[77] ab, die sich mit ihren Arbeiten über Aggressionen und die Psychologie der Frau in den USA einen Namen gemacht hatte.

Die IFF-Frauen gehen von einer *»selbstbewußten Frau«* aus, *»welche in der Lage ist, sich in Beziehungen abzugrenzen, eindeutige Sichtweisen zu vertreten und in einer Weise zu handeln, welche mit ihren wirklichen*

Überzeugungen übereinstimmt« (Konzept IFF, Frauen und Gleichbehandlung, 1995). Wie frau dieses Selbstbewußtsein erreichen kann, wird zwar nicht näher erklärt, aber angedeutet. Der Weg führt über die Anerkennung der *»Verschiedenheit von Mann und Frau«* zu diesem Selbstbewußtsein. Unterschiedlichkeit zwischen den Geschlechtern wird im Konzept der IFF als eine Bereicherung und als *»vorteilhafte Stärke und nicht als einschränkende Schwäche«* gesehen. Denn *»ein Hauptmerkmal emotionaler Reife ist die Fähigkeit, Unterschiede zu tolerieren«* (Konzept IFF, Frauen und Gleichbehandlung, 1995 zit.n. Harriet G. Lerner, »Wohin mit meiner Wut?«, Fischer, 1994)

»In Partnerschaften sollen Frauen und Männer als Team operieren, in welchem festgelegt wird, welche Pflichten zu welchen Zeiten von wem übernommen werden. Die Rollen sollten sich durchaus auch verlagern können, sodaß keine Erstarrung eintritt« (ebd. 1995).

Zugleich gilt aber die Aufwertung der Familien- und Hausarbeit als dringliche Forderung der IFF-Frauen. Durch die Neubewertung der Hausarbeit erhoffen sie sich nämlich, daß auch Männer die Arbeit in der Familie attraktiver finden. Es könnte also in Zukunft lauten: *»Wer darf – und nicht wer muß – etwas für Haushalts- und Erziehungsarbeit beitragen«* (ebd. 1995).

Daß aber letztlich immer Frauen für die Familien- und Hausarbeit zuständig sind, wird in der Formulierung[78] der Zielsetzungen noch einmal deutlich. Einige dieser kurz-, mittel- und langfristigen Zielvorstellungen der IFF-Frauen seien hier angesprochen:

kurzfristig:

- »Frauenabsicherung: volle Anrechnung der Kindererziehungs- und Pflegezeiten für die Pension und die soziale Absicherung jener Frauen, die sich für den Arbeitplatz Familie entschieden haben«.
- »Angleichung des Frauen- und Männerpensionsalters«
- »Aufhebung des Nachtarbeitsverbotes für Frauen in allen Berufssparten im Sinne der Gleichbehandlung«
- »Beseitigung der Unterschiedlichkeit im Lohn- und Gehaltsniveau bei gleicher Arbeitsleistung im Sinne des Gleichbehandlungsgesetzes«.
- »Hauswirtschaftliche Bildung als Profession im Bildungssystem verankern (für Frauen und Männer). Haushaltsführung ist anspruchsvoll und läßt sich nur über ausreichende Bildung sichern. Findet Wissensvermittlung nicht statt, kommt es zu einer zunehmenden Fremdbe-

stimmung und Verlust des autonomen Handelns. Haushalte werden beliebig manipulierbar.«
- »Öffnung des Bundesheeres und Zivildienst für Frauen auf freiwilliger Basis«
- »Steuerliche Absetzbarkeit für die Kosten von ›Haushalts- und Erziehungshilfen‹. Durch die Zunahme der Frauenerwerbstätigkeit wird der Arbeitsmarkt Privathaushalt immer zukunftsträchtiger.«
- »Strengere Strafen für Gewaltdelikte an Frauen und Mädchen. Rechte der Opfer gehen vor jenen der Täter.«
- »Wiedereinstiegshilfen in den Beruf durch ausreichende Förderprogramme und das Recht auf Fortbildung in den Erziehungszeiten. Steuerliche Absetzbarkeit während der Erziehungszeit (Karenz)«.

mittelfristig:
- »Freie Wahl zwischen Beruf und Familie, ohne daß diese Entscheidung nach ideologischen Gesichtpunkten diskriminiert wird. Wir wollen eine Minderung des finanziellen Druckes ›arbeiten gehen zu müssen‹ durch ein attraktives Steuersystem für Alleinverdiener (Familiensplitting), Direktförderung von Familienleistungen (Kinderbetreuungscheck, Pflegegeld) erreichen und durch Mehrkinderstaffelung der Familienbeihilfen.«
- »Vermehrtes Angebot an Teilzeitarbeitsplätzen. Recht auf Teilzeit in bestimmten Lebensphasen für Frauen und Männer unter der Voraussetzung geänderter Rahmenbedingungen für die Wirtschaft (wenn Kinder zu betreuen und ältere Personen zu pflegen sind).«
- »Flexiblere Arbeitszeiten für Frauen: Jobsharing, Gleit- und Kernzeit, Persönliche Freizeittage.«

langfristig:
- »Neubewertung der Familien-, Erziehungs- und Hausarbeit durch gesellschaftliche Anerkennung und partnerschaftliche Chancengleichheit. Nur weil Frauen mehrheitlich Arbeiten dieser Art ausüben, dürfen diese nicht gering geschätzt und abgewertet werden.«

Wenngleich einige dieser Punkte »Gleichberechtigung« forcieren und sich mit den langjährigen Forderungen der Frauenbewegung decken, wird an der traditionellen Rollenverteilung nicht grundsätzlich gerüttelt. Die primäre Zuständigkeit für Haus- und Kinderarbeit liegt weiterhin bei den Frauen – auch wenn sie eine Beteiligung von Männern im

Privatbereich begrüßen und wünschen. So ist z.B. im ersten Punkt von einer steuerlichen Absicherung für Männer, die sich für den *»Arbeitsplatz Familie entscheiden«*, neuerlich keine Rede, diese wird explizit nur für Frauen gefordert.

Außerdem ist eine Aufwertung traditioneller Familienformen deutlich erkennbar. Diese sollen durch *»hauswirtschaftliche Bildung«* und *»steuerliche Entlastung«* attraktiver gemacht werden.

Was die vorgeschlagenen Arbeitszeitmodelle angeht, so sehen die Punkte eine Teilzeitbeschäftigung ausschließlich für mit Familienarbeit belastete Frauen, jedoch nicht für Männer vor. Es handelt sich hier offenbar nicht um die grundsetzliche Möglichkeit zur Teilzeitarbeit, sondern um eine geschlechtsspezifische Ausgestaltung, die dem partnerschaftlichen Grundkonsens des Familienrechts zuwiderläuft. Damit wird die Spaltung in Berufsorientierung als Angelegenheit der Männer und in Familienorientierung als Sache der Frauen prolongiert. Den Forderungen nach Teilzeitarbeit und sogenannten flexibleren Arbeitszeiten für Frauen liegt nicht in erster Linie die gewünschte Vereinbarkeit von Familie und Beruf, sondern ein traditionelles, geschlechtsspezifisches Rollenverständnis zugrunde. Die mit diesem Anliegen intendierte Familialisierung der Frauen bremst die beruflichen Ambitionen beziehungsweise legt den Frauen die Doppelrolle nahe. Die Berufstätigkeit von Frauen wird außerdem als *»Zuverdienst«* zum Familieneinkommen verstanden. Sie sind es auch, die primär für die Kindererziehung zuständig sind. Außerdem richtet sich die Wirtschaft erfahrungsgemäß nicht nach dem Zeitmanagement der Mütter und der alleinerziehenden Frauen, sondern danach, wann und wie Frauen gebraucht werden. In den meisten Fällen bestimmen nicht die Arbeitnehmerinnen über ihre Arbeits- und Freizeit, sondern die Unternehmer und Arbeitgeber.

In Zeiten hoher Arbeitslosigkeit sind diese Forderungen daher eindeutige Signale in Richtung einer Zurückdrängung der erwerbstätigen Frauen vom Arbeitsmarkt. Damit werden IFF-Frauen auch dem Wunsch ihres Parteiobmanns gerecht, der einzelne Paradefrauen als Gallionsfiguren braucht, Frauen aber grundsätzlich viel lieber in der Familie sehen würde als am Arbeitsplatz.

Mit ihren Vorstellungen von *»Gleichberechtigung«* forcieren die Freiheitlichen einen sich seit 1983 abzeichnenden politischen und gesellschaftlichen Trend – auf den ich hier kurz eingehen möchte. *»Der Zeitgeist der achtziger Jahre unterstützte nicht mehr Gleichberechtigungsanliegen, er forcierte familienorientierte Werte und Strukturen«* (Rosenberger

1992, 167). Während Mitte der siebziger Jahre eine Aufbruchstimmung bezüglich *»›Politik für Frauen‹ im Sinne eines egalitär gestalteten Geschlechterverhältnisses«* (Rosenberger 1990, 184) deutlich wurde, verschwanden Gleichberechtigung und Emanzipation Mitte der achziger Jahre mehr und mehr von der politischen Bühne. *»Sie wichen familienpolitischen Frage- und Problemstellungen bzw. wurden durch diese paralysiert. Paralysiert deshalb, weil erfahrungsgemäß viele familienpolitische Versprechungen und Instrumente bzw. Maßnahmen, die als familienpolitisch etikettiert sind, nicht gleich auch frauenpolitischen Anliegen verpflichtet sind«* (Rosenberger 1992, 167).

Familienpolitik ist nicht gleichberechtigungsorientierte Frauenpolitik. Der alte Konflikt zwischen der Möglichkeit zur *»Individualisierung«* von Frauen und den Bedürfnissen der Familienmitglieder und der Gesellschaft hat sich nicht aufgelöst, er wirkt in den divergierenden Entscheidungen der Frauen- und Familienpolitik fort.

Die Gründe für die »Wende« ortet Sieglinde Rosenberger sowohl *»in den geänderten parlamentarischen Mehrheitsverhältnissen«* als auch in den *»personellen Veränderungen in den Entscheidungsinstanzen«* Mitte der achtziger Jahre. *»Aber auch der nachlassende Druck von außen, ein Müde-Werden der Frauenbewegung«* und *»ihre Institutionalisierung«* machten *»Frauenforderungen und Frauenpolitik zu einer kalkulierbaren Routine, in der das Veränderungspotential an Kraft verlor«* (ebd., 152).

Die Familie wurde so zum Auffangbecken sozialpolitischer Probleme, aber auch zur einzig wahren Lebens- und Erziehungsgemeinschaft, die die Grundlage für die freie Entfaltung der Person darstellt – ein Anliegen, das durchwegs von männlichen Verfechtern in den Vordergrund gestellt wurde.[79]

»Da aber selbstverständlich nicht die Familie als homogene Einheit die Problembewältigung im Sinne des mehr ›Eigenverantwortung, Hilfe zur Selbsthilfe, Subsidiarität, Flexibilität und Initiative zur Eigenversorgung‹[80] *leistet, sondern da es konkret die Frauen in der Familie sind, die die alten und die neuen Anforderungen der Gesellschaft erfüllen sollen, wird auf dem Wege familien- und sozialpolitischer Umstrukturierung die private, gesellschaftliche und ökonomische Situation der Frauen gleich mitgeregelt. Familien- und Sozialpolitik sind Politiken, die äußert stark die Frauen und ihre Lebensbedingungen betreffen«* schreibt Sieglinde Rosenberger (1992, 153).

Daß sich in der Politik keine effiziente Frauenpolitik etablieren ließ, liegt sicherlich an den parteipolitischen AkteurInnen. Der Backlash begann aber nicht erst mit der Regierungsbeteiligung der ÖVP und der Parteiübernahme der FPÖ durch Jörg Haider im Jahre 1986. Die wesentlichen Entscheidungen für eine mehr familienzentrierte und weniger frauenorientierte Geschlechterpolitik fielen bereits früher. *»Spätestens seit dem Jahre 1983 besteht in der SPÖ die Neigung, entgegen ihrer eigenen Programmatik traditionelle ÖVP-Positionen zur Geschlechterpolitik zu realisieren. Das heißt, daß zwar die ÖVP seit ihrer Regierungsbeteiligung als Proponentin der Familienpolitik auftrat, die SPÖ aber bereits vorher ihr Engagement in der reformorientierten Gleichberechtigungspolitik reduzierte. War die Linie der SPÖ in den siebziger Jahren klar, nämlich Initiatorin und Trägerin der Frauenpolitik zu sein, so gilt das für die achtziger Jahre nicht mehr so uneingeschränkt«* (Rosenberger 1992, 153-154). Daran hat sich bis heute nichts verändert. Frauenpolitische Forderungen wurden/werden immer wieder Opfer zwischenparteilicher Kompromisse.

Seit 1983 ist in dreierlei Hinsicht eine Aufgabe frauenpolitisch relevanter Fragen zu beobachten:

1. Bereits Beschlossenes wurde wieder rückgängig gemacht, z.B. durch institutionelle Einschränkungen der Frauenpolitik.[81]

2. Schwebendes wurde gestoppt, z.B. durch das Einfrieren frauenpolitischer Themen.[82]

3. Emanzipationsfeindliche Entscheidungen konnten wieder Platz greifen, z.B. in der Familienpolitik. Als konkrete Beispiele können hier die Errichtung des Familienministeriums 1983[83], die geschlechtsspezifische Ausformulierung der Teilzeitregelung im öffentlichen Dienst 1984[84] und einige im Koalitionspapier 1986 enthaltene familienpolitische Zielvortellungen genannt werden[85] (vgl. ebd., 154-161).

Diese Entwicklung brachte den Aufschwung der Frauenpolitik zum Erliegen. Die Bestrebungen der sozialistischen Politikerinnen laufen seither darauf hinaus, Erreichtes gegen Angriffe zu verteidigen. Die Chancen für eine Weiterentwicklung der gleichberechtigungsorientierten Frauenpolitik sind heute geringer denn je, da in der Öffentlichkeit familienpolitische Statements frauenpolitische Anliegen mehr und mehr paralysieren. Die beiden Sparpakete und die nicht realisierten Forderungen des Frauenvolksbegehrens von 1997 drängen feministische Anliegen weiter in den Hintergrund.

Der »Vertrag mit Österreichs Frauen«

Bei der Freiheitlichen Frauenkonferenz am 1. März 1997 im Klagenfurter Konzerthaus präsentierten die IFF-Frauen ihr *»Ergebnis einer bundesweiten Basisarbeit aktiver Frauen«*[86], und sie etablierten ihren »Vertrag mit Österreichs Frauen«. Am alten Frauenkonzept hat sich darin weder inhaltlich noch programmatisch etwas geändert. Die vernichtende Kritik an der sozialdemokratischen Frauenpolitik überwiegt auch hier:

»Wir Freiheitliche verstehen den Vertrag auch als Signal an alle Frauen, die einerseits durch die Versprechungen einer sozialistischen Regierung getäuscht wurden (...) und andererseits durch zwei Belastungspakete das Phänomen der Not erleben müssen, wie viele Alleinerzieherinnen und kinderreiche Familien[87]*«*. Immerhin erkennen die FPÖ-Frauen an dieser Stelle an, daß der Großteil der Alleinerziehenden in unserer Gesellschaft weiblich ist.

Neu an ihrer Darlegung ist die Präsentation einer Studie mit dem Titel *»Spannungsfeld über Beruf und Familie«*[88]. Das Ergebnis dieser Untersuchung ist jedoch längst bekannt: Die Studie kommt zu dem Schluß, daß Frauen aufgrund veränderter Rollen, neuer Lebensformen, flexibler Modelle der Erwerbstätigkeit und der Doppelorientierung auf Beruf und Familie *»je nach Lebensphase oder Lebenslage unterschiedlich«* geprägt würden und individuell damit umgingen. Die Studie läßt jedoch unerwähnt, wie die sogenannten »Phasen-Frauen« die Kombination zwischen Familie und Beruf realisieren. So bleibt es bei einer Typologie:

Die »Familienfrauen« orientierten ihre Lebensplanung und ihr Selbstbild an der Familie und sähen Karriere und Familie als nicht vereinbar an, die *»3-Phasen-Frauen«* konzentrierten sich zeitlich versetzt auf jeweils einen Bereich. Die *»Spagat-Frauen«* engagierten sich kontinuierlich in Familie und Beruf und versuchten diese beiden Bereiche in Einklang zu bringen. Die *»Karrierefrauen«* widmeten ihr Leben hingegen beruflichen Zielen und stellten den Kinderwunsch häufig zurück. Die Umsetzung ihrer *»realitätsbezogenen Frauenpolitik«*, die sich *»an den tatsächlichen Bedürfnissen orientiert«*, könne jedoch, so F-Bundessprecherin Ursula Haubner, nur im *»partnerschaftlichen Miteinander gelingen«*. Sie lädt daher ihre männlichen Kollegen *»herzlich«* ein, mitzumachen.

Die Initiatorinnen von IFF nehmen mittlerweile auch den internationalen Frauentag am 8. März für ihre politischen Aktivitäten wahr. Anläßlich des internationalen Frauentages im März 1997 forderte Ursula Haubner bei einer Veranstaltung der Freiheitlichen im Parlament die

»Rechte der Frau im gemeinschaftlichen Miteinander« ein (Bailer-Galanda 1997, 61). Jörg Haider, der bei dieser Veranstaltung ebenfalls anwesend war, verriet jedoch neuerlich, wie unsicher seine Argumentation wird, wenn es um Frauengleichberechtigung geht. *»Die Männer sind lernfähig und haben gelernt, daß es in einer Gemeinschaft wie etwa einer parlamentarischen Fraktion positiv ist, weibliche Vertreter zu haben. Die Damenwelt*[89] *hat bei uns eine entscheidende Funktion«* (ebd., 61-62). Während in den programmatischen Texten Frauen nur in Zusammenhang mit Familie vorkommen oder, wie im letzten Entwurf, bloß als *»gesellschaftliche Gruppierungen«* (Stadler)[90] angesprochen werden, bedient sich Freiheitlichenchef Haider in punkto Frauenbild und Frauenpolitik seit geraumer Zeit einer Doppelstrategie. Zum einen werden Frauen im Sinne des Eindrucks in der Öffentlichkeit und der Stimmenmaximierung zu Mandatsträgerinnen und in Leitungsfunktionen berufen, wie die Nominierungen von zwei Frauen als Generalsekretärin 1988 und als geschäftsführende Parteivorsitzende 1996 zeigen.[91] Zum anderen wird jedoch ein rückwärtsgewandtes Frauenbild mit Betonung der Ehefrau- und Mutterrolle propagiert. Vor allem in seinem 1993 erschienenen Bekenntnisbuch *Die Freiheit, die ich meine* macht Haider kein Hehl daraus, welche Aufgaben er für Frauen als relevant und *»biologisch vorbestimmt«* erachtet und wofür er berufstätige Mütter verantwortlich macht: Komplexe gesellschaftliche Phänomene wie die Zunahme von Ehescheidungen, geringe Geburtenraten, Drogensucht und Kriminalität von Jugendlichen u.ä. werden oftmals den Emanzipationsbestrebungen von berufstätigen Frauen angelastet. Jörg Haider läßt in diesen Fällen also nicht die vielbeschworene *»freie Wahlmöglichkeit«* gelten, sondern er denunziert die Frauen. Jenen Müttern, die zugunsten ihrer Kinder auf Berufstätigkeit verzichten, verspricht Haider eine sozialrechtliche Absicherung mittels *»Kinderbetreuungsscheck«* und eine einheitliche Ausbildung von Tagesmüttern. Die Möglichkeit, Männern den Verzicht auf Erwerbstätigkeit schmackhaft zu machen, zieht er nicht in Erwägung.

Haiders gespaltenes Verhältnis zu Frauengleichberechtigung wird auch an einer anderen Stelle seines Buches deutlich. Im Kapitel »Die Dritte Republik« kommt er noch einmal auf erwerbstätige Mütter zu sprechen. Darin stellt er einerseits mitfühlend fest, daß vor allem Frauen von Arbeitslosigkeit bedroht seien. Unmittelbar darauf lehnt er Emanzipation und Feminismus als irreal, aggressiv und ideologisch ab.

»Zu den Gruppen, die ganz besonders vom Schicksal der Arbeitslosigkeit betroffen sind, gehören Frauen. Die feministische Illusion von der

Selbstverwirklichung der Frau und Mutter im Beruf hat sich als verhängnisvoller Irrtum erwiesen. Die Ideologisierung dieses Themas hat den klaren Blick auf die Problemlage verstellt. Jeder, der dieses Problem anspricht, muß mit massiven feministischen Abwehrreaktionen rechnen. Vielen Frauen wird mit der Ideologie, wonach nur eine berufstätige Frau eine ernstzunehmende Persönlichkeit darstellt, Gewalt angetan und zugleich großer gesellschaftlicher Schaden angerichtet, denn auch Hausfrau ist ein vollwertiger Beruf (...). Den Frauen muß man eine Wahlmöglichkeit zwischen Beruf und Familie schaffen, ohne ihre Entscheidung nach ideologischen Gesichtpunkten zu diskriminieren« (Haider 1994, 211). Besonders perfid argumentiert Jörg Haider, wenn er bei berufstätigen Frauen die Gefahr psychischen Schadens beschwört:

»Viele in die volle Berufstätigkeit getriebene Frauen sind nicht glücklich damit. Der Zwang zu verdienen bringt sie dazu, ihre Aufgabe als Mütter zu vernachlässigen. Die Mehrfachbelastung überfordert viele Frauen nicht nur körperlich, sondern läßt sie geistig, seelisch müde werden« (Haider 1994, 212). Gleichzeitig lehnt er auch mögliche Alternativen zur mütterlichen Kinderbetreuung ab, und väterliche Fürsorge ist ohnedies kein Thema für den Freiheitlichenchef:

»Kinderhorte und Kindergärten sind für Kinder auch kein Ersatz für die Mutter. (...) Auch wenn für das Kind so gut wie möglich gesorgt wird (...), erleidet das Kind ohne die emotionelle Begegnung mit der Mutter bleibenden Schaden« (Haider 1994, 212).

Daß die Freiheitlichen im Oktober 1996 bei den Wahlen zum Europäischen Parlament vor allem bei berufstätigen Frauen punkten konnten, erscheint vor dem Hintergrund dieser Äußerungen Jörg Haiders wie blanke Ironie. Offenbar dürften die wenigsten seiner Wählerinnen seine literarischen Offenbarungen über die psychische Gefährdung berufstätiger Frauen gelesen haben.

Die Politikerinnen der FPÖ

Eine Analyse des politischen Engagements von FPÖ-Politikerinnen ist insofern kein leichtes Unterfangen, als es in Österreich keine empirischen Untersuchungen und folglich auch keine konkreten Erkenntnisse dazu gibt. Vergleichbare Studien wie die von Britta Ruth Büchner[92], die in Deutschland politisch aktive »Republikanerinnen« zu persönlichen und politischen Themen befragt hat, existieren in Österreich nicht.

Frauen und Mädchen im rechtskonservativen und rechtsextremen Spektrum der Politik eines Landes blieben lange Zeit unerforscht. Das erklärt auch, warum empirische Studien zum Thema rechtskonservative Politik und Rechtsextremismus nicht geschlechtsspezifisch analysiert werden können. Es gibt zwar eine Reihe von Definitionen zum Rechtsextremismus, die eine wichtige Grundlage für die wissenschaftliche Beschäftigung mit diesem Phänomen bilden, eine Analyse des Geschlechterverhältnisses steht jedoch noch aus.[93]

Mittlerweile sind jedoch einzelne Untersuchungen – vorwiegend in Deutschland – in Gang gesetzt worden, die das rechtskonservative Potential und die neofaschistischen Aktivitäten von Frauen und Mädchen in den Mittelpunkt stellen.[94] Daß Männer die rechtskonservative und rechtsextreme Szene prägen und die rechten Parteien einen überproportionalen Männeranteil aufweisen – sowohl in der Mitgliedschaft als auch in der Wählerschaft – soll damit zwar nicht relativiert werden. Das runde Drittel Frauen, das in der Anhängerschaft rechter Parteien statistisch nachgewiesen werden kann, verdient jedoch mehr Beachtung.

Wie weit rechts die Freiheitlichen heute stehen oder wie rechtsextrem die Partei heute ist, zählt nicht zu meinen primären Fragen. Dennoch kann das rechte Gedankengut dieser Partei nicht außer acht gelassen werden.

Beim Versuch einer Charakterisierung des »Phänomens Haider« stößt man schnell an die Grenzen fixer Definitionen. Ob man den FPÖ-Parteiobmann als negativen, autoritären oder »dämonischen« (Hans-Georg Soeffner 1994, 265) Populisten, als »Rechtsextremisten« (Bailer-Galanda/Neugebauer 1993, 268ff bzw. Scharsach, 1992, 225), als »Neofaschist(en)« (Voggenhuber) oder »Austrofaschisten« (Menasse) bezeichnet, Haider entschlüpft letztlich jeder Konkretisierung seiner politischen Konturen durch ständige Kurswechsel. Die Bezeichnung »Eklektiker« (Rudolf Burger) dürfte noch am ehesten auf den Obmann zutreffen, da Haider über kein klar ausgearbeitetes, ideologisches Konzept zu verfügen scheint, sondern das jeweils Passende wählt, um sein Publikum zu bedienen.

Daß er sich mittlerweile von rechtsextremen und deutschnationalen Repräsentanten und AnhängerInnen distanziert und sich jüngst sogar als moderater und liberaler Politiker geriert, deutet auf eine *»machtpolitisch motivierte Tarnung«* hin (Luther 1997, 298) und kann auch als *»strategisches Kalkül«* zur Erreichung seines Zieles, Bundeskanzler von Österreich (neuerdings auch Landeshauptmann von Kärnten) zu werden, interpretiert werden (vgl. Der Standard v. 31.05./ 01.06. 1997)[95].

Auch seinen ehemaligen MentorInnen bereitet Haiders politischer Zick-Zack-Kurs zunehmende Probleme: Kriemhild Trattnig[96], die aus »Groll« aus der Partei geschieden ist, charakterisiert Haiders *»Politik als ›einmal vor, einmal zurück, einmal links, einmal rechts, kurzer Radau‹. Sie spricht von ›Opportunismus und Gesinnungslosigkeit‹, und meinte ›sein einziges Bestreben sei, an die Schalthebeln der Macht zu kommen«* (APA v. 09. 12. 1997). Am schmerzhaftesten dürfte für Kriemhild Trattnig – die als bekannte Vertreterin der »sozialen Volksgemeinschaftsideologie«[97] gilt – jedoch sein, daß Haider das »Empfinden für das Deutschnationale« (ebd. 1997) abhanden gekommen ist.

Haider wird von anderen (ehemaligen) Parteifreunden – je nach Nähe – als *»politischer Psychopath«* (Mario Ferrari-Brunnenfeld)[98], *»Einzelgänger«* (Helene Partik-Pablè)[99] oder *»ungemein geschickter Taktiker«* (Hans Pretterebner)[100] bezeichnet. Friedrich Peter, langjähriger Parteiobmann der FPÖ, Haiderentdecker und politischer Förderer, sagt über Haiders Umgang mit Menschen sogar: *»Haider ist bis jetzt der einzige Mensch aus dem Bereich Politik, dem ich nicht die Hand geben möchte«* (Andreas Mölzer, zit. n. Bailer-Galanda/Neugebauer 1997, 32).

Erwähnenswert ist in diesem Zusammenhang die umfassende Dokumentation mit wörtlichen Zitaten Haiders, zusammengestellt von der Sozialwissenschafterin und Historikerin Brigitte Bailer-Galanda[101], die neben Haiders Demokratie- und Politikverständnis auch sein Frauenbild mitbeleuchtet (vgl. Bailer-Galanda 1995, 83). In seinen publizistischen Stellungnahmen und parlamentarischen Reden wettert der FPÖ-Parteiobmann wiederkehrend gegen die Emanzipation von Frauen, und er möchte Frauen am liebsten zurück in die Familie schicken. Sein Bestreben, Mütter und junge Frauen aus dem Arbeitsmarkt auszugliedern, hat vor allem zwei Gründe: Frauen sollen wieder für die Kinderpflege (und damit auch für die Umsorgung ihrer Männer) zur Verfügung stehen und ihre Arbeit für die Familie soll den Arbeitsmarkt entlasten.

Haider selbst entwirft in seinem 1993 erschienenem Buch *»Die Freiheit, die ich meine«*[102] das Szenario der »Dritten Republik«, in der die österreichischen Frauen eine gewichtige Rolle – in der Familie – spielen. Im Kapitel »Sozialstaat auf der Waage« verdeutlicht er unmißverständlich seine Vorstellungen:

»Familie und Kinder haben Vorrang (...). Für eine Gesellschaft freier und glücklicher Menschen brauchen wir nach wie vor die Familie als Kernbereich der Geborgenheit. Sozialpolitik muß daher ein familien- und kinderfreundliches Klima schaffen. Die Erziehung von Kindern ist eine vorrangige gesellschaftliche Aufgabe, und deshalb müssen auch die Leistungen der Frau und Mutter unabhängig von ihrer möglichen Berufstätigkeit anerkannt werden« (Haider 1993, 167).

Um eine politische Partei in ihrer Gesamtheit darzustellen, genügt es jedoch nicht, nur den Parteiobmann und dessen Wirkung zu untersuchen, auch wenn er die zentrale Leitfigur sein mag. Ebensowenig ist es, wie in den herkömmlichen Publikationen über die FPÖ, ausreichend, bloß die politischen Strukturen – die Programmatik der Partei, ihre organisatorische und soziale Zusammensetzung und ihr Verhalten im politischen Alltag – in den Blick zu nehmen und deren Wechselwirkungen aufzuzeigen.[103] Es muß auch der analytische Zusammenhang zu den Akteuren hergestellt werden. Im folgenden sollen daher die weiblichen Akteure im Mittelpunkt stehen.

DIE HISTORISCHEN VORAUSSETZUNGEN

Frauen, Frauenpolitik und Frauenfragen spielen in der Geschichte der FPÖ eine unbedeutende Rolle. Ihre Vorgängerpartei VdU (Verband der Unabhängigen) war eine fast reine Männerpartei, eine Tendenz, die sich auch nach Gründung der FPÖ 1956 fortsetzte. Bis 1974, als im Parteistatut festgelegt wurde, daß ein Mitglied des Bundesparteivorstandes eine Frau sein muß, gab es keine Bestimmungen über den Frauenanteil in der FPÖ. Das »Frauen- und Familienreferat« als sogenannte Frauenorganisation der FPÖ hat(te) innerparteilich kaum Gewicht und ist, gemessen an den Frauenorganisationen der beiden Großparteien SPÖ[104] und ÖVP[105], bloß eine lose Organisation, die es laut Barbara Steininger *»in puncto innerparteilicher Schlagkraft und Öffentlichkeitsbewußtsein«* nicht mit den Frauenformationen der Regierungsparteien aufnehmen kann (Steininger 1991, 654).

In den Parteigremien und im Nationalrat kann der reale Frauenanteil der FPÖ in zwei Perioden unterteilt werden: Zwischen 1956 und 1986 gab es nur jeweils eine Frau im Bundesparteivorstand, von 1956 bis 1983 wurde die FPÖ im Nationalrat ausschließlich von männlichen Abgeordneten vertreten. Auch die Bundesparteiobmänner samt ihren Stellvertretern waren bis dahin immer Männer. Erst seit 1983 beziehungsweise 1986 ist ein kontinuierlicher Anstieg des Frauenanteils zu verzeichnen (vgl. ebd., 655). 1988 ernannte die FPÖ als einzige und erste Partei eine Frau zur Generalsekretärin. Heide Schmidt verließ jedoch fünf Jahre später die Partei. Drei Jahre danach, im November 1996, nominierten die Freiheitlichen wieder eine Frau in eine bis dahin nur männlich besetzte Spitzenposition, diesmal als »geschäftsführender Parteiobmannstellvertreter« (sic!). Daß die Freiheitlichen wenig von sprachlicher Gleichberechtigung halten, spiegelt sich in allen F-Publikationen und auch in meiner Untersuchung wider. Sie lehnen die Bezeichnung »Obfrau« offenbar ab und können sich auch sonst nicht dafür entscheiden, geschlechtergerechte Sprachformen zu übernehmen.

Jahr	Bundesparteivorstand			KanditatInnen für den Nationalrat			Mitglieder des Nationalrates			Bundesparteipräsidium (seit 1978)		
	Frauen	prozentueller Anteil	gesamt	Frauen	prozentueller Anteil	gesamt	Frauen	prozentueller Anteil	gesamt	Frauen	prozentueller Anteil	gesamt
1956	0	0,0	13	23	7,5	306	0	0,0	6			
1959	1	5,3	19	30	9,8	306	0		8			
1962	1		19	20	6,2	321	0		8			
1966	1	5,0	20				0		6			
1970	0	0,0	15	24	6,6	366	0		10			
1974	1	6,7	15				0		10			
1975	1		15	36	9,8	366	0		10			
1979	1		15	59	16,1	366	0		10	0	0,0	7
1983	1		15	48	13,2	364	1	9,1	11	1	14,3	7
1986	2	13,3	15	46	12,6	366	3	16,7	18	1	12,5	8
1990	3	16,7	18	62	17,0	365	7	21,2	33	1	10,0	10
1993	3	16,7	18				5[2]	17,9	29	1		
1994	3	16,7	18	33	18,0	183	9	22,4	42	2		
1995	3	16,7	18	33	18,0	183	9	22,5	40	2	15,4	13
1997	3	16,7	18				8	19,0	42	2	10,5	19

Tabelle 4: Reale Frauenanteile in der FPÖ 1956 bis 1971

1 Quelle: Zahlen und Daten bis 1990 stammen von Barbara Steininger (1991, 655), ab 1993 wurden die Daten dem Frauenbericht 1995 entnommen, und die aktuellsten Daten kommen aus der FPÖ Bundesgeschäftsstelle.
2 Mit der Gründung des Liberalen Forums LIF am 04.02.1993 verlor die FPÖ fünf MandatarInnen (2 Frauen und 3 Männer).

Mit Frauen beschäftigten sich die Freiheitlichen nur, wenn es um Mütter und Familie ging. Der stark gesunkene Wählerinnenanteil der Freiheitlichen bei der Nationalratswahl 1994 (43%) zwang die Partei allerdings zu einem Umdenken. Um wieder verstärkt Frauen zu gewinnen, entschlossen sich die Freiheitlichen, Frauenanliegen getrennt von Familienpolitik zu thematisieren. Daß sie diesen »Schritt« nicht aus Überzeugung, sondern aus wahltaktischen Überlegungen vollzogen, geben die Vertreterinnen der Initiative Freiheitliche Frauen (IFF)[106] unumwunden zu:

»Obwohl der Schritt, Frauen- und Familienpolitik zu trennen, sicherlich innerhalb der Freiheitlichen Bewegung noch einer gewissen Entwicklung bedarf – die Rolle der Frau wird generell nicht von der Familie getrennt gesehen – sprechen andere Daten und Fakten für die Notwendigkeit« (IFF 1995, 1)

Die Politikerinnen der achtziger und neunziger Jahre

Nationalrat

Seit 1986 hat die Präsenz an freiheitlichen Parlamentarierinnen zwar mit der Größe der Partei zugenommen, der prozentuelle Zuwachs ist jedoch im Vergleich zu den Männern wesentlich geringer. Auf parlamentarischer Ebene Politik zu betreiben, blieb freiheitlichen Frauen bis 1983 vorenthalten. 1983 zog unter Parteichef Norbert Steger erstmals eine freiheitliche Abgeordnete ins Parlament ein. 1986 folgten zwei, 1990 sechs und 1994 acht weitere Frauen in den Nationalrat. Mit neun Repräsentantinnen im Parlament erreichte die Partei in den Jahren 1995 bis 1996 ihren Höchstanteil von 22,5%.[107] Seit April 1996 stellen die Freiheitlichen über 40, seit der Nationalratswahl 1996 über 42[108] der insgesamt 183 Abgeordneten. Acht dieser Mandate haben Frauen inne, das entspricht einem Prozentsatz von rund 20% beziehungsweise 19%[109] – ein Frauenanteil, der sich trotz der Mandatsgewinne seit 1995 (22,5%) verringerte, anstatt sich zu erhöhen. Zusammen mit der ÖVP sind die Freiheitlichen damit am weitesten von der Erfüllung der Drittelmarke entfernt.

Bundesparteileitung
Zur zweithöchsten Parteiinstanz der Bundesparteileitung gehören FPÖ-Regierungsmitglieder auf Bundes- und Landesebene, alle Nationalrats-, Bundesrats- und seit 1995 auch die Landtagsabgeordneten sowie die freiheitlichen EU-Abgeordneten. Hinzu kommen die Mitglieder des Bundesparteivorstandes sowie ein/e LandesgruppenvertreterIn pro 1.000 Parteimitglieder der Landesgruppe. Unter den derzeit 226 Parteileitungsmitgliedern befinden sich 38 Frauen, ein geringer Anteil von 16,8%.

Bundesparteipräsidium
Das größte Machtzentrum, wenn auch das zahlenmäßig kleinste und zugleich jüngste Gremium der FPÖ auf Bundesebene, besteht aus dem Bundesparteiobmann, dem Obmannstellvertreter und dem geschäftsführenden parlamentarischen Klubobmann; es wurde 1978 ins Leben gerufen. Die Präsenz der Frauen ist hier am geringsten. Von 1978 bis Anfang 1993 war eine Frau in ihrer Funktion als Bundesfrauenreferentin in diesem Gremium vertreten. Unter den insgesamt 19 Bundesparteipräsidiumsmitgliedern sind derzeit zwei Frauen (10,5%), (Stand September 1997).

Bundesparteivorstand
Im Parteivorstand der FPÖ von 1956 bis 1983 war jeweils nur eine Frau vertreten. Der Frauenanteil hat sich zwar ab 1986 erhöht, allerdings nur geringfügig. Unter den 18 Bundesvorstandsmitgliedern sind derzeit drei Frauen, was einem Anteil von 16,7% entspricht. Bundesparteivorstand und Bundesparteipräsidium zusammen ergeben 37 Personen, fünf davon sind Frauen, damit haben sie einen Anteil von 13, 5%.

Parlamentarische Ausschüsse
Eine numerisch geringe Präsenz an freiheitlichen Politikerinnen ist auch in den einzelnen Parlamentsausschüssen zu finden. Mit Stichtag 1. März 1995 war der Anteil von FPÖ-Frauen in den Ausschüssen mit 18,5% geringer als im Nationalrat (22%). Abgesehen davon, daß im Bautenausschuß und im ständigen Unterausschuß des Budgetausschusses keine Parlamentarierin vertreten ist, erstaunt auch die völlige Abwesenheit von FPÖ-Frauen im Hauptausschuß (vgl. Rossmann 1995, 64).[110]

Bundesrat

Im Bundesrat, dessen Mitglieder von den Landtagen entsandt werden und der allgemein als Sprungbrett für Abgeordnete in den Nationalrat gilt, war 1990 erstmals eine Freiheitliche vertreten. Mit Stichtag 26. 09. 1995 waren drei F-Bundesrätinnen, im Jahr 1996 nur mehr zwei Frauen von insgesamt vierzehn Bundesräten (15,4%) in diesem Gremium zu finden. Seit dem Frühjahr 1997 stellen die Freiheitlichen vierzehn von insgesamt 64 Bundesratsmitgliedern. Vier der vierzehn F-Bundesräte sind weiblich, dies entspricht einem Prozentsatz von 28,6%.[111]

Landesregierungen

Unter »Landesregierung« sind der Landeshauptmann/die Landeshauptfrau, sein(e) Stellvertreter(in) sowie die LandesrätInnen zu verstehen. Allgemein läßt sich feststellen, daß weibliche Landesräte erst ab den achtziger Jahren in den Landesgremien zu finden sind. Vergleicht man die Ressorts, die die Landesrätinnen innehaben, so bietet sich ein ähnliches Bild wie bei den weiblichen Mitgliedern der Bundesregierung. Es überwiegen die »klassischen Frauenressorts« Soziales, Bildung, Jugend und Familie. Erst vor zwei Jahren gelang es in Österreich einer Frau, »Landeshauptmann«[112] zu werden; sie ist nicht von der FPÖ.

FPÖ-Landes- beziehungsweise Stadträtinnen gab es 1984 in keinem Bundesland, und auch 1997 sind sie kaum vorhanden. Die Wiener Landesregierung der Freiheitlichen wird seit Dezember 1991 von einer Frau als nichtamtsführender Stadträtin vertreten. Die Kärntner Freiheitlichen hatten von 1994 bis 1996 eine Landesrätin, die bei der letzten Landtagswahl 1997 nicht nachgewählt wurde. Im Zuge der Oberösterreichischen Landtagswahl am 5. Oktober 1997 wurde eine Frau, nämlich Haiders Schwester, Ursula Haubner, zur Landesrätin nominiert, wo sie gemeinsam mit einem männlichen Kollegen die Freiheitlichen vertritt.

Landtage

Parallel zum Nationalrat ist auch auf der Landesebene der Frauenanteil der FPÖ seit 1984 gestiegen. Während 1984 in fast keinem Bundesland (außer Kärnten [1] und Salzburg [1])[113] eine weibliche Abgeordnete im Landtag vertreten war, sitzen 1996 in den gewählten Gremien der Landesregierungen 20 weibliche von insgesamt 96[114] freiheitlichen Volksvertretern. Den höchsten Anteil an weiblichen Landtagsabgeordneten weist Wien mit sieben von insgesamt 29 auf, im Burgenland und in Tirol sind dagegen alle Landtagssitze der Freiheitlichen von Männern besetzt.

Gemeinden

»Dort, wo räumlich die Politik dem Leben am nächsten ist, nämlich in den Gemeinden, sind Frauen am wenigsten vertreten« (Rosenberger 1997, 16). Dies trifft auf alle Parteien zu. Eine schwache Präsenz weiblicher Gemeindefunktionäre ist somit auch bei der FPÖ festzustellen. 517 von insgesamt 4074 FPÖ-Gemeinderäten in ganz Österreich sind weiblich, das entspricht einem Prozentsatz von 12,7%.[115]

Eine ähnliche Disparität ist auch bei den BürgermeisterInnen zu finden. Frauen gibt es seit 1945 als Gemeindeoberhäupter zwar häufiger,[116] doch sind sie in Österreich noch immer stark unterrepräsentiert. Unter den 26 Bürgermeisterinnen (Stand v. März 1997) in ganz Österreich ist keine FPÖ-Bürgermeisterin zu finden.

Europäische Union (EU)

Mit Jahresbeginn 1995 wurden erstmals österreichische Abgeordnete zum Europäischen Parlament entsandt. Unter den insgesamt 21 Abgeordneten waren sieben Frauen, also mehr als ein Drittel (Stand v. 20.03.1996: 33,5%). Ein Anteil, der auch nach der Nationalratswahl 1995 beziehungsweise ab Jänner 1996 gleichblieb. Die Freiheitlichen – als nicht amtsführende EU-Fraktion – haben sechs Mandatare nach Brüssel beziehungsweise Straßburg entsandt, darunter eine Frau.

Die Entscheidung für die Politik

Der soziale und ideologische Hintergrund

Die Lebensplanung und die Bewältigung des Alltags der von mir interviewten F-Frauen sind vielfältig und daher schwer auf einen Nenner zu bringen. Vier der insgesamt vierzehn befragten Politikerinnen sind kinderlos, wobei die beiden jüngeren Frauen zwar noch keine Kinder haben, aber an eine Familienplanung denken. Drei Frauen sind geschieden, eine ist Alleinerzieherin; neun Politikerinnen sind verheiratet, eine davon ist Witwe, eine andere hat nach dem Tod des ersten Mannes wieder geheiratet; sieben davon haben eigene Kinder. Beim Eintritt in die aktive Politik waren die Kinder entweder bereits erwachsen oder in einem relativ selbständigen Alter. Der Einstieg in die Parteipolitik »nach den Kindern« stellte sich als eines der gemeinsamen und charakteristischen Muster heraus.

Eine F-Spitzenpolitikerin gab an, kein Parteimitglied der FPÖ zu sein, aber für die Partei *»natürlich und gern tätig«* zu sein (Interview 10). Die Entscheidung, ob sie als Nationalratsabgeordnete der FPÖ beitreten wird, läßt sie noch offen. Die Freiheitlichen dürften sie noch nicht vollständig überzeugt haben, denn eine gewisse Skepsis ist in folgender Aussage deutlich zu erkennen: *»Es ist für mich einfach so, daß ich es mir vorbehalte, mir das noch eine Zeit lang so anzuschaun. I' kann's Ihnen net sagen, es kann sein, daß i' mir nächste Woche (...) denk, jetzt bin ich schon so lang dabei, es g'fällt mir und ich tret' der Fraktion bei, momentan stimmt's für mich so zu arbeiten, net wirklich der Fraktion anz'gehören, aber für sie zu arbeiten«* (Interview 10).

Ihr Zögern hat vielleicht damit zu tun, daß ihr Mandat, welches sie seit Anfang 1996 innehat, bereits zwei Mal gefährdet war. Beim ersten Mal legte sie vier Monate nach ihrem Einzug ins Parlament ihre Funktion zurück, um einen Tag später anstelle eines *»Nein-doch-nicht-deutschnationalen«* Parteikollegen[117], der sich in Richtung Straßburg verabschiedete, wieder in den Nationalrat einzutreten. Einige Monate später, im Oktober, geriet ihr Mandat neuerlich in Gefahr, als sie durch einen männlichen Abgeordneten ersetzt werden sollte. Nur der Gewinn eines 42. F-Sitzes bei den Nationalratswahlen bewahrte die Parlamentarierin vor dem verordneten Rücktritt (Der Standard v. 15.10.1996).

Eine andere Interviewpartnerin, die über Jahre hinweg sehr aktiv für die Partei gearbeitet hat, legte nach der Nationalratswahl 1995 alle wichtigen Funktionen *»aus Enttäuschung«* sowohl über die Partei, als auch über den Parteiobmann zurück. Nachdem sie *»über Nacht«* ihr Nationalratsmandat verloren hatte und von den machthabenden Fraktionsmännern auf die *»mieseste Art«* (Interview 7) hinausbugsiert worden sei, kündigte sie am Ende des Gesprächs an, die Partei demnächst endgültig zu verlassen. Zwei ebenfalls langjährige FPÖ-Politikerinnen kehrten der FPÖ vor drei Jahren den Rücken und gründeten gemeinsam mit anderen Partei-»Dissidenten« das Liberale Forum (LIF).

Bevor ich die befragten Politikerinnen selbst zu Wort kommen lasse, möchte ich kurz auf ihre Sprache und ihre Rhetorik bezug nehmen. Seit Jörg Haiders Parteiübernahme veränderten sich nicht nur Parteiorganisation, -struktur und politische Strategie, sondern auch die sprachliche Inszenierung der Parteimitglieder und vor allem des Parteichefs. Die Rhetorik der Freiheitlichen ist seit Jörg Haiders Obmannschaft aggressiver, gewaltvoller und hetzerischer geworden. Ausdrücke wie »Sozialschmarotzertum«, »Parteiapparatschik« oder »Parteisoldat«, die von Parteimitgliedern der FPÖ ständig in den Mund genommen werden, gehören mittlerweile zum gängigen, fast möchte ich sagen harmloseren, Wortschatz der FPÖ. Vor allem im Zusammenhang mit der Abspaltung des Liberalen Forums kehrten die FPÖ-PolitikerInnen und -Medien ein Seite nach außen, die keineswegs von »staatsmännischem« Selbstverständnis zeugt. Eine Flut von Beschimpfungen und Verhöhnungen ergoß sich über die ausgetretenen Parteimitglieder. Haßerfüllte Zuschreibungen wie *»Verräter«*, *»Renegaten«*, *»Gaunerpack«*, *»politische Auslaufmodelle«*, *»Club der toten Politiker«* (diese Aufzählung ließe sich fortführen) waren unmittelbar danach in den Tageszeitungen zu lesen (vgl. auch Bailer-Galanda/Neugebauer 1993, 363).[118] Inwieweit F-Politikerinnen diese sprachlichen Umgangsformen gebrauchen beziehungsweise davon beeinflußt werden, soll uns an dieser Stelle interessieren.

Während der Befragung zeigten sich die Politikerinnen von der »feinen Seite«. Oben erwähnte Ausdrücke wurden nicht verwendet. Das Höchstmaß war, daß eine Politikerin die Abspaltung des »liberalen Flügels« als »Gemeinheit« und als »absolut unfair« gegenüber der Partei kommentierte. Auf die Frage, ob sie die Austritte als Verlust erlebt habe, antwortete sie:

»Na, sie (die Generalsekretärin, M.R.) selbst hab' ich überhaupt nicht als Verlust erlebt, den Frischenschlager hab' ich als Verlust erlebt, weil des war ein g'scheiter Mensch und fleißig und alles, aber die Frau Schmidt hab' ich net als Verlust erlebt« (Interview 9).

Aber nicht nur Männern, auch F-Frauen passiert es, daß sie Worte verwenden, die *»unter die Gürtelinie«* gehen. Vor allem bei politischen Debatten, wenn es besonders »hitzig« hergeht, wie eine der Kommunalpolitikerinnen berichtet:

»Da gab's also eine Drogendebatte. Die (...) war wirklich sehr emotionell geführt von allen Seiten und die Frau (...) von den Grünen (...) hat für die Liberalisierung (von Drogen, M.R.) gesprochen und hat (...) nicht mich als Person, sondern die Freiheitlichen als schuldig bezeichnet – weil wir nicht für die Freigabe sind –, daß es Drogentote gibt. Das hat sich immer mehr hochgeschaukelt, und ich hab' gemerkt, daß das für mich immer unerträglicher wird, und ich bin also dann plötzlich aufgesprungen und hab' geschrien: ›Sie Mörderin Sie!‹« (Interview 6)

Dieser emotionale ›Ausrutscher‹ – der eine unmittelbare Sitzungsunterbrechung und ihr auch eine Klage einbrachte – sei ihr zu Beginn der politischen Laufbahn passiert, jetzt habe sie gelernt, sich nicht mehr so *»hinaufbringen zu lassen«*.

Daß die Parteifrauen der Freiheitlichen von der sprachlichen Agitationsweise der Partei nicht unbeeindruckt geblieben sind beziehungsweise ebenfalls davon Gebrauch machen, bestätigen Meldungen und Zitate in den Tageszeitungen. Besonders häufig sind sprachliche Entgleisungen der F-Sicherheitssprecherin in Zusammenhang mit dem organisierten Verbrechen in Österreich, der Verbrechensbekämpfung und der Ausländerpolitik zu lesen, sie vergleicht unser Land mit einem *»Tummelplatz für Prostitution oder kriminelle Organisationen«* (APA v. 25.10.1996) oder meint, die Ostgrenze für Illegale sei *»offen wie ein Scheunentor«* (APA v. 04.11.1996), *»lebenslang soll lebenslang bleiben«* (APA-OTS v. 04.10. 1996), Wien sei durch die enorme Zuwanderung zu einer *»Dritte-Welt-Stadt degradiert worden«*(APA-OTS v. 18.06.1996), sie fordert daher eine *»Null-Quote«* für die Ausländerbeschäftigung (APA-OTS v. 26.11.1996) gegen die steigende Arbeitslosigkeit usw.

Hinsichtlich der Sprache wird ebenso deutlich, daß die Befragten ihre eigene Rolle als Frau wenig reflektieren und das Männliche in unserer Gesellschaft und in der Politik als *»normal«* ansehen. Geschlechtsneutrale Formulierungen sind offenbar noch nicht bis zu den FPÖ-Politikerinnen vorgedrungen. Sie gebrauchen stets die männliche Form für beide Geschlechter und erzählen von *»Durchschnittsösterreichern«* oder *»Politikern«*, sie bezeichnen sich und ihre Geschlechtsgenossinnen als *»Alleinerzieher«*, als *»Abgeordneter«*, als *»Lehrer«* und so weiter. Ob der Nichtgebrauch von geschlechtergerechten Formulierungen als mangelnde Auseinandersetzung oder als bewußte Ablehnung dieses Sprachgebrauchs interpretiert werden kann, muß offen bleiben. Tatsache ist, daß weder in den F-Publikationen, die auch von Parteipolitikerinnen verfaßt wurden und werden, noch in den Interviews ein Bewußtsein für die positiven Aspekte von geschlechtsneutralen Formulierungen existiert. Der Verzicht auf sprachliche Gleichstellung dürfte jedoch zum allgemeinen Politikverständnis der F-Politikerinnen passen, die zwar von den feministischen Errungenschaften der Frauenbewegung profitieren, eine reale Gleichstellung für Frauen und Männer jedoch nicht gezielt anstreben.

Die Ausbildung

Der Ausbildungsstand von Politikerinnen gewinnt heutzutage insofern an Bedeutung, als im Parlament immer mehr AkademikerInnen und immer weniger ArbeiterInnen vertreten sind. Letztere waren bei den Freiheitlichen ohnedies kaum anzutreffen. Heute sind die Freiheitlichen jedoch bemüht, auch vereinzelt ArbeiterInnen und LandwirtInnen in Spitzenpositionen zu bringen.

Von den derzeit 34 männlichen Abgeordneten verfügt mehr als die Hälfte (20) der freiheitlichen Parlamentarier über einen Abschluß an einer österreichischen oder internationalen Universität. Arbeiter sind nur mit einem geringen Prozentsatz (11%) vertreten. Unternehmer aus der Privatwirtschaft, aus dem Handel, Selbständige, Freiberufler, Architekten, Juristen und Ärzte dominieren das männliche Berufsbild der FPÖ im österreichischen und im EU-Parlament.[119]

Drei von derzeit acht amtierenden weiblichen Nationalratsabgeordneten in der FPÖ haben einen Universitätsabschluß, zwei die Matura, wovon eine Politikerin anschließend die Handelsakademie besuchte und die andere ein Wirtschaftsstudium begann, es jedoch nicht beendete. Die weiteren drei aktiven Parlamentarierinnen absolvierten eine Lehre als kaufmännische Angestellte (2) bzw. die Ausbildung zur medizinisch-technischen Assistentin.[120]

Fünf der von mir befragten FPÖ-Abgeordneten gehen neben ihrer politischen Tätigkeit einem Beruf nach. Der Großteil arbeitet in der Privatwirtschaft, entweder gemeinsam mit dem Ehepartner in einem Gastronomiebetrieb, einem selbständigen Unternehmen, einer Landwirtschaft, oder sie gehen ihren erlernten Berufen als Ärztin und Juristin nach. Nur eine der befragten Abgeordneten zum Nationalrat ist Berufspolitikerin.

Das Milieu ihrer Elternhäuser ist zwar unterschiedlich, jene Politikerinnen, die eine höhere Ausbildung genossen haben, stammen aber durchgehend aus Akademiker- oder Unternehmerhaushalten, wo eine gute Ausbildung der Töchter selbstverständlich war. Auch bei den übrigen sechs Politikerinnen, die eine eher berufsbezogene Ausbildung absolvierten, dürfte kein signifikanter Bildungssprung[121] stattgefunden haben. Der Vater der medizinisch-technischen Assistentin war hingegen Schuhmacher. Zwei Töchter stiegen in die Fußstapfen der Eltern beziehungsweise des Vaters: Der männliche Elternteil der Kindergärtnerin und Sonderpädagogin übte einen Lehrerberuf aus, der Vater der kaufmännischen Angestellten war ebenfalls selbständiger Kaufmann.

Mehr als die Hälfte der Befragten weist demnach eine relativ hohe Ausbildung auf. Trotzdem scheint eine berufliche Qualifikation keine notwendige Voraussetzung für einen politischen Karrierestart bei der FPÖ zu sein. Meine Annahme, daß die berufliche Qualifikation politischen Aufstieg ermöglicht, bestätigt sich bei den F-Frauen nicht zwingend. Vielmehr dürften andere Faktoren den Frauen den politischen Einstieg ermöglicht haben. Frauen würden von der FPÖ in den letzten Jahren besonders umworben, um ein möglichst farbenreiches Parteibild zu präsentieren, meint dazu etwa eine der Befragten über die Listenerstellung:

»Wenn man Listen erstellt, war des ein Wunsch (...) der Parteiorganisation, daß man eine Liste so gestaltet, daß sie bunt ist, daß sie sozusagen die Buntheit der Bevölkerung repräsentiert, in jederlei Hinsicht, was z.B. das Alter anbelangt, jung und alt, was den Beruf anbelangt, net nur Beamte, net nur Freiberufler (...). Wir haben auf unseren Listen von Arbeitern, über Rechtsanwalt bis zum Freiberufler, bis zur Hausfrau und Mutter so alles drinnen, und genauso ist das auch, was das Geschlecht anbelangt, Frau und Mann« (Interview 12).

Erst in zweiter Linie spielen Qualifikationen eine Rolle. Natürlich wäre es wünschenswert, erzählt diese Interviewpartnerin weiter, wenn sich *»junge engagierte Frauen, die eigenständig sind, die selbst denken, die so und so ihre Ideen einbringen«* (Interview 12) für die Freiheitlichen gewinnen ließen, aber noch sei es schwer, Frauen für Listenerstellungen zu bekommen. Woran das liegt, schildern die Interviewpartnerinnen im Kapitel »Welche Frauenpolitik?«.

Die politische Prägung durch das Elternhaus, politisches Engagement, Einsatz und persönliches Interesse, aber auch Sympathie, »Freunderlwirtschaft«, Parteierfolg sowie die Unterstützung durch Parteistrategen begünstigen derzeit den politischen Karrierestart von Frauen bei den Freiheitlichen. Ob Frauen eine politische Karrierelaufbahn garantiert ist, liegt jedoch nicht in ihrer Macht. Dies hängt vielmehr von ihren Förderern beziehungsweise Gegnern ab. Doch darin unterscheiden sich die Freiheitlichen wahrscheinlich nicht wesentlich von den Großparteien.

Als privilegierte Voraussetzung für einen politischen Karrierestart wertet Beate Hoecker den *»politiknahen und möglichst in einer einflußreichen Führungsposition ausgeübte(n) Beruf«* (Hoecker, 1987, 106 ff). Hausfrauen und Mütter hätte als nichterwerbstätige Frauen eine schlechte Startposition. Doch auch der überwiegende Teil der erwerbstätigen Frauen sei oft nicht imstande, einen politiknahen Beruf oder eine einflußreiche berufliche Führungsposition zu erlangen.

Auch Dietrich Herzog führt die berufliche Politiknähe als eine von drei soziologischen Bedingungen der Elitenrekrutierung an (Herzog, 1992, 78 ff). Die Politiknähe ergibt sich seiner Ansicht nach aus den Aufgaben im Außenverhältnis einer Berufsposition, aus Kontakten zur

Presse, aus Verhandlungen mit staatlichen Stellen, aus nationalen und internationalen Verbindungen etc. Die Art der Berufstätigkeit, insbesonders, ob sie eine mehr zu gestaltende, innovative oder eine mehr fremdbestimmte und sich ständig wiederholende Tätigkeit beinhaltet, sieht er als zweite Rekrutierungsbedingung an – wobei er erstere als die privilegiertere Voraussetzung für eine politische Karriere betrachtet. Herzog nennt als dritte Bedingung die der Abkömmlichkeit: ob politische Aktivitäten als notwendige Vorbereitung für politische Kandidaturen mit der Berufstätigkeit vereinbar sind und ob der private Beruf für die Dauer eines politischen Mandats verlassen werden kann. Beate Hoecker sieht gemessen an dem überdurchschnittlich hohen Anteil von Beamten unter den Parlamentariern eine Bestätigung der von Herzog angeführten Bedingungen gegeben, da Beamte besser als Berufstätige Dienstfreistellungen und Rückkehrmöglichkeiten erwirken könnten.

Beate Hoeckers und Dietrich Herzogs Kriterien finden sich bei den FPÖ-Politikerinnen nur bedingt wieder, denn es gibt nicht eine Beamtin unter den befragten Spitzenpolitikerinnen in der FPÖ. Wie hoch der Anteil an Beamten und Beamtinnen in der FPÖ allgemein ist, darüber gibt es offiziell keine genauen Auskünfte. AkademikerInnen und Selbständige aus der Privatwirtschaft prägen jedenfalls das freiheitliche PolitikerInnenbild.

Sich als männlicher Unternehmer für die Politik »abkömmlich« zu machen, ist in der Regel einfacher als bei Frauen, da Ehefrauen oder nahe Angehörige verfügbar sind. Von Parteiobmann Haider ist z.B. allgemein bekannt, daß nicht er sein großes Holzunternehmen in Kärnten leitet, sondern seine Frau (Interview 10), (vgl. auch Bailer-Galanda 1995, 31)[122].

Die Herzogsche Definition der »gestaltenden« Funktion trifft daher vorwiegend auf FPÖ-Parlamentarier zu. Von den vierzehn Interviewpartnerinnen hat nur eine eine politiknahe Berufsposition inne. Die gestaltende Tätigkeit war für diese besagte Politikerin insofern gegeben, als sie einige Jahre Ministerialbeamtin und Volksanwältin gewesen war. Das Überwechseln in die Politik beziehungsweise in das Parlament lag daher nahe:

»Ich [hatte damals] erstens einmal ein relativ breites Spektrum (...) zu betreuen (...) und [sammelte zweitens] Informationen und Erfahrungen (...), in einem relativ breiten Feld politischer Ressorts. Dazu kam, daß mir auch der Parlamentarismus geläufig war, da ja die Volksanwaltschaft ein Organ des Parlaments ist und wir auch Bericht erstatten mußten und daher auch immer in Kontakt waren.« (Interview 14).

Diese Politikerin konnte demnach die zunehmende Politisierung – anfangs als Bundesrätin – mit ihrer Berufstätigkeit vereinbaren. Hinzu kommt, daß sie kinderlos ist.

»Fremdbestimmte« und sich »ständig wiederholende« berufliche Tätigkeiten, das heißt weniger privilegierte Voraussetzungen für politische Karrieren, dominieren hingegen die Berufstätigkeit der anderen Politikerinnen. Auch auf die befragten Politikerinnen aus der Privatwirtschaft, die Ärztin und die Juristin unter den Abgeordneten, treffen die von Herzog genannten Bedingungen der Berufsnähe nur bedingt zu.

Die Ausübung eines Berufes unter zunehmender Politisierung war und ist nur für jene befragten Frauen möglich, deren Kinder entweder erwachsen oder bereits in einem relativ selbständigen Alter waren/sind. »Abkömmlichkeit« ist nur dann gegeben, wenn sich die Frauen Kinderbetreuung leisten können, kinderlos sind und/oder der Ehepartner sein Einverständnis für ihr Engagement in der Politik gibt. Die Alleinerzieherin und Bundesrätin mußte ihre politische Arbeit stark reduzieren, während ihr Sohn die Pflichtschule besuchte. Die befragte Gemeindepolitikerin, deren Kinder nun erwachsen sind, plant derzeit einen Aufstieg in den Nationalrat. Die beiden »quereinsteigenden« Hausfrauen, ebenfalls mit kurzer Berufstätigkeit vor der Familiengründung, gaben an, vorher nie politisch aktiv gewesen zu sein. Mit Unterstützung ihres Ehemannes (Interview 5) oder aus Bewunderung für Parteiobmann Haider (Interview 3) begannen sie, politisch aktiv zu werden. Ihnen dürften der Parteierfolg und die Modernisierung der Partei sowie der Trend nach mehr Präsenz von Frauen sicherlich zugute gekommen sein.

Von den vierzehn befragten politischen Akteurinnen gehen, wie gesagt, fünf neben der Politik ihrem Privatberuf nach. Für die Ärztin und die Juristin sind Berufstätigkeit und politische Aktivität miteinander vereinbar, wenn auch mit einer massiven zeitlichen Einschränkung des Privatberufes.

Die Politisierung

Die persönliche Entwicklung jedes Menschen, auch die Entwicklung politischer Einstellungen und politischer Interessen entsteht vor dem Hintergrund vielfältiger persönlicher Entscheidungen, aber auch unberechenbarer Einflüsse von außen. Männer wie Frauen verdanken der Prägung durch das Elternhaus ihre primäre soziale Identität. Wie sehen nun die FPÖ-Frauen ihren politischen Hintergrund, ihre politische Entwicklung?

Die Herkunftsfamilie

Die Berichte der Frauen über ihre Herkunftsfamilien ergeben vorerst ein differenziertes Bild: Nicht bei allen Politikerinnen beginnt die Politisierung im Elternhaus. Fast alle geben jedoch an, aus einem politischen – nicht notwendigerweise parteipolitischen – Elternhaus zu kommen. Von den Interviewpartnerinnen stammt nur eine aus einer parteipolitsch aktiven Familie – der Vater war *»sozialistischer Funktionär«* (Interview 11). Die jetzige politische Aktivität der Tochter bei den Freiheitlichen stelle für ihren Vater kein Problem dar, da er immer schon ein *»toleranter Vater«* gewesen sei und außerdem im Laufe der Zeit festgestellt habe, daß die Sozialdemokraten eine falsche Politik betrieben. Bei fast allen anderen Frauen waren die Eltern (Interview 4), in den meisten Fällen der Vater, *»politisch (sehr) interessiert«* (Interviews 9, 2, 10). Zwei stammen aus einem *»politischen Elternhaus«*, wo viel diskutiert wurde, aber angeblich nie *»parteipolitisch«* (Interviews 3, 12).

Eine Abgeordnete, Kind einer neunköpfigen Familie und vormals ÖVP-Sympathisantin, beschreibt ihr Elternhaus als offen und tolerant, ohne politische Richtung, aber ebenfalls als *»stark politisch interessiert«* (Interview 3). Ihre beiden Schwestern hätten Psychologie und Soziologie, einer ihrer Brüder Jus studiert, ein anderer sei Bauer geblieben. Daher hätte es *»so ziemlich alle Facetten und ausgeprägte politische Diskussionen, geprägt von großer Toleranz gegenüber der Meinung anderer«* (Interview 3) gegeben.

Auffallend war, daß einige Politikerinnen auf die Frage nach dem politischen Selbstverständnis der Herkunftsfamilie zurückhaltend antworteten. *»Politik war kein Thema bei uns«*, meinte z.B. eine Parlamentarierin, sie wäre auch nicht von ihrer Familie geprägt worden und könne daher auch nicht sagen, wie ihre Eltern oder ihr eigener Ehemann gewählt hätten, *»weil wir nie darüber gesprochen haben«* (Interview 5). Dasselbe behauptet sie von ihren Kindern. Diese Interviewpartnerin, die sich selbst als politisches *»Zufallsprodukt«* beschreibt, blendete zwar ihre eigene Biographie und die politische Einstellung ihrer Herkunftsfamilie aus dem Interview bewußt aus, im Verlauf des Interviews kamen jedoch die politischen Präferenzen ihrer Angehörigen klar zum Vorschein. Haltungen wie diese sind zum einen Ausdruck der Abwehr allzu privater Fragen, aber mitunter auch Ausdruck von ›Modernität‹, die Vergangenheit verdrängt oder verschweigt, um den sozialen Aufstieg zu gewährleisten.

Auch wenn nicht alle aus einem parteipolitischen Familienmilieu kommen, so ist doch bei einer Mehrzahl der Politikerinnen eine bürgerlichkonservative Ausrichtung des Elternhauses gegeben. Eine langjährige Abgeordnete antwortet zwar spontan, daß in ihrer Familie *»keine politische Tradition«* vorhanden gewesen wäre, doch erzählt sie unmittelbar darauf: *»Meine Eltern waren eher ÖVP-Wähler, aber sie waren nicht in einer Parteiorganisation und haben sich nicht betätigt. Sie waren keine Funktionäre, sondern sie waren politisch interessiert«* (Interview 9).

Eine andere Befragte, die ebenfalls in einer bürgerlichen Familie aufgewachsen ist, bekam die politische Einstellung ihres Vater – vor allem seine Unzufriedenheit mit der damaligen Regierung – schon als Kind deutlich zu spüren: *»Also meine Familie ist das, was man klassisch eine bürgerliche Familie nennt (...), das hat auch mit dem Beruf meiner Eltern (...), meines Vaters, zu tun. Mein Vater hat immer g'sagt, das war vor über 20 Jahren: ›Wir brauchen eine starke Opposition zur Regierung‹. Mein Vater war Selbständiger«* (Interview 12).

In allen Gesprächen wird überdeutlich, wie sehr Rollenvorbilder im Elternhaus, traditionelle Erziehungsmuster, Zugehörigkeit zu einer bestimmten sozialen Schicht, aber auch ungewöhnliche historische Geschehnisse die spätere *»Karrierefreudigkeit«* der Frauen prägten. Politikerinnen der Kriegs- und Nachkriegsgeneration erwähnten neben ihren Kriegserinnerungen auch die Bedeutung christlich-sozialer Werte. Eine politische Prägung in mehrfacher Hinsicht erlebte jene Abgeordnete, die viele Jahre bei der FPÖ aktiv und Mitglied des Parteipräsidiums war, 1993 jedoch der Haider-Fraktion den Rücken kehrte. Väterlicherseits als auch großmütterlicher- und mütterlicherseits hatte sie eine Erziehung im *»christlich-sozialen«* Sinne erfahren, aus der sie sich aber früh lösen sollte:

»Die politische Auffassung war von meinem Vater her (...) sehr christlich geprägt, christlich sozial, und ich habe mich dann eigentlich sehr früh (...) aus den Zwängen zu lösen versucht, die ich auch damals gespürt hab' (...), von der Erziehung her, durch die Großmutter, durch meine Mutter. Ich hab' mich sehr schnell an der FDP orientiert, in Deutschland, und für mich in Österreich war das naheliegendste die FPÖ, obwohl ich (...) damals schon gewußt hab', daß es nicht ›meine‹ Partei ist. Es gab keine Liberale Partei. Es gab auch nicht den liberalen, den starken liberalen Ansatz bei der Bundes-FPÖ, aber in meinem Bundesland war er vorhanden. Und deshalb hab' ich mich dann bereit erklärt, dort mitzuarbeiten« (Interview 8).

Andererseits erlebte sie als Neunjährige die ›Kämpfe‹ des Zweiten Weltkrieges hautnah mit. Ihre Eltern gehörten zur Kriegsgeneration, ihr

Vater, den sie als *»Freigeist«* in Erinnerung hat, *»ist im KZ umgekommen«*. Ein Kindheitserlebnis, das sie für ihr späteres politisches Engagement prädestinierte und vor allem den Wunsch und die *»Sehnsucht nach nie wieder Krieg«* in ihr hochkommen ließ. Da sie in Deutschland auf die Welt gekommen war und dort die Schule besuchte hatte, erlebte sie die politischen Bestrebungen nach einem »Vereinten Europa« als sehr positiv. Das war für sie auch der Grund, sich 1995 für eine EU-Mitgliedschaft Österreichs einzusetzten.

Die befragte Gemeindepolitikerin und engagierte »Volkspolitikerin« für rumänische Flüchtlinge in Österreich erfuhr ihre primäre Sozialisation ebenfalls durch die Kriegserzählungen des Vaters, durch die *»Flüchtlingsarbeit«* der Mutter und durch eine *»traditionsbewußte«* und werteorientierte Erziehung. Was sie unter *»anständig«* versteht, schildert sie hier:

»Die Erziehung selbst war vor allem auf einen anständigen Menschen ausgerichtet, allgemein, und da hat ma' weder a Kirche gebraucht noch eine Partei, sondern da war einfach die Grundhaltung der Eltern (...), ich sag jetzt, obwohl wir nicht in der Kirche waren, die christlichen Werte, Ehrlichkeit, Anständigkeit usw., daß sie uns das mitgegeben haben. Menschlichkeit, füreinander da sein, selbstverständlich einer dem anderen helfen, des is ja nicht selbstverständlich in der heutigen Zeit, und das sind die Werte, die wir mitbekommen haben und die (...) ich aus den (...) Kriegserzählungen meines Vaters schon immmer erfahren hab': Wie er den Krieg erlebt hat und wie er den anständig mitgemacht hat und wie dann die Propaganda kam, in der's Pauschalurteile gibt, das ma sagt, jeder, der im Krieg war, der war halt ein Verbrecher, und das war's ja wirklich nicht; und grad eben am Beispiel meines Vaters. Des hab' ich also sehr intensiv aufgesogen, auch aus den Erlebnissen meiner Mutter, die sich sehr engagiert hat, auch für Flüchtlinge, so weit sie des konnte« (Interview 13). Wie »anständig« Wehrmachtssoldaten während des Zweiten Weltkriegs bei der Vernichtung von Menschen beteiligt waren, dokumentiert die Ausstellung des Hamburger Instituts für Sozialforschung »Vernichtungskrieg« sehr anschaulich (vgl. Beckermann 1998).

Die aufgezählten Werte *»Ehrlichkeit, Anständigkeit, Menschlichkeit, füreinander da sein«* etc., werden von dieser Kommunalpolitikerin im Interview häufig wiederholt. Sie nehmen sogar *den* zentralen Stellenwert in ihrem Leben ein, wie sich im Laufe der Auswertung zeigt. Ihr Engagement für NichtösterreicherInnen ist insofern fragwürdig,[123] als sie Flüchtlingsarbeit als *»Übergangslösung«* betrachtet und zwar *»für jene*

Zeit, wo eben Krieg ist in der Heimat, aber dann muß man Möglichkeiten suchen, sie wieder zurückzuführen» (Interview 13).

Die Annahme, freiheitliche Politikerinnen kämen aus einer *»freiheitlich gesinnten«* (Interview 10), *»freiheitlich orientierten«* (Interviews 12, 2) oder gar (deutsch)national[124] geprägten Familiensituation (mit einer klaren Weltanschauung), bestätigte sich dezidiert bei vier der befragten Politikerinnen:

»Also, mein Vater war Selbständiger, und das prägt natürlich. Da is' er dag'sessen, wo er g'sagt hat: ›Da fragst dich, was arbeitest denn, wenn dir die Republik eh alles nimmt.‹ Das ist was, was i' schon immer gehört hab' und was einem a zu denken gibt, wenn'st dir das alles anschaust, was jemand verdienen muß, damit er überhaupt die Gehälter von dem und dem zahlen kann und was da für ein Arbeitseinsatz da ist, und da gilt halt kein Arbeitszeitgesetz, das für einen Chef sagt: ›Jetzt hörst auf‹. Das prägt. I' bin aus einer bürgerlichen Familie, die durchaus die Orientierung in Richtung FPÖ g'habt hat« (Interview 12).

»Ich komm' sicher aus einem freiheitlich gesinnten Elternhaus. Sie sind politisch sehr interessiert g'wesen, (...) mein Gott, sie san' Kriegsgeneration, haben viel mitgemacht, waren sicher ihr ganzes Leben lang politisch interessiert« (Interview 10).

»Also mein Vater war auch eher freiheitlich orientiert, bei meiner Mutter, die war eher so, was ma so jetzt als Wechselwähler bezeichnet, eher jetzt nach Themen orientiert« (Interview 2).

»Mein Vater war Burschenschafter und meine älteren Brüder san' auch Burschenschafter, und dadurch war eher das Freiheitliche bei mir in den Debatten zu erkennen – die Richtung, net« (Interview 7).

Somit wurden alle der hier Befragten zu Hause mehr oder weniger parteipolitisch geprägt, auch wenn nur eine Frau aus einem parteipolitisch aktiven Elternhaus stammt.

Die Väter

Auffallend ist, daß die Frage nach der politischen Tradition in der Familie in den meisten Fällen am Vater festgemacht wird. Ein Ergebnis, das sowohl Britta Ruth Büchner in ihren Gesprächen mit »Republikanerinnen« festgestellt hat, als auch Tessa Yvon-Prager in ihrer parlamentarischen Untersuchung über österreichische Spitzenpolitikerinnen. Ein Bild, das nicht *»nur für die Generation der heute 40-60jährigen als wenig ungewöhnlich anzusehen ist«* (Büchner 1995, 47), sondern auch auf die heutige jüngere Politikerinnengeneration zutrifft. In erster Linie der

Vater, aber auch der Bruder prägten etwa die politische Entwicklung einer Gesprächspartnerin:

»I' kann mich noch erinnern, als Kind, mein Vater hat immer drei Nachrichten g'hört. I' kann mi' an des irrsinnig gut erinnern: um sieben Uhr im ZDF die Nachrichten, um halb acht im Österreicher, um acht im deutschen ARD. I' hab' mir immer dacht, der spinnt, so als Kind, wie kann a Mensch drei Nachrichten hören, es langt, wenn er's einmal hört. Und (...) mein Bruder ist älter als ich, (...) der war früher als i' politisch interessiert, und da hab' ich die Diskussionen zwischen meinem Vater und meinem Bruder oft g'hört« (Interview 12).

Der Vater als politischer Willensbildner der Familie spielt bei der Politisierung fast aller befragten Frauen die dominierende Rolle. Wie stark, das schildern diese beiden Politikerinnen:

»Ja, es ist viel diskutiert worden (...), jetzt nicht politisiert im Hinblick auf Schlagzeilen oder Themen, sondern [es gab] eher gesellschaftspolitische Auseinandersetzungen (...), es war eigentlich so, daß (...) speziell mein Vater, der auch im Schuldienst war, mich immer in seine Überlegungen miteinbezogen hat (...). Und die Frage, was is' überhaupt politisches Tun, welche Möglichkeiten sind da, was kann man verändern, was kann man nicht verändern und vor allem auch die Bereitschaft zu sagen (...) und zwar, ganz gleich wo, wenn für mich etwas nicht stimmig ist, dann kann ich mich nicht auf die eigene Position zurückziehen, des hab i' ganz stark von meinem Vater gelernt (...) wenn ich unzufrieden bin, daß ich nicht schimpf' oder dahinkrantl, sondern mich auf eine Situationen einlassen muß, daß ich zu Stellen gehen muß, wo ich mein Anliegen formulieren kann. (...) Zu den eigenen Überlegungen stehen, kompromißbereit sein, aber die eigene Meinung sagen, da hat mich mein Vater stark geprägt« (Interview 2).

»Wenn der Vater Entscheidungen getroffen hat oder treffen wollte, hat er mir g'sagt, warum und wieso – und des macht er heut' noch« (Interview 1).

Die Mütter

Selbstbewußte und selbständig agierende oder politisch aktive Mütter kommen in den Erzählungen der Politikerinnen nur als Ausnahme vor. Mütter werden zwar als politisch interessiert oder sozial engagiert, aber im Hintergrund beziehungsweise hinter dem Ehemann stehend beschrieben. *»Meine Mutter hat also das gemacht, mehr oder minder, was der Vater wollte. Die hat sich nicht groß geäußert«* (Interview 13). Politisch kommen sie bestenfalls als *»Wechselwählerinnen«* (Interview 2) ohne bestimmte Ausrichtung vor.

Nur eine der Befragten kommt aus einem *»Frauenhaushalt«* (Interview 14), wo nicht nur die Mutter, sondern schon die *»Großmutter die größere Rolle gespielt hat als der Großvater«*. Politische Gespräche hätte es zu Hause jedoch nicht gegeben, weil die *»Mutter damit beschäftigt war, den Lebensunterhalt zu bestreiten«*. Zwar sei sie von ihrer alleinerziehenden und geschiedenen Mutter, die zwei Mädchen *»durch die Schule und (...) durchs Studium gebracht hat«* nicht parteipolitisch geprägt, sehr wohl aber frauenbewußt aufgezogen worden. Die Mutter hinterließ bei der Tochter den Eindruck einer *»respektablen Persönlichkeit«*. Ihre *»Mutter war in einer Zeit Alleinerzieherin, als Geschiedene noch eher selten waren und es für die Zeit auch noch verdammt hart war«*, trotzdem sei die Mutter im gesellschaftlichen Umfeld *»immer«* und *»selbstverständlich gleichberechtigt«* anerkannt worden. Dieser familiäre Background einer selbstbewußten Mutter wirkt auch auf den weiteren politischen Karriereweg dieser Politikerin, die sich selbst während ihrer beruflichen und politischen Karriere *»nie diskriminiert«* gefühlt hat. Für sie *»war's immer selbstverständlich, daß Frauen sich eigenständig durchsetzen«*. Sie selbst ist ebenfalls geschieden, emanzipierte sich von ihrem politischen *»Gönner«* in der FPÖ und gründete mit anderen eine eigene Partei.

Mütter mit einer eigenständigen politischen Ausrichtung sind demnach selten. Auch Birgit Meyer beschreibt in diesem Zusammenhang die – jüngeren wie älteren – Politikerinnen als Vater-Töchter, deren frühe besondere Bindung an den Vater auffalle (Meyer 1994, 398 ff). Sie orientierten sich am *»starken«* Geschlecht in der Familie, damit an männlichen Normen der Gesellschaft und bewerteten sie höher als die weiblichen (Eckhart 1988, 170 ff). Eine häufig an der Mutter beobachtete Abhängigkeit wollen diese Töchter vermeiden.

Die Lebenspartner

Wie stehen die Lebenspartner der Politikerinnen zur FPÖ und zum parteipolitischen Engagement ihrer Ehefrauen? Bei dieser Frage stieß ich bei einigen Interviewpartnerinnen ebenfalls auf starke Zurückhaltung. Die meisten Politikerinnen fühlen sich von ihren Lebenspartnern ideell unterstützt. Diese wählten ebenfalls freiheitlich, sie wären oder waren selbst bei den Freiheitlichen mehr oder weniger aktiv (Interviews 13, 6), eine Interviewpartnerin ist mit einem Gründungsmitglied der Freiheitlichen verheiratet (Interview 8). In zwei Fällen wechselten die

Ehemänner ungefähr gleichzeitig mit ihren Frauen die Partei; so z.B. bei einer Abgeordneten zum Nationalrat, die sich zuvor samt Ehemann bei der ÖVP betätigt, mit dem zunehmenden Erfolg Jörg Haiders jedoch die politische Richtung gewechselt hat:

»Der (Mann, M.R.) ist mittlerweile ja a politisch aktiv im Gemeinderat, is a vom Bauernbund ausgetreten und hat auch seine Meinung geändert. Aber schon vorher, bevor ich politisch aktiv worden bin« (Interview 3).

Der Ehepartner jener Abgeordneten, die über 20 Jahre bei den Freiheitlichen tätig war und vor ihrem Austritt aus der Partei dem Machtzentrum der FPÖ angehört hatte, wechselte ebenfalls mit ihr gemeinsam die Partei – ein Schritt, der ihm als ehemaligem FPÖ-Gründungsmitglied nicht leicht gefallen sei:

»Mein Partner war Gründungsmitglied der Freiheitlichen Partei, mein Mann ist 70, war Jurist, ist jetzt in Pension, war immer Mitglied der Freiheitlichen Partei und war genauso unglücklich über den Fortgang oder sagen wir über die Entwicklung der FPÖ wie ich, und (...) er hat den Schritt des Austritts (...) vollkommen frei entschieden, ohne Druck von mir (…). Es war für ihn eine Selbstverständlichkeit, nicht sofort, aber dann im Laufe des Jahres '93, glaub ich (...) oder Anfang '94 (...) wir hatten es nicht leicht, denn wir waren die Verräter (...). Wir sind beschimpft worden, aber das hat mein Mann mit mir mitgetragen, und deshalb war's auch für mich gar net so schwer (...) irgendwo war ich ja geborgen zu Hause« (Interview 8).

Nicht alle Ehepartner sympathisier(t)en mit der FPÖ beziehungsweise waren/sind politisch aktiv, sei es, daß sie beruflich voll ausgelastet sind, wie bei einer der beiden Kommunalpolitikerinnen:

»Mein erster Mann ist gestorben (...), wir waren beide bei den Freiheitlichen, und mein jetziger Mann ist nicht politisch tätig. Wenn, dann wäre es bei ihm sicher nicht die FPÖ, sondern wahrscheinlich die SPÖ« (Interview 6).

Sei es, daß er aufgrund seiner bisherigen Erfahrungen Politik *»nicht mag«* und daher seine Frau in ihrem politischen Engagement auch nicht unterstützt, wie aus einer Erzählung zu entnehmen ist:

»Mein Mann ist Richter, der ist noch nie politisch tätig gewesen und g'hört auch keiner Partei an. Und mag Politik eigentlich nicht, aufgrund seiner Erfahrungen (lacht). Für ihn war das etwas schwierig. Hab's auch überlebt (lacht)« (Interview 7).

Wie sie unmittelbar darauf erzählt, habe er sie aber eher behindert:

»Ich hab' immer Rücksicht nehmen müssen auf meinen Mann, daß ich ja nix falsch sag' oder daß ich irgendwie in der Zeitung auffall', weil's mir eh schon so unangenehm war, weil's mich immer vereinnahmt haben, natürlich, und er ist Präsident (...) im Landesgericht. Also für ihn war's immer eine irrsinnige Belastung und dadurch auch eine Belastung der Ehe (lacht) in der Zeit, muß ich schon sagen« (Interview 7).

Tatsächlich gibt es verhältnismäßig wenige Stellungnahmen dieser Interviewpartnerin in den Medien. Anläßlich einer Parlamentssitzung im Dezember 1993, als die ersten Briefbombenattentate bekannt wurden, zeigte sie allerdings ein unrühmliches und nicht gerade *»damenhaftes«*[125] Benehmen. Damals kam es zwischen ihr und einem Abgeordneten der Grünen zum Eklat. Im Zuge der emotional geführten Auseinandersetzungen und wechselseitigen Schuldzuschreibungen der Parteien, schlug die eben zitierte F-Abgeordnete gegen den Oberarm des Grünenpolitikers und drohte ihm mit einer *»Watschn«*: *»Jetzt schmier' ich dir eine«*.[126]

Die Kinder

Nicht alle Politikerinnen können auf die Unterstützung ihrer Kinder bauen.

»Auch die Kinder machen voll mit, obwohl natürlich die Älteren auch kritisch sind, was ich sehr positiv sehe, also, daß sie alles bis zuletzt hinterfragen, aber bezeichnend war für mich, daß vor allem die ältere Tochter sehr skeptisch war, als ich dann in die Partei eingetreten bin: ›Wieso, und diese Aussagen und jene hört man in den Zeitungen‹ und erst ab dem Zeitpunkt, als die Zeitungen dann angefangen haben, über mich zu berichten, wo sie genau gewußt hat, was ich tu', was ich denk' und was ich mach', hat sie gemerkt, wie wenig das stimmt, was da geschrieben wird, wie unsachlich da argumentiert wird, wie oft ein Satz aus dem Zusammenhang gerissen (...) wird« (Interview 13).

Jene Parlamentarierinnen, die sich nicht im klaren sind, was ihre Eltern (Interviews 13, 5) und ihre Partner wählen, sind auch nicht sicher über das Wahlverhalten ihrer Kinder, hoffen aber, daß sie die FPÖ wählen.

Die Kommunalpolitikerin, deren Mann eher sozialistisch orientiert ist, die keine eigenen, aber zwei erwachsene angeheiratete Kinder hat, war überrascht, daß die Kinder im Gegensatz zu ihrem Vater *»eher zur FPÖ tendieren und bei der letzten Wahl beide die Freiheitlichen gewählt haben«* (Interview 6).

Auch eine Ex-FPÖ-Abgeordnete stellte verwundert fest, daß ihre Kinder die Freiheitlichen einst nur aus reiner Solidarität zur Mutter, nicht aber aus politischer Überzeugung gewählt haben:

»Und meine Kinder (...), mein Sohn war 20, die (Tochter, M.R.) (...) 25 haben gesagt: ›Mami, (...) wir haben nie versteh'n können (...), daß du bei einer Freiheitlichen Partei sein kannst.‹ Das war für mich ein schönes Geschenk, weil sie mich danach voll unterstützt haben. Aber sie haben vorher auch zu mir gestanden, sie waren auch stolz auf ihre Mutter, das kann ich ganz offen sagen, haben mich unterstützt, haben mich auch gewählt, meine Tochter war damals zum Studium in Wien, die hat halt meinen Namen d'raufgeschrieben, aber sie hat mir dann g'sagt: ›Du ich habe nie den Jörg Haider gewählt‹ (schmunzelnd) (...) Aber wir haben dich gewählt.‹ Also sie sind zu mir gestanden, weil sie g'spürt haben, daß ich einen anderen Weg gehe. Das hat mich auch sehr sehr bestärkt« (Interview 8).

DAS PARTEIPOLITISCHE ENGAGEMENT

Die Erfahrungen in Vorfeldorganisationen

Unter Politisierung ist die Gesamtheit der Einflüsse aus staatlichen, gesellschaftlichen und privaten Lebensbereichen zu verstehen, die letztlich bewirken, daß Personen zu einer individuellen politischen Überzeugung gelangen. Wie verlief nun die vorpolitische Zeit der befragten Politikerinnen?

Überlegungen, einer ÖVP-nahen Vorfeldorganisation beizutreten, gab es bei jener Abgeordneten, deren Eltern sich eher dem ÖVP-Lager zugehörig fühlten.

»Es war so, daß ich, '69 war das, Wahlkampfhelferin war. Ich habe das als Studentenjob betrachtet, bei der Nationalratswahl für die ÖVP zu arbeiten. Als Bundeskanzlerkandidat ist damals Klaus angetreten und da war ich Wahlkampfhelferin. Da hab' ich mich ein bißl mit dem Gedanken getragen, ob ich eventuell der ÖVP oder einer Vorfeldorganisation (...) beitreten soll. Aber es ist dann nie dazu gekommen. Aber wenn eine Partei für mich in Frage gekommen wäre, dann wär's eine bürgerliche Partei gewesen, also die ÖVP. Also sicher net die Sozialistische Partei« (Interview 9).

Politische Aktivitäten in Vorfeldorganisationen gaben zwei der Befragten an, die derzeit Spitzenpositionen in der Politik einnehmen. Ihr politisches Engagement begann beim Ring Freiheitlicher Studenten

(RFS), einer parteinahen Gruppe der FPÖ, *»die einst wichtig in der Rekrutierung späterer FPÖ-Spitzenpolitiker war«* und die laut Luther *»derzeit jedoch stark unter dem antiintellektuellen Image der Haider-Partei«* leidet (Luther 1997, 294).

Eine der beiden Spitzenpolitikerinnen, die über Jahre hauptberuflich bei den Freiheitlichen mitgearbeitet hat, kam über Studienkollegen zum RFS, wo sie auch aktiv teilnahm, jedoch mit der damals praktizierten Hochschulpolitik nicht besonders zufrieden war. Nach ihrem Studienabschluß probierte sie es in der Privatwirtschaft, und ein paar Jahre danach lernte sie den damaligen Generalsekretär der FPÖ kennen, der sie dann zur Parteimitarbeit einlud. Eine ähnliche Vorgeschichte hat eine Ex-Freiheitliche. Ihr Weg in die aktive Politik verlief ebenfalls über den RFS, wo sie vor allem die sogenannten Liberalen der FPÖ kennenlernte:

»Das war die Zeit, in der ich dort einen Friedhelm Frischenschlager, einen Norbert Steger, einen Gernot Kratky kennengelernt habe, das sind die Leut', die ich aus dieser Zeit kenne, es war für mich (...) nicht so sehr das Bedürfnis einer politischen Betätigung, als einfach ein Gedankenaustausch mit Leuten, mit denen ich mich verstanden habe« (Interview 14).

Eine andere Abgeordnete hatte vor ihrer aktiven Politikphase langjährige Kontakte zu den Freiheitlichen des oberösterreichischen Landtagsklubs und war in gesundheitspolitisch »beratender Funktion« für die FPÖ tätig. Sie selbst definiert diese Zeit jedoch nicht als politische Vorerfahrung.

Die Sicht auf die anderen politischen Parteien

An den zitierten Beispielen zeigt sich, daß alle Frauen im Vorfeld ihrer Parteiarbeit politische Kontakte hatten. Persönliche, aber auch berufliche Vorerfahrungen und Schlüsselerlebnisse trugen dazu bei, daß sie die Freiheitlichen unterstützten.

Laut WählerInnenanalysen ist es den Freiheitlichen in einigen Bundesländern gelungen, Teile des Bauernstandes zu ihren WählerInnen zu machen. Der Prozentanteil unter den FPÖ-Landtags- und Nationalratsabgeordneten ist zwar relativ gering, dennoch ist die FPÖ bemüht, Bäuerinnen und Bauern – die größtenteils zur ÖVP-Stammwählerschaft gehör(t)en – anzusprechen (vgl. Gratzer 1997, 247). Zur Mitarbeit »bei der Frauengruppe der ÖVP« bekannte sich eine Abgeordnete, die gemeinsam mit ihrem Mann einen Bauernhof besitzt, sich aber aus Unzufriedenheit über die ÖVP-Politik von dieser Partei verabschiedete:

»Wo i vorher im ÖVP-Lager war (…) so am Rande mit einer Frauengruppe (...) des hot mi überhaupt nimmer ang'sprochen (sehr leise), also, überhaupt wie i' g'sehen hob', was die für eine Agrarpolitik machen, was mi' als Bäuerin massiv getroffen hat, des is' ja a einzige Katastrophe, des führt zur Vernichtung des Bauernstandes und dieses Bündedenken, des war mir sowas von unsympatisch![127] *des kann i' überhaupt net sogen, und auch diese strenge Trennung der Frauengruppen, da sind die Goldhaubenfrauen und da sind die, des war mir ein absolutes Greuel (lacht)«* (Interview 3).

Einige Frauen erwähnten Berührungspunkte zu den beiden Großparteien SPÖ und ÖVP, aber ernsthafte Überlegungen, einer der beiden Parteien beizutreten, gab es nicht:

»Eine Zeitlang hat mich, glaub' ich, Kreisky sehr fasziniert, aber die Persönlichkeit Kreisky, nicht die SPÖ oder die Sozialisten oder die heutigen Sozialdemokraten, sondern der Mensch Kreisky (...)« (Interview 6).

Erfahrungen im Berufsleben mit der sogenannten Parteibuchwirtschaft der SPÖ und auch der ÖVP waren oft mit ein Grund für einen politischen Karrierestart bei den Freiheitlichen:

»Daß ich dann später zur FPÖ gegangen bin, das ist auch aus einer anderen Situation entstanden. Ich hab' im Unterrichtsministerium gearbeitet, das damals ein rein schwarzes Ministerium war, mit ein paar Roten und mit, ich glaub', einem Freiheitlichen (...), und das Erleben der Spielregeln dort, hat mich geprägt, wie die Postenbesetzungen erfolgten, wie überhaupt die Wertigkeit beurteilt wurde, daß da ohne Parteibüchl überhaupt nix geht!« (Interview 14).

Die befragte Bundesrätin beklagte sich außerdem über die *»religiösen Lippenbekenntnisse«* ihrer ÖVP-Bekannten, die ihr immer schon *»unglaubwürdig«* vorgekommen seien. Diese Erfahrungen waren der eigentliche *»Auslöser«* für die Parteiarbeit bei der FPÖ, erzählt sie. Eine Fraktion, bei der sie sich von Anfang an politisch beheimatet und von Beginn an *»angenommen«* gefühlt habe. Parteimitglieder mit NS-Vergangenheit und deutschnationale AnhängerInnen ignorierte, tolerierte und entschuldigte sie, indem sie die Ansichten dieser SympathisantInnen als deren *»persönliche Meinung«* verharmloste, die *»die politische Linie einer Partei nicht beeinflussen«* würden.

»I man, i bin a 44er Jahrgang, (...), i' wor net vorher mit irgendwelchen Burschen befreundet, die in Verbindungen worn oder wie immer, des wor für mi' ka Thema, und es hat sich auch immer eigentlich so in Grenzen g'holten, sodaß i' sog, des is' die Privatmeinung ober des beeinflußt (...)

net die politische Linie. Das politische Denken, des war des eine und das zweite, des sog ich auch ganz offen und ehrlich, mit dem hob i' kane Probleme g'hobt, wenn einer g'sogt hot, er hot das – i' sprech jetzt speziell die ältere Generation an – er hat dort und dort gekämpft oder er hat g'sogt, ja eigentlich, wir worn als junge Buam begeistert, er is' der Partei beigetreten, weil er sich wos erwortet hot, wenn i' ma oft diese Schicksale dieser Leute ang'schaut hob, wo i' glaub', daß ein Großteil sehr bitter dafür gebüßt hat, i' man, ganz gleich, ob's jetzt zur Partei gestanden sind oder nicht, (...) auch eines wor, daß man holt in der Zeit, in den fünfziger Jahren, ganz unbelastet g'hört hot, naja mein Gott, mit der wor i' beim BDM (Bund Deutscher Mädel, M.R.) und mit dem wor i' dort, die sind sicher in anderen Parteien untergekommen und hob'n sich nur sehr stark von ihrer persönlichen individuellen Vergangenheit distanziert. Und daher wor's mir a gor ka Problem« (Interview 2).

Ihre Annahme, ParteikollegInnen mit einer nationalsozialistischen und deutschnationalen Gesinnung würden eine politische Formation nicht prägen oder beeinflussen, ist nicht nur naiv, sondern auch eine bewußte Verleugnung der Tatsache, daß die Vergangenheit (bei der FPÖ, aber auch in anderen Parteien) oft verschwiegen oder generell als harmlos dargestellt wurde.

Negative Reaktionen im ÖVP-nahen Umfeld erlebte auch eine andere Abgeordnete, als bekannt wurde, für welche Partei sie sich engagierte.

»Es ist überhaupt nicht gern gesehen worden. I' hab' also mit Sicherheit berufliche Ablehnung und Schwierigkeiten gehabt, in dem Moment, als ich mich zu den Freiheitlichen deklariert hab'. Aber gerade das is' was, was mi' so sehr stört: daß i' mich in einer Demokratie nicht für eine Fraktion deklarieren kann und auch für die sachpolitisch arbeiten kann, ohne daß i' dann Schwierigkeiten in meinem Umfeld hab'. Die hab' i' ganz massiv gehabt, daß mi' des dann darin bestärkt hat, diese Arbeit fortzusetzen, weil da kommt dann mein Oppositionsgeist heraus, daß i' sag, na, des geht ja wirklich net. Hätt' ich mich zu einer (...) der Regierungsparteien bekannt, in dem Fall eher zur ÖVP, hätten's mich geliebt« (Interview 10).

Interessant ist die politische Entwicklung jener freiheitlichen Funktionärin, die aus einer Familie kommt, in der sowohl der Vater, als auch die Brüder Burschenschaften angehören. Sie selbst habe *»nie vorgehabt, freiheitlich oder politisch tätig zu sein«*, sie habe aber durch eine *»rein politische Aktion«*[128] während ihrer beruflichen Tätigkeit als Lehrerin ihre Einstellung geändert und damit letztlich auch die Prognose ihres Vaters bestätigt, der immer schon zu sagen pflegte:

»›Trau ja keinem Schwarzen (ÖVPler, M.R.), die san freundlich ins G'sicht und hinten hau'n's dir das Hackl eini‹« (Interview 7).

Ihren politischen Start erzählte sie folgendermaßen: Als noch nicht fertig ausgebildete Sportlehrerin wurde sie vom Direktor eines Gymnasiums in einer oberösterreichischen Kleinstadt, in der sie auch lebte, gebeten, Turnunterricht zu geben. Noch sehr jung, Ehefrau – verheiratet mit einem Burschenschafter – und Mutter von zwei kleinen Kindern, stimmte sie zu und unterrichtete einige Jahre in diesem Gymnasium, welches ÖVP-orientiert geführt wurde. Eines Tages erfuhr sie von einem CV-Kollegen, daß sie im *»nächsten Herbst keine Stelle mehr kriegt«*, sondern durch ein *»Vorzugskind«* ersetzt werden soll. Die beiden zuständigen Direktoren, die sie anschließend zur Rede stellte, verneinten dieses Gerücht und versicherten ihr, den Posten weiterhin einnehmen zu können. Auf Anraten ihrer mißtrauischen Schwiegermutter – ebenfalls freiheitlich gesinnt – fuhr sie jedoch zum Landesschulpräsidenten, einem FPÖ-Mitglied. Dort stellte sich heraus, daß ihr die beiden vorgesetzten Direktoren nicht die Wahrheit gesagt hatten. Der FPÖ-Landesschulpräsident setzte sich jedoch für sie ein. Nach Abschluß ihrer noch fehlenden Prüfungen konnte sie an diesem Gymnasium weiterarbeiten. Aus Protest und aus Enttäuschung über die Verlogenheit ihrer Vorgesetzten kündigte sie ihren mehrheitlich ÖVP-gesinnten Arbeitskollegen an, zum *Freiheitlichen Lehrerverband* zu gehen. Mit diesen Worten sei ihr parteipolitischer Einstieg erfolgt:

»Dadurch bin ich zu den freiheitlichen Lehrern gekommen und auch gleich in den Landesschulrat g'wählt worden, weil's eben Frauen 'braucht haben und so hat's eigentlich ang'fangen (lacht)« (Interview 7).

Kurz zusammengefaßt könnte man somit sagen, daß beinahe alle Politikerinnen negative Erfahrungen mit anderen Parteien, vor allem mit den beiden Regierungsparteien, gemacht haben. Für keine der Frauen kam daher eine andere Partei als die FPÖ in Frage. Aus Unmut über die beiden Großparteien – das Verbandswesen der Volkspartei und ihre Nähe zur Katholischen Kirche, die Parteibuchwirtschaft von SPÖ und ÖVP – *»landeten«* die Interviewpartnerinnen so bei den Freiheitlichen.

Der Parteibeitritt

Für das konkrete Engagement der Frauen in der FPÖ waren zwei Momente wesentlich: die politischen Tätigkeiten in Vorfeldorganisationen einerseits, diverse persönliche und informelle Kontakte zu Gemeinde-, Landes-, und Bundespolitikern oder nahen Verwandten und Bekannten andererseits. Auch die Freiheitlichen rekrutierten Frauen ganz bewußt.

Bei jenen Politikerinnen, deren parteipolitische Karriere als Quereinstieg begann, spielten Parteifunktionäre beziehungsweise Parteichef Jörg Haider selbst eine führende Rolle. Der »innerliche« Parteibeitritt dürfte bei allen Frauen wesentlich früher erfolgt sein, als der tatsächliche, der einen äußeren Anlaß erforderte.

Der Antrieb

Der konkrete Anstoß zum Beitritt in die Partei und zur politischen Aktivität bei den Freiheitlichen erfolgte durchwegs über Männer. Vier Politikerinnen lernten die Partei über ihre Ehemänner (Interviews 9, 8, 11, 5) kennen:

»Der Grund für mein politisches Engagement war eigentlich mein Mann, denn ich hab' ihn kennengelernt, da war er ein Mitglied der Bezirksgruppe (...), durch ihn hab' ich dann a ganze Menge Freiheitlicher getroffen« (Interview 9).

»Durch meine Heirat, mein Mann war (...) Gemeinderat in einer mittelgroßen Gemeinde (...), bin ich dann noch stärker konfrontiert worden mit politischen Belangen (...), mein Mann war bei der Freiheitlichen Partei, und ich wurde dann gefragt, es war 1974, ob ich mir vorstellen könnte, mich politisch zu engagieren, und ich habe ja g'sagt« (Interview 8).

Manche wurden von F-Politikern – Erwin Hirnschall (Interview 13), Rainer Pawkowicz (Interview 6), Norbert Gugerbauer (Interviews 4, 3), Norbert Steger (Interview 9), Jörg Haider (Interview 10) – direkt angesprochen. Sie wurden meist auch zu persönlichen Förderern. Nicht alle Interviewpartnerinnen gaben den Namen ihrer »Gönner« bekannt.

Auch der Parteichef selbst kümmerte sich, wie im folgenden Interview deutlich wird, um die Rekrutierung von Frauen. Eine Abgeordnete, die sich selbst als *»klassische Quereinsteigerin«* bezeichnet und seit beinahe zwei Jahren als Nationalrätin die freiheitlichen WählerInnen vertritt, erzählt:

»Wie es dann zu den Nationalratswahlen gekommen ist, hat sich dann der Dr. Haider direkt an mich gewandt und mich gefragt, ob ich da mittun möchte« (Interview 10).

Zwei Akteurinnen begannen ihren politischen Werdegang beim *Freiheitlichen Lehrerverein* (Interviews 7, 2), so auch die befragte Bundesrätin, die in ihrem Privatberuf Kindergärtnerin und Sonderpädagogikausbildnerin ist. Der *Freiheitliche Lehrerverein* ermöglichte ihr auch einen schnellen Zutritt zur Bezirksleitung und somit einen *»sehr intensiven Zugang zum Sozialbereich«* (Interview 2).

Die Motive

Aus den Erzählungen der interviewten Frauen ergeben sich auf den ersten Blick unterschiedliche Motivstrukturen für ihr politisches Engagement. Die Bandbreite an Beweggründen, FPÖ-Politikerin zu werden, reicht von rein *»sachpolitischen Interessen im Gesundheitswesen«* (Interview 10), über Interessen an *»Problemen im Sozialbereich«* (Interview 2, 8), an *»Mißständen in der Umweltpolitik«* (Interview 3), persönliche (negative) Schlüsselerlebnisse in der Schule, z.B. *»Verschwendungssucht bei den Schulbüchern«* (Interview 11), *»bürokratische Hürden im Schulwesen«* (Interview 12), *»Jugendarbeit«* (Interview 6), *»Besserstellung für Behinderte, das Antikorruptionsgesetz, die steuerliche Anerkennung von Haushaltsgehilfen*[129] *für berufstätige Frauen«* (Interview 9) bis zu *»Frauenpolitik«* im allgemeinen (Interviews 7, 8) wie *»Forderungen nach ›gleicher Lohn für gleiche Arbeit‹«* (Interview 8).

Der Großteil der Frauen erwähnt somit politische Themen, Anliegen, Inhalte und Interessen, die ein Engagement bei anderen Parteien auch nahegelegt hätten, warum also entschieden sie sich für eine politische Mitarbeit bei der FPÖ? Für jene Frauen, die in den siebziger Jahren der Partei beigetreten waren, war die Auswahl an (Oppositions)Parteien eingeschränkter, als Mitte der achtziger Jahre, wie eine ehemalige F-Politikerin erzählt, die über *»liberal orientierte«* Freunde und Studienkollegen zum RFS und somit zur FPÖ gekommen war.

»Es gab nur drei Parteien, und als Liberale hast dich halt g'fragt, gehst zu den Sozialdemokraten, gehst zur ÖVP oder gehst zu der FPÖ, wie immer man das jetzt von außen und vor allem aus heutiger Sicht beurteilt, ich glaube, für damals ist es gerechtfertigt zu sagen, daß alle drei Varianten für einen Liberalen möglich waren« (Interview 14).

Zahlreiche Politikerinnen erwähnen in weiterer Folge jedoch Motive, die eindeutig der FPÖ zuzuordnen sind: Aussagen wie *»steuerrechtliche Ungerechtigkeiten bei den Unternehmern«* gekoppelt mit Proporzwirtschaft (Interview 11), *»Mißstände in der Kommunalpolitik«* und Ankämpfen gegen *»Machtansprüche von absoluten Mehrheiten im Gemeinderat«* (Interview 1), *»Ohnmacht gegenüber verschiedenen Privilegien«* oder ein *»massive(s) Ungerechtigkeitsgefühl«*, *»Unzufriedenheit mit der politischen Landschaft«* (Interview 13), *»Parteibuchwirtschaft«* der Großparteien, wo *»ohne Parteibüchl überhaupt nix geht«* (Interview 14), spiegeln die weltanschaulichen Ansichten der Freiheitlichen. Der wichtigste Beweggrund war für eine leitende F-Politikerin, der *»grundsätzliche Wunsch, daß sich an der österreichischen Politik etwas ändern möge, also die*

Hauptmotivation, zum ersten Mal FPÖ zu wählen war für mich (...) in der Zeit, in der ich nach dem Studium beruflich tätig war und nichts mit Politik zu tun hatte (...), das Gefühl, daß (...) viele, viele Dinge zu erstarrt sind, daß einfach in vielen Bereichen etwas Bewegung hineinkommen muß und da hab' ich damals das Gefühl gehabt, daß die FPÖ wahrscheinlich die Partei ist, die am ehesten was weiterbringen kann« (Interview 4).

Daß von den *»Freiheitlichen der größte Reformschub ausgeht, daß sie am meisten bewegen können«*, davon sind einige fest überzeugt, so auch die parteipolitische Newcomerin, die sich von den Freiheitlichen in erster Linie Erneuerungen in der Gesundheitspolitik erhofft.

Der Proporz war und ist die Hauptzielscheibe der FPÖ – dies hebt auch eine der Befragten hervor:

»Es war dann der Kampf gegen die Proporzwirtschaft (...), der damals besonders ausgeprägt war, weil es ja nur zwei Großparteien gegeben hat, die von Bedeutung waren, das waren Rot und Schwarz, die haben sich mehr oder weniger Österreich und alle Organisationen aufgeteilt (...). Das waren (...) die politischen Hintergründe, daß ich da mitkämpfen wollte, diesen Proporz zu durchbrechen und klare Verhältnisse in Österreich zu schaffen, (...) um mit dieser Mißwirtschaft, die Rot und Schwarz aufgebaut haben, durch Jahrzehnte hindurch, aufzuräumen« (Interview 9).

Der Versuch, die zwei entgegengesetzten Ideologien national und liberal miteinander zu vereinen, ist so alt wie die Partei selbst und führte seit Bestehen zu Spannungen innerhalb der Partei, wie auch eine Interviewpartnerin betont:

»Naja, die Freiheitlichen waren immer so, daß es (...) Nationale und (...) Liberale gegeben hat, des war schon seit dem VdU so, daß es irgendwo innerparteiliche Querelen geben hat, weil sich einmal der Flügel und einmal der andere (...) benachteiligt gefühlt hat« (Interview 7).

Jene Politikerin, die den politischen Einstieg über den *Ring Freiheitlicher Studenten* RSF schaffte und rasch aufstieg in der FPÖ, sich jedoch wegen ideologischer Differenzen verabschiedete, mußte erkennen, daß sich die beiden weltanschaulichen Gegensätze *»liberal und national«* nicht vereinen lassen, beziehungsweise liberale Strömungen bei der FPÖ schwer durchsetzbar waren:

»Und das war eine Zeit des RFS, in der man wirklich auch versucht hat, nicht nur auf studentischer Ebene eine liberale Gruppierung zu etablieren, sondern auch von dort in die FPÖ hinein, das sogenannte liberale Lager zu stärken, das ist nun einmal die Tradition der FPÖ gewesen, daß sie immer

ein liberales Lager und ein nationales Lager hatte. Ich hab' (...) immer versucht, des zu bestreiten, weil ich es anders wollte, aber an dieser Realität, glaub' ich, kann man nicht vorbei, das war eben so« (Interview 14).

Heute unter Parteiobmann Jörg Haider würden gegensätzliche ideologische Argumente und weltanschauliche Motive kaum noch eine Rolle spielen. Warum das so ist, ortet eine Interviewpartnerin im ständigen *»Größerwerden«* der Partei:

»Das ist eigentlich alles eher bedeutungslos 'worden, eben durch den unheimlichen Zuwachs kann man sich mit solchen Kleinigkeiten ja eh nimmer abgeben, wen interessiert das heut' noch (...), des Problem von liberal-national (...). Früher waren wir halt mehr eine kleine Elitepartei, da haben wir halt gesagt, das und das ist wichtig und das war dann auch wichtig, das war alles überschaubar, in den Gremien, aber wir san so schnell gewachsen, dadurch wird das alles immer weniger überschaubar, und da muß man sich natürlich anpassen, das ist klar« (Interview 7).

Zusätzlich zur breiten Meinungsvielfalt, den persönlichen Prägungen aus der primären und sekundären Sozialisation, zu Heirat und Bekanntenkreis, Politisierung durch die nähere Umgebung, die oben beschriebenen Erfahrungen und Erlebnisse am Arbeitsplatz, die eine politische Mitarbeit bei der FPÖ begünstigten, ergaben sich aus der Interpretation einige empirische Muster, die das politisches Engagement der Frauen bei den Freiheitlichen noch verständlicher machen. Hier kamen Einstellungen, Werte und Aussagen von Frauen zutage, die sich deutlich mit der heutigen F-Parteilinie, insbesondere mit Jörg Haiders Ansichten decken.

Ethos und Selbstverständnis – ›gerecht‹ und ›ungerecht‹

Im Zuge der Auswertung der Interviews hat sich ein gemeinsames Hauptmotiv feststellen lassen, ein sogenannter zentraler empirischer Rahmen, der mit *»Gerechtigkeit«* beziehungsweise *»Ungerechtigkeit«* zu tun hat. Es ergab sich quer zu unterschiedlichen Themensetzungen in einer gewissermaßen homologen Weise. Es handelt sich somit um ein (kollektives, milieuspezifisches) *»handlungsorientiertes Orientierungsmuster«* (Bohnsack 1997, 49-51).

Bei näherem Hinsehen entpuppte sich das gemeinsame Motiv der befragten Politikerinnen als eine Konstruktion: Für den Großteil der Befragten gibt es einerseits die *»Schwachen, Kleinen, Hilflosen, Unterdrükkten und Unwissenden«* und auf der anderen Seite die *»Mächtigen«*. Letztere werden wiederum in zwei Gruppen unterteilt, nämlich in die guten und die schlechten Machthaber. Die FPÖ-Politikerinnen zählen sich selbstverständlich zu den guten, ehrlichen und vor allem *»saube-ren«* Mächtigen, weil sie vorgeben, sich wie ihr Parteichef Haider für die *»kleinen Leute«* einzusetzen und ihnen zu ihrem Recht zu verhelfen.

Parteizugehörigkeit wird oft sogar mit Haider-Slogans begründet: *»Sauberkeit in der Politik«*, Kampf gegen Privilegien, Parteienproporz, Ehrlichkeit, Anständigkeit, Menschlichkeit etc. Die Politikerinnen verstehen sich wie ihr Obmann als Vertreter[130] der *»kleinen Leute«*, als Anwälte des *»kleinen Mannes«*, der *»Tüchtigen«* und *»Fleißigen«*, als *»Schutzpatron der Schwachen«* und der *»Österreicher zuerst«*. Das bedeutet, daß Politikerinnen die offizielle Linie der Haider-Partei und deren maskuline Botschaften weitgehend internalisiert haben. Daß die *»Stellvertreterinnen«* der sogenannten schwachen ÖsterreicherInnen selbst von einer gewissen Hilflosigkeit und Unmündigkeit geprägt sind, soll im folgenden erläutert werden.

Ich beginne mit einer Politikerin, die mittlerweile siebzehn Jahre bei den Freiheitlichen politisch aktiv ist und sich vorher mit Politik *»überhaupt nicht beschäftigt«* hat. Das ist mit ein Grund, warum sie sich als (partei)politisches *»Zufallsprodukt«* bezeichnet.

»Vor meiner parteipolitischen Tätigkeit hab' ich mich mit Politik überhaupt nicht beschäftigt, also ich bin ein Zufallsprodukt (lacht) (...) auch deswegen, wie ich zur Politik gekommen bin (...). In meiner Gemeinde hat es eigenartige Gemeinderatsbeschlüsse gegeben, und da hab' ich gefragt, wie kommt's zu diesen Beschlüssen, (...) und so habe ich mich hineinwählen lassen. Und zwar deswegen, weil ich mich wehren kann, andere aber nicht« (Interview 5).

Etwas später antwortet sie auf meine Frage, welche Motive dafür ausschlaggebend waren, daß sie Politikerin wurde:

»Ein massives Ungerechtigkeitsgefühl, (...) die Ohnmacht gegenüber verschiedenen Privilegien. Ich war der Meinung, Recht bekommt nur der – oder Recht bekommst du nur dann, wenn die Privilegierten es zulassen. (...) Dagegen habe ich angekämpft und dagegen kämpfe ich noch immer an« (Interview 5).

Ihr *»Gerechtigkeitsgefühl«* beziehungsweise die *»Ungerechtigkeit(en)«* in ihrer Gemeinde, *»die sie maßlos geärgert haben«*, waren sozusagen der Motor für ihr politisches Engagement bei der FPÖ, der sie wegen ihrer *»Sauberkeit«* beigetreten sei:

»Weil es für mich die einzige Partei war (...), die sauber war, wissen Sie. Und dann hab ich gesagt: ›Das ist die junge aufstrebende Partei, dort geh' ich hin‹, und so bin ich hingekommen« (Interview 5).

Auch für sie gibt es auf der einen Seite die wehrlosen BürgerInnen und auf der anderen die »*Privilegierten*«, die »*Mächtigen*« der Gemeinde. Die Wehrlosen und Ohnmächtigen sind der »*Willkür*« der Mächtigen, in diesem Fall der (sozialdemokratischen) Partei oder eines Bürgermeisters ausgeliefert. Mächtige müßten, um gute »*saubere*« MachthaberInnen zu sein, so wie sich die Interviewpartnerin selbst und die Freiheitlichen sieht, jenen helfen, »*die sich nicht selber helfen können*«. Sie handeln somit stellvertretend und »*von oben herab*« für jene Menschen, die sich nicht wehren können. So manche Politikerin agiert auch stellvertretend für ihren eigenen Mann, der sie ermutigte, in die Politik beziehungsweise zu den Freiheitlichen zu gehen. Aufgrund seiner Anleitung, seines »*Wissens als Anwalt*« und seiner finanziellen Ressourcen sei es einer von ihnen möglich geworden, stellvertretend für die anderen gegen die »*schlechten*« Mächtigen ins Feld zu ziehen.

In diesem Zusammenhang möchte ich erwähnen, daß diese Politikerin neben Kindererziehung und Hausarbeit in der Arztpraxis ihres Mannes mitwirkte. Wenn »*meine Kinder noch kleiner wären*« und mein »*Mann noch leben würde*«, wäre sie nie in den Nationalrat gegangen, »*denn die Familie leidet schon sehr unter diesem Job*«. Aber:

»*Ich hab damals gesagt, was soll ich tun, ich habe ja keine Ahnung, und da hat mein Mann gesagt, na geh, mach' es, mach' es. Das war mein politischer Einstieg*« (Interview 5).

Das soziale und kulturelle Kapital, das mit der Position des Ehemannes als Rechtsanwalt und Arzt (als Teil einer »*lokalen Elite*«) verbunden war, erleichterte ihren Einstieg in den Gemeinderat:

»*Ich habe gesagt, gebt's mir die Liste, bin am Vormittag eine Stunde los 'gangen und am Nachmittag a Stunde und habe die Unterstützungsunterschriften beisammen gehabt, mit einem 100%igen Überhang, weil ich immer a vorsichtiger Mensch war. Und dann hat's geheißen, na gut, schön, wir haben eh keinen Kandidaten, es traut sich niemand, und so bin ich in die Politik gekommen*« (Interview 5).

Die Mächtigen müssen, um »*gute*« Mächtige zu sein, so wie sie selbst und Parteichef Haider, den Hilflosen und Unterdrückten »*zuhören, emotional bewegt sein*« und dann engagiert gegen die »*bösen*« Mächtigen auftreten.

»*Warum mich die Freiheitliche Partei (...) so angezogen hat, war mit Sicherheit der Dr. Haider (...), sein Einsatz, seine Überzeugung, seine Überzeugungsfähigkeit, und was mich am meisten beeindruckt hat war, daß er, obwohl er diesem unbeschreiblichen Druck ausgesetzt war und zwar per-*

manent, zuhören kann! Wie der auf Leute zugehen kann, mit so einer Herzlichkeit, und die is' nicht gespielt, des hob i' g'sehen. (...) Der setzt sich hin und hört zu und schreibt auf. Und (...) diese Ungerechtigkeit, die geht ihm so nahe (gerührt), daß er sie einfach abstellen will. Und i' glaub', daß des a sein Motor is' für seine Politik. (...) Und immer auf der Seite (...) der Schwächeren, und i' hob des da wirklich miterlebt, des worn Schlüsselerlebnisse. Und i' hob da ganz genau beobachtet« (Interview 3).

1986 wählt die Spitzenpolitikerin und ehemalige ÖVP-Sympathisantin erstmals die FPÖ. Nach dem miterlebten Wahlkampf 1989 in Kärnten traf sie den Entschluß, der Haider-Partei beizutreten. Haiders unermüdlicher Kampf gegen die Ungerechtigkeiten und sein *»immerwährender«* Einsatz für die Schwachen seien für ihre Entscheidung ausschlaggebend gewesen:

»Wie i' dann nach Hause gekommen bin (von einer Wahlveranstaltung, M.R.) hob i' zu mein Mann g'sogt, an dem Tag, an dem der Dr. Haider Landeshauptmann von Kärnten wird, werd' i' der Partei beitreten. Dann hat er g'sogt: ›Na, da wirst ewig warten müssen, weil des wird's net geben (lacht), des gibt's gar net‹. Ja, es war aber dann so« (Interview 3).

Die Abhängigkeit von Unterstützung und Ermutigung wird auch bei der eben zitierten Politikerin deutlich. Sie beschreibt ihren politischen Einstieg folgendermaßen:

»Politisch interessiert war i' immer schon, (...) stark motiviert hat mi a Fernsehbericht über des Robbensterben an der Nordsee, und meine Tochter, die ganz hilflos daneben g'standen ist, hat gesogt: ›Und du sitzt da und tust überhaupt nix‹. Des war dann der Start für mein umweltpolitisches Engagement« (Interview 3).

Die Robben – in den Medien und von den UmweltaktivistInnen immer als besonders hilflos dargestellt – und die Tochter sind hilflos. Die Mutter, die potentiell Macht und Möglichkeit hätte, ist davon emotional berührt und startet ihre politische Aktivität:

»Ich hab' dann einen Leserbrief geschrieben und aufgrund dieses Leserbriefes hab' i' dann eine Umweltgruppe kennengelernt. Die war damals gegen die Weltausstellung aktiv und für den Nationalpark Donau-Auen sowie den Nationalpark Hohe Tauern. Bei dieser Umweltgruppe bin i' aktiv geworden. Die hat dann gleichzeitig im Landtagswahlkampf 1989 die freiheitliche Partei unterstützt, die die gleichen Forderungen aufgestellt hat: (...) keine Weltausstellung, dafür Nationalpark Kalkalpen und kein Kraftwerk unterhalb von Wien (...). I' habe dann schnell die Umweltgruppe der Freiheitlichen Partei übernommen (...) und ein Jahr später war ich im Nationalrat« (Interview 3).

Wie die Umwelt vor den Menschen geschützt werden muß, müßten – so die Politikerin – die Hilflosen vor den Mächtigen geschützt werden. Angespornt durch das Mitleid ihrer Tochter für die Robben, startet die Mutter ihren Gerechtigkeitsfeldzug, ganz wie der Freiheitlichenchef. Die Interviewpartnerin sagt zwar, daß sie gegen Parteipolitik sei, kämpft aber mit den Mitteln der Parteipolitik gegen die *»falsche«* Parteipolitik der anderen, mit Macht gegen Macht.

»Aufgrund meiner Beobachtungen, hat mir einfach die Politik der Freiheitlichen Partei immer besser g'fallen. Sie haben die richtigen Themen aufgegriffen, sie (...) bekämpfen die Machtpolitik (...) bis heute« (Interview 3).

Das Konzept *»Gerechtigkeit«* kehrt auch bei einer anderen F-Politikerin wieder: Bei ihr gibt es die Unwissenden und diejenigen, die das Sagen haben. Sie, die sich zu jenen zählt, die mittlerweile wissen, wie die politischen Kompetenzen aufgeteilt sind und wie politische Entscheidungen getroffen werden, wollte als *»gerechte«* und *»gute«* Politikerin – nach dem Vorbild Jörg Haiders – ihre Ratschläge an Unwissende weitergeben und sie über ungerechte Gemeinderatsbeschlüsse informieren. Denn sehr viele Bürger wüßten ja nicht, daß der Bürgermeister der *»König in seinem Wirkungsbereich«* ist. Die nichtwissenden BürgerInnen *»unterscheiden ja immer noch nicht«* zwischen den *»Kompetenzen«* und den *»Zuständigkeitsbereichen«* der einzelnen PolitikerInnen. Ihr politischer Einsatz richtet sich somit gegen den Bürgermeister und den Parteienproporz.

»Daß die Bürger nicht unterscheiden können, was Gemeindekompetenz is, was Landeskompetenz is und Bundeskompetenz, des is leider Gottes so. (...) Aber des mocht ja nix. Man kann ihnen ja da einen Rat geben, wohin sie sich zu wenden haben, nicht, des g'hört auch dazu« (Interview 1).

Auch sie wolle nicht nur für sich selbst etwas ändern, *»sondern auch für alle jene, wo ich glaub', für sie eintreten zu müssen«*.

Daß sich hinter dieser Art von Gerechtigkeitsgefühl oft Scheingerechtigkeit verbirgt, wird uns im folgenden beschäftigen.

Daß sich die Signalisierung vom *»zuhören können«*, *»Bürger(Innen) nähe«* verbreiten, *»Ehrlichkeit«* und *»Menschlichkeit«* vermitteln, auszahlt, haben Haiders politische Schachzüge und Wahlerfolge bewiesen. Der scheinbar selbstlose Einsatz für die »Schwachen« bringt nämlich den persönlichen und letztlich auch parteipolitischen Gewinn von WählerInnenstimmen. Dies bestätigt auch eine Interviewpartnerin:

»Je intensiver man des (den Kontakt vor allem beim Wahlkampf, M.R.) betreibt, umso zeitaufwendiger is' es, aber man profitiert selber auch

davon, weil man ja sehr, sehr viel erfährt. Man hat den Kontakt mit dem Bürger, und wenn man gezielt die Probleme anspricht, dann kommt unheimlich viel zurück« (Interview 1).

»Menschliche« PolitikerInnen wie sie selbst und Jörg Haider seien im Gegensatz zu VolksvertreterInnen anderer Parteien *»für alle da, nicht nur für die eigenen Wähler«*. Von Haiders Charme und seinen angeblichen humanen Charaktereigenschaften als Politiker und Mensch profitierten nämlich nicht nur seine SympathisantInnen und WählerInnen, sondern auch seine engsten Mitarbeiterinnen, wie diese Politikerin voller Bewunderung für Jörg Haider berichtet:

»Ich finde, er ist ein unheimlich guter Ratgeber. Ich kann mit jedem Problem zu ihm kommen. Er kann einem Sachen erklären. Er ist ein unheimlich menschlicher Politiker für mich, da gibt's andere, die nicht so sind. Ich halt' ihn für hochintelligent, man kann unheimlich viel von ihm lernen. (...) Ich habe mich meistens (...) an Leute gehalten, von denen ich intelligenzmäßig oder menschlich profitieren kann, und bis jetzt ist es a so geblieben« (Interview 1).

Kritik an Jörg Haider und seiner Politik übten erwartungsgemäß nur jene drei Frauen, die die Freiheitliche Partei mittlerweile verlassen haben. Die derzeit aktiven Parteipolitikerinnen lassen keinerlei böses Wort gegenüber dem Freiheitlichenchef zu, im Gegenteil, er gilt sowohl politisch als auch persönlich als absolutes Vorbild. Im Vergleich zu seinem Vorgänger wird er als jemand dargestellt, der immer und jederzeit gesprächsbereit und zugänglich ist:

»Man kann ihn immer und überall ständig ansprechen« (Interview 11).

Daß frau jederzeit mit ihm *»über alles reden«* kann, bestätigt auch seine engste Mitarbeiterin, die unter anderem seinetwegen die Partei nicht verlassen hat und offen damit spekuliert, Haider in die Regierung zu begleiten.

»Wir haben uns von Anfang an sehr gut verstanden, und bis zum heutigen Tag herrscht ein unheimlich offenes Klima, wo wir über alles reden können, auch über unterschiedliche Standpunkte. Und das ist natürlich schon eine Motivation, weil das (...) für die Arbeit immer wichtig war, daß die Leute, mit denen man zusammenarbeitet, einem auch die Möglichkeit zur eigenen Entfaltung geben (...) Das ist natürlich schon ausschlaggebend, daß (...) wir ein gutes Team bilden« (Interview 4).

Neben Haiders »Menschlichkeit« und seiner *»Gefühlsstärke«* werden auch Haiders *»enorme intellektuelle Fähigkeiten«* immer wieder betont. Das *»Erkennen«* und *»Aufgreifen der richtigen und wichtigen Themen«*

(Interview 3), vor allem aber seine visionäre, um nicht zu sagen prophetische Art werden als Haiders *»große Gabe«* angesehen. Eine junge Spitzenpolitikerin schildert Jörg Haiders visionäre Gabe am Beispiel der Neutralitätsdebatte:

»Ich brauch' nur erinnern, des war 1990 (...), da hat's die Debatte gegeben zur EU. Knapp vor der Wahl hat der Jörg Haider in München g'sagt, die Neutraliät is obsolet. (lacht) Des war ein Aufschrei in Österreich, (...) und heut ist es (...) ganz normal, darüber zu diskutieren. Er erkennt Probleme dann, wenn's andere noch gar nicht als Probleme sehen« (Interview 12).

Eine der beiden Kommunalpolitikerinnen sucht *»Gerechtigkeit«* in der Integrationspolitik, jedoch zugunsten der *»Österreicher«*. Damit wird ein erstes Mal deutlich, was die Freiheitlichen unter »Gerechtigkeit« verstehen. Sie wird vom damaligen Landtagspräsidenten selbst in die Partei beziehungsweise *»ins Land geholt«*, wie sie selbst sagt, um mitzuarbeiten, weil sie als engagierte Flüchtlingsbetreuerin bereits einen Namen hatte. Als *»Gerechtigkeitsfanatikerin«* setzt sie sich über Jahre für AsylantInnen[131] und GastarbeiterInnen ein. Ihren Einsatz für Flüchtlinge und AusländerInnen beschreibt sie als eine Fortsetzung ihrer traditionellen Erziehung. Bereits ihre Mutter hätte sich während des Krieges für Flüchtlinge engagiert und diese zu Hause wohnen lassen, so wie sie auch.[132] Im Gegensatz zu den *»offiziellen Christen«* (sie selbst distanziert sich von der Kirche) mache sie als *»anständige, traditionsbewußte und werteorientierte Volkstumsarbeiterin selbstverständlich die Türen auf, wenn jemand kommt, der in Not ist«*. Die *»von unseren Vorfahren überlieferten Werte«* wie *»Anständigkeit«*, *»Ehrlichkeit«* und *»Menschlichkeit«* meint sie, weiterhin verteidigen zu müssen. Unter Flüchtlingspolitik versteht sie jedoch vorrangig die *»Rückführung«* ins Herkunftsland.

»Wir haben jetzt über dreihundert Kleinbetriebe gegründet in Rumänien, damit Menschen dort leben und arbeiten können. (...) Das war ja 1990 ein großer Schwung, der versucht hat, schnell nach Westen zu kommen. Wir motivieren sie, zurückzugehen in ihre eigene Heimat (...), das mach' ich jetzt auch mit Albanien und mit Bosnien mit den Flüchtlingen« (Interview 13).

Damit handelt sie ganz im Sinne der Partei und der *»offiziellen Vertreter«* aus den Kriegsgebieten (z.B. Kroatiens). Gemeinsam mit ihnen bestimmt sie, was *»gut«* für die Flüchtlinge ist. Wiederum handelt eine FPÖ-Politikerin anstelle von anderen Menschen. Ohne zu hinterfragen, was die Betroffenen wollen, bzw. was eine Rückführung für die Betroffenen bedeutet bzw. bedeuten kann.

»Das ist auch die Grundhaltung von uns gewesen, daß wir gesagt haben, selbstverständlich, Flüchtlingen muß man helfen. (...) Ich weiß es persönlich ganz genau, weil ich ja mit den Kosovo-Albanern sehr viel zu tun habe. Ich war und bin auch in Albanien tätig, und ich weiß von diesen Menschen, daß sie sagen, bitte schickt's uns die Leute nach Hause. Wir brauchen sie zum Wiederaufbau. Wir brauchen aktive Leute. Der Vizepräsident von Kroatien, der Minister Granic, hat zu mir gesagt, bitte schickt uns auch die Gastarbeiter zurück, wir brauchen diese Leute jetzt nach dem Krieg, damit sie das Land wiederaufbauen« (Interview 13).

Die zur Schau gestellte Politik dieser *»Integrations«*-Politikerin ist jedoch eindeutig an Haiders Slogan *»Österreich zuerst«* orientiert, wie das Beispiel Gemeindebau für AusländerInnen zeigt:

»Bitte Gemeindebau öffnen für Ausländer, bitte die Bevölkerung will das nicht. Ich hab noch keinen einzigen gehört, der g'sagt hat, er will das« (Interview 13).

Das Beitrittsmotiv dieser Politikerin, die *»immer schon mit den Freiheitlichen sympathisiert hat«*, war die *»anständige politische Linie, die kontrollierende Schiene«* ihres politischen Mentors. Unzufriedenheit mit der politischen Landschaft und mit der derzeitigen Demokratie spielte mit eine Rolle.

»Ich bin von meinem Wesenszug her also ein Gerechtigkeitsfanatiker. Diese Schwarz-Rote ... ich sag das hart ... Mafia, die alles beherrschte, das ist etwas, das ich versucht hab', mitzuverändern« (Interview 13).

Als *»korrekte«*, *»ehrliche«* und *»anständige«* Politikerin, alles Eigenschaften, die sie wie auch dem Landtagspräsident und ansatzweise auch Jörg Haider – *»das ist nicht so ganz eindeutig beim Jörg Haider, aber im Prinzip ist eine durchgehende Linie vorhanden, (...) die ehrliche Linie, das ehrliche Wollen ist vorhanden«* – attestiert, hat sie *»kein politisches Amt angestrebt«*, sondern *»sie wollte einfach nur mitarbeiten«*. Rein aus *»Anständigkeit«* verzichtete sie auch auf das Nationalratsmandat, welches ihr nach drei Jahren parteipolitischer Tätigkeit auf Gemeindeebene angeboten wurde – heute würde sie dieses Angebot jedoch annehmen.

Gerechtigkeit als *»homologes Muster«* steht auch bei einer anderen Politikerin im Mittelpunkt: *»Ungerechtigkeit«* sei ihr bereits in der Schule bewußt geworden und zwar in zweierlei Hinsicht: Als Maturantin habe sie zum einen die Verschwendungssucht ihrer Lehrer (Einführung der Gratisschulbuchaktion in den siebziger Jahren durch die sozialdemokratische Alleinregierung) als *»Katastrophe«* empfunden, gegen die sie sich als sparsame und *»früh arbeitende«* Tochter eines Unternehmers nicht zur Wehr setzen konnte:

»I' hab' aufgepaßt, mein alter Atlas war noch neu, und der Lehrer hat g'sagt: ›Du kannst machen damit, was'd wüßt, du kriegst jetzt einen neuen Atlas‹. I' hab g'sagt: ›Den brauch i' net, ein Wörterbuch brauch ich auch nicht‹.« Dann hat er g'sagt: ›Dann mach was'd willst, schenk's jemanden oder schmeiß es weg‹. Da hab' i' mir gedacht, halt, wohin geht der österreichische Staat!?« (Interview 11).

Lehrer, Schulsystem und letztendlich auch der österreichische Staat beziehungsweise die damalige SPÖ-Alleinregierung förderten ihrer Ansicht nach eine Wegwerfgesellschaft, die ihr unverständlich war und ist. Auch ihr Vater – Kind einer Eisenbahnerfamilie und *»sozialistischer Funktionär«* – habe Unzufriedenheit mit der Politik seiner sozialdemokratischen GenossInnen geäußert, wie sie berichtet. Eine zweite einschneidende Ungerechtigkeit in Form von *»Ausgrenzung«* habe sie als *»sozialistische«* Unternehmerstochter in der konservativ geführten Schule erlebt. Nicht sie selbst sei beurteilt worden, sondern die politische Ausrichtung ihres Vaters. Eine intolerante Haltung, die sich ihrer Meinung nach auch bei ihren Kindern in der Schule fortsetze:

»Die haben natürlich auch damit zu kämpfen, weil sie Kinder einer freiheitlichen Nationalratsabgeordneten sind. Das wird sie auch prägen. Die werden sich auch ihre Meinung bilden zur Toleranz« (Interview 11).

Geprägt durch diese Kindheitserlebnisse – die Verschwendungspolitik der damaligen sozialdemokratischen Regierung und die intolerante Einstellung der konservativen Volkspartei – sei sie mit dem Aufstieg Jörg Haiders bei den Freiheitlichen *»gelandet«*. Angetan von Haiders Persönlichkeit und seiner *»Sorge«* um die (kleinen) Unternehmer – damals war der FPÖ-Obmann noch »Fremdenverkehrslandesrat« in Kärnten – wurde sie gemeinsam mit ihrem ebenfalls freiheitlich orientierten Ehemann *»treue Haider-Wählerin«* und später Gemeinde- und Nationalrätin für die FPÖ.

»Er war ein sehr tüchtiger Landesrat in Kärnten. (...) Er war einer der wenigen, der (...) als Fremdenverkehrslandesrat ganz bewußt zu den Betrieben gefahren ist und sich der Sorge der Betriebe angenommen hat. Das hat mir damals, nachdem ich im Unternehmen meines Vaters tätig war, sehr imponiert. (...) Das hat man von anderen Politikern nämlich nicht gekannt« (Interview 11).

F-Parteiobmann Haider verkörpere im Gegensatz zu den Regierungspolitikern für sie den *»guten, tüchtigen und sorgenden Landesvater«*, der gegen die *»Privilegienwirtschaft«* ankämpft, sich um die Selbständigen kümmert und eine *»vernünftige Spar-* und *Budgetpolitik«* betreibe.

»Bodenhaftung und Ehrlichkeit«

Neben dem Streben nach Gerechtigkeit scheint für die interviewten FPÖ-Politikerinnen wesentlich zu sein, daß die *»guten, anständigen und ehrlichen«* PolitikerInnen, wie sie Jörg Haider und die Freiheitlichen darstellten, die »Bodenhaftung« nicht verlieren.

»Er hat nie in diesen Stehsätzen g'redt, daß ihn ka Mensch mehr versteht (...). Und mir g'fallt das, weil er ganz genau drauf achtet, daß die freiheitlichen Abgeordneten ka Bodenhaftung verlieren, sondern wissen, von wem sie gewählt sind und was sie da zu tun haben. Und von wem ma gelobt werden will« (Interview 3).

»Anständige, ehrliche und gute« PolitikerInnen, wie es die Freiheitlichen wären, dürften im Gegensatz zu den derzeitigen Regierungsparteien nämlich nie den *»Boden der Wirklichkeit«* verlassen, also den *»engen Kontakt«* zu der *»Bevölkerung«*. Das betont auch die befragte Gemeinderätin:

»Ich bin fest davon überzeugt, daß wir mit der Bevölkerung sehr engen Kontakt haben, aufgrund der Art, wie wir Politik machen, die Nöte und die Probleme der Bevölkerung aufnehmen und versuchen, sie positiv umzusetzen. Genau das ist es ja, was für mich die Politik ausmacht. Ich bin der Meinung, daß die Sozialdemokraten und auch die ÖVP den Boden der Wirklichkeit verlassen haben, daß sie nicht mehr wissen, was die Leute bewegt, was sie fühlen, was sie für Probleme haben, sondern über sie hinweg bestimmen« (Interview 13).

Wie wichtig den F-Politikerinnen die BürgerInnennähe und die sogenannte Bodenständigkeit ist, kommt vor allem bei der Frage, *»Welche Eigenschaften glauben Sie, prädestinieren Sie für die Politik?«*, deutlich zum Ausdruck. Eine der Befragten ist stolz, daß sie sich trotz jahrelangem politischen Engagement menschlich nicht verändert hat. Auch sie identifiziert sich sehr stark mit Jörg Haider.

»Ich versuche mich immer hineinzudenken in den anderen, wie's ihm ergeht. Vielleicht sagen wir so, daß ich gleichgeblieben bin (...), daß mich der Politiker nicht verändert hat. (...) Deswegen fühle ich mich genauso wie alle ander'n und kann mich hineindenken in die Lage der anderen Menschen« (Interview 5).

Jörg Haider, der selbst aus bescheidenen Verhältnissen kommt, hat sich mittlerweile einen aufwendigen Lebensstil zugelegt. Trotzdem beschreiben ihn die befragten Parteifrauen als *»nicht abgehoben«* von der Bevölkerung. Das hängt wohl vor allem damit zusammen, daß er sich oft *»unters Volk mischt«* und Discos, Dorf- und Feuerwehrfeste oder ähnliche Veranstaltungen besucht, wo er um AnhängerInnen wirbt.

Gerechtigkeit als *»eigentliche Triebfeder«* für ein politisches Engagement erwähnen auch jene Befragten, die der FPÖ und Jörg Haider den Rücken gekehrt haben. Daß die FPÖ-Partei(ob)männer doch nicht so *»anständig, korrekt und gerecht«* sind, wie frau ursprünglich gedacht und erwartet hat, mußte sich eine der Befragten enttäuscht eingestehen, als sie nach über 25 Jahren *»von heute auf morgen«* ihre Spitzenposition als Nationalratsabgeordnete verlor.

Diese Politikerin war eines Tages gebeten worden, bei der Partei mitzuarbeiten – das heißt, sie wurde wie alle anderen ihrer Parteikolleginnen von Politikern in politische Belange involviert. Dort baute sie quasi aus dem Nichts vieles auf und war eine treue Anhängerin. Sie wurde jedoch häufig übergangen. Ein hierarchisch höher gestellter Mann sollte ihr dann zu einer gerechten Behandlung verhelfen. Am Anfang ihres politischen Werdegangs trat der *»deus ex machina«* in Form eines F-Landesschulpräsidenten auf, der Gerechtigkeit in die ungerechte schulische Angelegenheit bringt. Am Ende ihrer Karriere – sie wird ohne ihr Wissen einfach von der KandidatInnenliste für die Nationalratswahl 1995 gestrichen und durch eine Quereinsteigerin ersetzt – spielt wieder ein Ex-Förderer eine Rolle, Jörg Haider, aber nicht, wie von ihm erhofft als *»deus ex machina«*, der *»ein Wort«* spricht, auf das sie *»g'wart«* hat:

»Ich habe eigentlich nicht damit g'rechnet, daß er mich fallen läßt. Ich habe es bis zuletzt nicht geglaubt. Er hat das auch mehr oder minder versprochen, aber da ist nix d'raus worden, und ich hab' dann auch net was g'sagt. Ich war dann zu stolz, daß ich dann noch sag, geh' hilf mir oder was. Ich hab eigentlich auf ein Wort von ihm g'wart und war dann sehr enttäuscht, bitter enttäuscht, daß des net kumma ist« (Interview 7).

Das Gefühl großer Ungerechtigkeit empfindet sie auch hinsichtlich ihres persönlichen Einsatzes für die Schwester von Jörg Haider. Als Landesfrauenreferentin engagierte sie sich eines Tages für die Schwester des Parteiobmanns, damit diese ein politisches Amt in der Landesregierung bekommt. Ihre Intervention beim Landesparteiobmann erwies sich jedoch als *»großer Fehler«*, denn sie verlor dadurch ihre eigenen Funktionen auf Landesebene:

»Die Schwester vom Jörg, (...) die kenn ich auch schon seit 30 Jahr, die wollt' politisch tätig sein und unter'm Gugerbauer ist sie nix 'worden.

Dann wollt's wieder unter'm Achatz was werden, aber der hat sich irgendwie abfällig über sie geäußert und hat gesagt: ›Das ist auch nur eine Lehrerin, die brauch' ma net oder so ähnlich‹. Des hat mir nämlich die Frau Haider erzählt, (...) die Mutter vom Jörg, die hat ihren achtzigsten Geburtstag gehabt, und da war ich dort, und ich Idiot geh zum Achatz und sag': ›Du kannst doch net so mit der Schwester vom Jörgl umgehen, wenn sie (...) so viele Punkte bei dieser Vorwahl g'macht hat. Du mußt Dich doch annehmen um sie‹. Und er hat mich durch die Uschi (Ursula Haubner, M.R.) ersetzt. Und dadurch san dem Haider auch die Hände gebunden gewesen, weil auf einmal war sie Landesfrauenreferentin, ohne gewählt worden zu sein, und er (Achatz, M.R.) hat alle Funktionen, die ich gehabt hab, Obmannstellvertreter z.B., der Uschi gegeben. Dadurch war er (Achatz, M.R.) aus dem Schneider, auch dem Haider gegenüber, denn es ist klar, wenn er die Schwester und die Parteikollegin gleichsetzt, dann werd' ich mich natürlich für die Schwester einsetzen« (Interview 7).

Die Interviewpartnerin legte in der Folge alle Ämter zurück. Interessant an ihrer Auffassung von Gerechtigkeit ist, daß die Befragte *»politische Machenschaften«* und Sympathiewirtschaft zutiefst verurteilt und gleichzeitig selbst darauf zurückgreift. Sie wird durch ihre Schwiegermutter beauftragt, den Landesschulpräsidenten aufzusuchen. *»Ich bin (...) dann hing'fahren und bin dann vorg'lassen worden und hab' die G'schichte erzählt, und der (Präsident, M.R.) hat g'sagt, na das werden wir gleich haben«* (Interview 7).

Ihren *»Rauswurf«* aus der Spitzenposition als Abgeordnete und das Stillhalten des Parteiobmanns habe sie zwei Jahre danach noch nicht verkraftet:

»Es tut noch weh, das ist richtig. Es hat mich schon sehr getroffen, der abrupte Abschied. Weil's für mich völlig überraschend war. Vor allem die miese Haltung (...) der sogenannten Kollegen, die immer nur von mir was wollen haben und immer nur Unterstützung von mir gekriegt haben. Auf einmal heißt's, die ist nimmer g'fragt, und dann dreht sich alles um, das ist arg« (Interview 7).

Von »Gerechtigkeit« sei wenig zu spüren gewesen:

»Es hat schon begonnen, als ich damals gewählt worden bin, in den Nationalrat, im Jahre '86. Ich hab' sofort g'sagt, ich verzicht' auf meinen Gehalt, den ich als Lehrer krieg', das war das arbeitslose Einkommen. Der Schender hat mich z'sammbrüllt (...) i hör des heut noch: ›Du brauchst net päpstlicher sein als der Papst, und was glaubst Du denn‹! Ist eh klar, denn er hat ja die ganze Zeit kassiert. Und ich hab' g'sagt: ›Ich kann doch net mit

dem Haider durch die Lande ziehen und gegen Privilegien auftreten und dann selber kassieren. Wer weiß, vielleicht muß ich nächstes Jahr wieder z'ruck in die Schul, dann laß' ich mir von den Kollegen net vorhalten: ›Du hast auch kassiert für das, was Du nie tan hast‹. Und dann hab' ich einen Musterprozeß beim Verfassungsgerichtshof g'führt, weil's mein Ansuchen überall abglehnt haben. Ich konnt' nicht verzichten als Beamte. Den habe ich verloren. Dann hab ich einen Fonds gegründet für Mehrkinderfamilien, also Kinder, die zu Unrecht in Schwierigkeiten geraten sind« (Interview 7).

Über die Jahre spricht sie immer wieder Frauen an und bringt *»bei jedem Landesparteitag eine andere Frau rein«*, so daß sie *»drei, vier andere Frauen aufbaut«*. Aber nicht einmal auf die Frauen war Verlaß: *»Frauen san net solidarisch, (...) des war auch so eine große Enttäuschung (seufzt). Wie soll man das sagen, des ist ein großes Problem bei den Frauen. Die arbeiten mit, die san' begeistert, die machen das, was Du ihnen anschaffst und es braucht nur ein Mann kommen und ihnen schön tun und am nächsten Tag sagen's ganz anders. Also sie fallen sofort um. Verlassen kann man sich net. Und das wird schamlos ausgnutzt. Wirklich also das ist jahrelange Erfahrung und genauso ist es. (...) Ich hab' immer g'sagt, die Frauenlobby ist zwar recht schön, es san viel Frauen, aber es ist kein Verlaß drauf«* (Interview 7). Sie habe immer geglaubt: *»wir san die Anständigeren und Ehrlicheren«*. Das *»Niveau«* der Partei sei jedoch gesunken, weil es viele Verstrickungen gegeben habe und sogar der *»deus ex machina«* korrumpiert worden sei:

»Des ist für mich die größte Enttäuschung gewesen, daß ich, einfach w i r k l i c h immer g'laubt hab, (...) ich kenn den Haider so gut, daß er mich nie fallen lassen würd, net nur mich rein persönlich, daß er so und so viele Sachen nicht macht, was ihm immer nachg'sagt wird und daß wir einfach Anständige und Ehrliche sind. Das seh' ich heute nimmer. Wir sind genauso wie alle anderen Großparteien« (Interview 7). Abschließend zitiert sie – enttäuscht über die Politik und die *»miesen Leute«* in der Partei – ihren Vater, der sichtlich eine zentrale Stellung in ihrem Leben einnimmt: *»Mein Vater hat immer g'sagt: ›Wenn's dich mit einem Hund ins Bett legst, darfst dich net wundern, wenn'st mit Flöhen aufwachst!‹«* (Interview 7).

»Gerechtigkeitssinn«, das *»Bedürfnis, sich zu artikulieren«* und das *»Eintreten für den schwächeren Teil«* stellt auch eine weitere Ex-FPÖ-Spitzenpolitikerin in den Vordergrund. Sie erinnert sich an ihre Kindheit und Schulzeit: *»So simpel das klingt, aber ich glaube, daß bei mir als Kind etwas besonders ausgeprägt war, und das war so ein Gerechtigkeitssinn.«*

(Interview 14). Sie erinnert sich im Anschluß daran an ein prägendes Kindheitserlebnis: *»Damals hat's noch Fuhrwerke, also Pferdegespanne, gegeben, und ich erinnere mich noch sehr gut, daß in der Gasse, in der ich gewohnt habe, so ein Pferdegespann gefahren ist und der Kutscher das Pferd geschlagen hat. Ich bin mir net einmal sicher, ob das wirklich bös' war (...), mir ist das halt so vorgekommen. Der ist dann auf die Seite gefahren, und ich hab den beschimpft. (...) Daran kann ich mich noch ganz genau erinnern, weil er mir eine Ohrfeigen angetragen hat und ich dann davongelaufen bin. (...) Auch in der Schule, wenn's eine Rauferei gegeben hat oder derartiges, dann war's mir immer auch ein Bedürfnis, da nicht zuzuschauen, sondern mich einzumengen, und ich glaube, daß das die eigentliche Triebfeder war, (...) in eine liberale Partei zu gehen«* (Interview 14). Interessant an ihrer Auslegung von Gerechtigkeit ist, daß sie dieses Motiv einer liberalen Geisteshaltung zuschreibt. Sie betont zwar während der Befragung immer wieder, als liberal gesinnte Politikerin der FPÖ beigetreten zu sein, aber als baldige Inhaberin eines hohen politischen Amtes, vertrat sie die Politik des Parteiobmanns Jörg Haider, der zu dieser Zeit alles andere als liberale Ansichten verbreitete.

All die Beispiele lassen folgenden Schluß zu: Egal, ob es sich um Politikerinnen mit langer oder kurzer Laufbahn handelt, um Aussteigerinnen oder Quereinsteigerinnen, egal, ob um liberal oder national Orientierte – es war das Streben nach *»Gerechtigkeit«*, das der »Motor« für den Beitritt und die Mitarbeit bei den Freiheitlichen darstellte. Alle Politikerinnen verstehen sich mehr oder weniger als Vertreterinnen der Schwachen und Hilflosen in unserer Gesellschaft. Sie sind überzeugt, »gerecht« und in deren Namen zu handeln.

Weiblichen Führungspersonen mangelt es allgemein an Vorbildern und an einer statusgleichen weiblichen Bezugsgruppe, mit deren Hilfe sie ihre Isolation im Kreis männlicher Kollegen durchbrechen könnten. In einer Partei wie der FPÖ, in der Frauen bis vor kurzem fast gänzlich ausgeschlossen waren, orientieren sich die befragten Politikerinnen daher nicht an ihren Geschlechtsgenossinnen, sondern an ihren Kollegen. Parteichef Haider oder seine Parteiobmänner fungieren somit für den Großteil der Frauen als politische Vorbilder und Identifikationsfiguren. Sie verkörpern die *»Tüchtigen«*, *»Fleißigen«* und *»guten Mächtigen«*. Der Kampf gegen Parteienproporz und Privilegienwirtschaft der *»Rot-Schwarzen«* ist ihre wichtigste Tugend. Haider löst bei den Frauen nicht nur auf emotionaler und menschlicher Ebene Faszination aus, sondern auch auf fachlicher – auch wenn dies Jörg Haider selbst nur bei seinen männlichen Genossen vermutet, wie er selbst gegenüber dem *Falter* einmal sagte: »*Privilegien, Ausländerfrage, Mißstände aufdecken, das spricht stärker die Emotionen der Männer an*« (Falter Nr. 35/96, 8-10).

Für einige der Interviewpartnerinnen scheint die Partei nicht nur eine politische, sondern auch eine Art religiöse Heimat darzustellen. Diese politische Religiosität kommt meines Erachtens dadurch zum Ausdruck, daß sie an ihren Parteichef und/oder an die FPÖ einfach »*glauben*« oder eben »*geglaubt haben*«, ohne kritisch-analytische Fragen zu stellen. Auch wenn der Glaube an die Partei gewisse Enttäuschungen mit sich bringt und sich nicht immer mit den eigenen Vorstellungen deckt, erwarten die Frauen, daß sie Opfer erbringen müssen. Damit erfüllen sie eine ihnen jahrhundertelang zugedachte Rolle. Dem Gerechtigkeitsstreben, welches hier von den freiheitlichen Politikerinnen ausgedrückt wird und sich mit jenem der FPÖ, insbesondere Haiders Gerechtigkeitsideologie, deckt, ist somit eine strenge Gesellschaftshierachie implizit. Das Verständnis von »*Gerechtigkeit*«, das im Gegensatz zum Konzept der Gleichheit Gerechtigkeit »*von oben*« impliziert, läßt Gerechtigkeit »*von unten*« nicht zu (Bloch 1985, 229). Die Idee der Gerechtigkeit ist spätestens seit der Erörterungen Platons und Aristoteles' eine Kernfrage politischen Denkens. »Allerdings wurde in der androzentristischen Tradition abendländischen politischen Denkens, die »*einseitig männliche Vergeschlechtlichung dieser Diskurse kaum eingestanden*« (Kreisky 1997a, 3). Die Suche nach einer gerechten Gesellschaft im breiten, alle Menschen umfassenden Sinne, ist erst ab der Moderne auszumachen. Politische und soziale Gerechtigkeit ist mit dem Spannungs- und Konfliktbogen Gleichheit – Ungleichheit von Menschen eng verknüpft, wobei Gerechtigkeit in der Regel als der fundamentalere Begriff betrachtet wird, weil nach Rechten gefragt wird, die jedem Individum – ohne Ansehen der Person – zustehen. Gleichheit gilt als eine der möglichen Antworten auf die Frage nach Gerechtigkeit. Während Gerechtigkeitsideen nicht unbedingt das Gleichheitsdenken befördern, sind politische Theorien zur Gleichheit mit emanzipatorischen Anliegen und entsprechenden sozialen und politischen Bewegungen verknüpft (vgl. ebd., 9). Daß dies in der Realität moderner Gesellschaften[133] der politischen Praxis oft zuwider läuft, beweisen komplexe »*Diskriminierungs- und Benachteiligungsstrukturen, Ein- und Ausschließungsprozesse, Unterordung und Überordnung: bestimmte gesellschaftliche Gruppen werden aufgrund askriptiver Merkmale, also Merkmale, die ihnen aufgrund von Äußerlichkeiten zugeschrieben werden, benachteiligt, beziehungsweise bevorzugt. Kurz gesagt: Differenz wird in unserer Gesellschaft zur Ungleichheit und zur Ungerechtigkeit«* (Sauer 1995, zit. n. Kreisky 1997, 1).

Ernst Blochs These, die, historisch betrachtet, zwischen *»Gerechtigkeit von oben«* und *»Gerechtigkeit von unten«* unterscheidet, läßt sich heute vor allem auf das Verständnis rechts-orientierter und neo-konservativer Kreise anwenden. Gerechtigkeit so Bloch, *»involviert keinerlei Bewegung von unten her«*, sie ist vielmehr als *»Geschenk von oben«* zu deuten; *»deutlich zeigt sie ein gönnerisches, ein patriarchales Wesen«* (Bloch 1985, 51). Der Autor spricht von einem *»patriarchalischen Habitus der Gerechtigkeit«* (ebd., 55) und akzentuiert dementsprechend ihren *»despotischen Charakter«* (ebd., 52). Gerechtes *»setzt eine Obrigkeit voraus, die spendet, und redet ihr ins Gewissen, unparteiisch zu sein«* (ebd., 53). Gerechtigkeit bleibt demnach *»zumindestens in den nichtrevolutionären Zeiten, (...) eine von oben«* (ebd., 52). Ohne revolutionäre Stoßrichtung sei sie fast ausschließlich eine *»patriarchalische Ideologie«* (ebd., 231).

Diesem Gerechtigkeitsverständnis stellt Bloch die *»aufräumende Gerechtigkeit«* sozialer und politischer Bewegungen, die *»Gerechtigkeit von unten«* (ebd., 227) gegenüber. Menschen- und Grundrechte, Sozialstaatlichkeit und eine weltumspannende Zusammenarbeit in Entwicklungsfragen wären *»ohne den Stoß der Gerechtigkeit von unten«* nicht installierbar gewesen (ebd., 231). Wie auch immer, von echtem basisdemokratischem Gleichheitsdenken ist bei der FPÖ keine Rede.

Die Karrieren und Barrieren

Karriereplanung und Karriereziele

»Karriere ist bisher so stark ein männliches Konzept, daß Frauen es schwer haben, dies zu übernehmen oder ein eigenes Karrierekonzept zu entwickeln. Die männliche Erfolgsideologie setzt Leistung an erste Stelle – weit vor anderen Lebensbereichen. Frauen scheuen sich, diese totale Ausrichtung auf den beruflichen Aufstieg mit dem Verzicht auf Freizeit und Zeit für Familie zu bezahlen« (Yvon-Prager 1997, 91).

Untersuchungen an weiblichen Führungkräften, sei es in der Politik oder im Beruf, zeigen, daß der Umgang mit Karriere für die meisten Frauen in Spitzenpositionen eine zwiespältige Angelegenheit darstellt. Frauke Schwarting bezeichnet den Einstieg von Frauen in die Politik als *»Rutschpartie«*, weil er selten geplant und manchmal fast zufällig passiert (Schwarting 1995, 41). Auch Claudia Bernardoni und Vera Werner fanden in ihrer Untersuchung bestätigt, daß auffallend viele Frauen, die es *»geschafft haben«*, ihren Aufstieg keineswegs zielstrebig geplant haben: *»Frauen verfügten zwar über genügend Ehrgeiz für eine Karriereplanung, sprachen aber trotzdem eher vom Zufall und glücklichen Umständen als von ihrer eigenen Initiative«* (Bernardoni/Werner 1987, 106). Auch Angelika Wetterer stieß bei ihrer Studie über das Selbstverständnis von Wissenschafterinnen auf die Argumentation einer *»Es-hat-sich-so-ergeben-Karriere«*, in der sich berufliche Erfolge scheinbar zufällig und ohne Ehrgeiz oder Durchsetzungsvermögen ergaben (Wetterer 1988, zit. n. Flaacke 1991, 137). Birgit Meyer kommt hingegen zu dem Schluß, daß Politikerinnen nicht in ihre politische Arbeit *»hineinschlittern«* oder *»hereingebeten«* werden, sondern den Weg in die Politik bewußt wählten und so in einflußreiche Positionen gelangten (Meyer 1994, 403).

Möglicherweise haben viele Frauen bloß Hemmungen, eine klare Zielorientiertheit zu formulieren. Denn die scheinbare Zufälligkeit der politischen Karriere findet sich in allen Interviews wieder. Die von mir befragten Politikerinnen stellen sich alle mehr oder weniger als *»Zufallsprodukte«* dar, und sie erweisen sich in bezug auf ihre Karriere keineswegs als zielgerichtet Handelnde. Der überwiegende Teil der Interviewpartnerinnen war vor dem Eintritt in die Partei nicht politisch aktiv, zumindest nicht parteipolitisch. Politisches Denken und Interesse schlummerten jedoch in den meisten – es mußte nur noch geweckt werden, wie es eine der beiden jungen Interviewpartnerinnen beschrieb, die von einem befreundeten Landesparteiobmann zur Mitarbeit aufgefordert wurde:

»Wenn man sowas macht, muß man letztendlich ein politisch interessierter Mensch sein, (...) aber ich (...) wär net auf die Idee gekommen zu sagen, ich will in die Politik (...). Ich bin ang'sprochen worden, ob ich im Gemeinderat (...) mitarbeiten möcht' (...). Also da war der Prozeß eher umgekehrt« (Interview 12).

Eine langjährige Hausfrau und jetzige Abgeordnete gibt sogar zu, sich vorher *»überhaupt nicht mit Politik beschäftigt«* zu haben. Als politisches *»Zufallsprodukt«* habe sie sich dann *»hineinwählen lassen«* (Interview 5). Beinahe *»ahnungslos«* stürzte sich eine andere Abgeordnete ins politische Geschehen (Interview 1).

Diese passive Zielorientiertheit scheint bei den befragten F-Politikerinnen stärker ausgeprägt zu sein, als bei weiblichen Führungskräften und Spitzenpolitikerinnen generell. Es manifestiert sich nicht nur am Aufgefordertwerden durch Männer, sondern auch an der Darstellung der Werdegänge. Die Antworten auf die Frage der Karriereplanung lauten:

Politik sei ihnen *»passiert«* (Interview 14), *»hat sich einfach ergeben«* (Interview 4) bzw. *»entwickelt«* (Interview 9). Zwei Politikerinnen behaupteten, in die Politik *»hineingewachsen«* zu sein (Interviews 6, 4), eine andere wiederum meinte, ohne ihr aktives Zutun bei den Freiheitlichen *»gelandet«* zu sein (Interview 11). Eine der beiden Kommunalpolitikerinnen sei in die Parteipolitik einfach *»hineingeraten«* bzw. *»hineingebeten«* worden (Interview 13).

Das Muster passiver Orientiertheit zieht sich bei jener Politikerin, die durch mehrere Männer zur Parteimitarbeit motiviert worden ist, durch ihren gesamten Karriereverlauf. Zu Beginn erzählt sie, *»da haben's mir dann schon immer wieder g'sagt: ›Da hams grad damals Frauen braucht‹«*, (Interview 7). Am Ende ihrer Karriere wird sie – genauso wie sie hineingekommen ist – durch Parteiobmänner aus ihrer politischen Spitzenfunktion geworfen. Aus Stolz und ihrer traditionellen Rolle als Frau entsprechend, zieht sie sich schweigend aus der Partei zurück, ohne sich dagegen zu wehren – schon gar nicht öffentlich:

»Das hätt' ich schon noch abwenden können, mit ähnlichen Strategien, durch in die Zeitung gehen. Was glauben Sie, wie mir die Journalisten die Türen eing'rennt haben, warum ich nicht mehr (Politikerin, M.R.) bin. Ich hab nie was g'sagt, ich hab immer g'meint: ›Ja, das war sicher nicht (...) die feine englische Art, und ich bin enttäuscht‹. Mehr hab ich nie g'sagt. Warum, weil ich der Partei net schaden wollt'. Das hat man wahrscheinlich auch gewußt, daß ich mich nicht rächen werde« (Interview 7).

Zur Passivität kommt oft Hilflosigkeit und Fremdbestimmtheit dazu. Ganz offensichtlich sind F-Politikerinnen innerparteilichen Rochaden ausgeliefert, und sie können nur wenig mitbestimmen, nicht einmal in welchen parlamentarischen Ausschüssen sie mitarbeiten möchten, vor allem dann nicht, wenn es sich um kein typisch frauenspezifisches Ressort handelt. Eine Politikerin erzählte, daß sie sich als Mitglied des Nationalrates neben dem Rechnungshofausschuß auch für den Landesverteidigungsausschuß interessiert und auch dafür gemeldet habe. Für Letzteres mußte sie sich nicht nur rechtfertigen, es wurde ihr auch nur halbherzig genehmigt, indem sie zuerst als Ersatzmitglied aufgenommen und nach einer kurzzeitigen Vollmitgliedschaft wieder in den Ersatz zurückgeschoben wurde.

»Sie haben gefragt, ›Warum‹? Ich hab gesagt, ›Erstens einmal, weil dort keine Frauen drinnen sind und zweitens, weil die jungen Soldaten und Wehrmänner ja auch Mütter haben und nicht nur Väter und ich vielleicht als Frau und Mutter a bißl eine andere Sicht hineinbringe als die Männer.‹

Naja, und dann durfte ich dann in den Ersatz, später war ich kurz Vollmitglied', und jetzt hab ich Platz gemacht« (Interview 5).

Die scheinbaren Zufälligkeiten finden sich beinahe in allen Erzählungen von FPÖ-Karrierfrauen wieder, auch wenn bei einigen unübersehbar ist, daß nicht alles *»rein zufällig«* passierte.

»Ich bin ganz durch Zufall in die Politik gekommen. Ich hab mir ang' schaut, wie sind die Vertretungen im Gemeinderat. Ich hab' gesehen, der is schwarz dominiert. Aber es hat auch Sozialisten gegeben, und dann bin ich selbst zu der Freiheitlichen Partei gegangen« (Interview 5).

Ein Widerspruch, der noch offensichtlicher wird, als sie erzählt, die Freiheitliche Partei ihrer Gemeinde auf *»Vordermann«* gebracht zu haben, indem sie Unterstützungsunterschriften für die Gemeinderatswahl gesammelt und sich anschließend selbst als Kandidatin aufgestellt habe. Die FPÖ in ihrer Gemeinde habe daraufhin auf Anhieb 12% der WählerInnenstimmen erzielt. Ab diesem Zeitpunkt habe sie sich sukzessive vom Landtag in den Nationalrat hinaufgearbeitet.

Auch jene Politikerin, die kurz vor ihrer Pensionierung steht und Anfang der siebziger Jahre aktiv in die Parteiarbeit eingestiegen ist, behauptet, ihre Karriere nicht bewußt angestrebt zu haben. Sie erzählt aber unmittelbar darauf, daß sie sich einer Kampfabstimmung gestellt habe und immer schon ehrgeizig gewesen sei und daß sie sich selbst und den Frauen beweisen habe wollen, daß es auch Frauen in der Politik schaffen könnten:

»Als '86 der Wechsel von Steger zu Haider war, (...) hat man nach neuen Kandidaten gesucht. (...) Man mußte sich den Gremien stellen, und da hab' ich mich gestellt, aber nie in der Erwartung, daß ich gewinnen würd', sondern nur, weil ich mir und den Frauen beweisen wollte, daß auch eine Frau einen solchen Weg gehen kann, wenn sie sich dieser ganzen (...) Prozedur unterzieht (...). Das wollt' ich mir beweisen. Aber ich habe keine Karriere angestrebt« (Interview 8).

Auch jene Befragte, die während ihrer Studienzeit beim RSF aktiv tätig war und mittlerweile ein hohes politisches Amt bei den Freiheitlichen bekleidet, bezeichnet sich als politisches *»Zufallsprodukt«*, eine *»Hängengebliebene«*:

»Nein, diese politische Karriere hab' ich sicher nicht geplant, sondern in diese bin ich irgendwie hineingewachsen. (...) Ich war in der Bundesgeschäftsführung, ich war im Parlamentsklub, ich hab das Auslandsreferat geleitet, ich hab' für die freiheitliche Akademie gearbeitet, ich hab' Seminare gemacht für Funktionäre, ich hab' viele unterschiedliche Bereiche ab-

gedeckt und ja, man lernt immer dazu (...) ich hab' noch lange nicht ausgelernt« (Interview 4).

An anderer Stelle gibt sie wieder zu, doch bewußte Karriereplanung betrieben zu haben:

»Irgendwann einmal kam der Punkt, da hab' ich mich gefragt, gehe ich zurück in meinen zivilen Beruf oder mache ich hauptberuflich weiter; und dann hab' ich mich (...) entschieden, dabei zu bleiben, weil's mich nach wie vor interessiert hat und es eine sehr herausfordernde Tätigkeit ist« (Interview 4).

Eine der Ex-FPÖlerinnen dürfte immer schon mit dem Gedanken gespielt haben, einmal in die Politik zu gehen, obwohl auch sie die Frage nach einer bewußten Karriereplanung verneint und meint, die Politik wäre ihr *»passiert«*. Auch sie hat auf die Aufforderung zur Parteimitarbeit gewartet, wie sie gleich zu Beginn des Interviews erzählt:

»Ich bin damals als Bundesrätin der freiheitlichen Partei das erste Mal politisch aktiv in Erscheinung getreten. (...) Das hat mich bewogen, ja zu sagen, wenn ich gefragt werde« (Interview 14).

Einerseits liebäugelte sie mit der Politik, andererseits fühlte sie sich noch nicht *»reif für die Politik«*. Dies hätte jedoch nichts mit der typisch weiblichen Zurückhaltung zu tun gehabt, meint sie:

»Es hing einfach damit zusammen, daß ich (...) nicht die Absicht hatte, Politikerin zu werden und nicht sicher war, ob ich das tun möchte. (...) Als ich dann gefragt wurde, geschah dies nicht so sehr deswegen, weil ich eine Frau bin, sondern aufgrund meiner beruflichen Erfahrung« (Interview 4). Der Rest ähnelt bei vielen einem Hochzeitszeremoniell: *»Dann hab' ich ja gesagt«*.

Nur eine der befragten Politikerinnen gibt dezitiert zu, ein höheres politisches Amt angestrebt zu haben. Eine der beiden jungen Politikerinnen weiß noch nicht, ob sie die politische Zukunft der FPÖ, beziehungsweise von Parteiobmann Haider als zukünftiger österreichischer Bundeskanzler, abwarten oder sich nicht doch lieber der Familienplanung widmen soll.

»Es ist eine schwierige Entscheidung, denn Politik ist faszinierend. (...) Aber es ist zumindest für eine gewisse Zeit ausgeschlossen, Politikerin zu bleiben, wenn ich Kinder haben will« (Interview 4).

Daß sich *»eine politische Karriere«* bei der FPÖ und *»Familie«* für Frauen nur schwer vereinbaren lassen, erschwert die Entscheidung, in der Politik zu bleiben. FPÖ-Politikerinnen hadern damit besonders:

»Ich bin jetzt 36, ich kann mir nicht mehr ewig Zeit lassen mit der Überlegung. (...) Es ist halt eine Frage, wie sich das mit meiner politischen Tätigkeit vereinbaren läßt, die ich in einem solchen Fall natürlich nicht mehr in dem Ausmaß ausüben könnte wie jetzt (...) und zum anderen bin ich der Meinung, daß ich mit der (...) Karriere, die ich erzielt habe, schon viel mehr erreicht habe, als ursprünglich angestrebt« (Interview 4).

Enttäuschung über ihre politische Laufbahn schwingt bei jener Abgeordneten mit, die die FPÖ mittlerweile 16 Jahre im Parlament vertritt. Sie meint, eine Position als Nationalratsabgeordnete könne man *»ja nicht unbedingt als Karriere«* bezeichnen, und für ihre tatsächlichen Karrierewünsche wäre es ohnedies zu spät:

»Früher, als ich noch jung war bzw. noch nicht so lange in der Partei, hätte mich so manches gereizt. Mein Traumberuf wäre immer gewesen, Bürgermeister von Wien zu werden (...), weil man gestalten kann. Aber jetzt strebe ich das nicht mehr an, nicht einmal mehr im Gedanken« (Interview 9).

Der Aufstieg in der Politik habe ihr und ihrem anfänglichen *»Superimage«* insgesamt eher geschadet. *»Ihr Name«* und *»ihr Ruf«* als bekannte Skandalaufdeckerin seien im Laufe ihres parteipolitischen Lebens sogar verloren gegangen. Heute fühlt sie sich von der Politik sogar *»besudelt«*:

»Ich hatte einen ungeheuren Bekanntheitsgrad und so ein Sauberkeitsimage, eine weiße Weste, die kaum ein Politiker hat. (...) Im Laufe der Zeit (...) verliert man das dann. Auch wenn Sie das Beste wollen, das Beste fordern, sind 50% oder 30% mit ihnen nicht einverstanden, und das Superimage wird aufgeweicht (...), das ist schon schmerzlich« (Interview 9).

Jene Abgeordnete, die als Newcomer bei der FPÖ *»gelandet«* ist, würde – wenn sie erleben würde, daß jemand in ihrer Familie darunter leidet – ihre Karriere jederzeit abbrechen.

»I' (....)hab' immer g'sagt, wenn eines meiner Kinder darunter leidet (...) würd' i' sofort mein Mandat (...) zur Verfügung stellen, denn meine Familie is' wichtiger. (...) Es könnt ja sein, daß (...) die Mutter schwer krank wird oder so, so daß man einfach zur Verfügung stehen muß. Daher hat für mich die Familie vor jeder anderen Karriere Vorrang« (Interview 11).

Traditionelle Rekrutierung und Quereinstieg

In der Regel ist in den Parteienstatuten der formale Ablauf der KandidatInnenaufstellung für öffentliche Wahlen verankert. Sie geben aber wenig Aufschluß darüber, nach welchen Kriterien KandidatInnen ausgewählt werden. Vielfach bleiben die Auswahlkriterien innerhalb der Parteien nämlich undurchschaubar, unkontrollierbar und den Machthabern in einer Partei vorbehalten. Informelle Auswahlkriterien, die von der politischen Kultur, *»alten Werten«* und neuen Bewegungen bestimmt sind, spielen bei Listenerstellungen oft eine wichtige Rolle. Die einzelnen Parteien gehen bei ihrer KanditatInnenauswahl unterschiedliche Wege (vgl. Pleischl 1996, 56 ff).

Die FPÖ legte in ihrem Bundesorganisationsstatut (FPÖ 1992, 40 ff) fest, daß für Wahlen die einfache Mehrheit der abgegebenen Stimmen notwendig ist. Wird diese im ersten Wahlgang nicht erreicht, ist ein zweiter Wahlgang erforderlich und nötigenfalls finden sogenannte engere Wahlen zwischen den Erstgereihten statt. Bei Stimmengleichheit in der engeren Wahl entscheidet die Stimme des/r Vorsitzenden. Bei einem dritten Wahlgang reicht die relative Mehrheit aus. Am FPÖ-Bundesparteitag im Jänner 1995 wurden eine Umstrukturierung der Partei geplant und eine neue Geschäftsordnung beschlossen. Ihr zufolge hat die Aufstellung der KandidatInnenlisten für Nationalratswahlen auf Wahlkonventen zu erfolgen (GO, 41-7). In einer Broschüre, »Bündnisbürger '98«, heißt es dazu: *»Mit den Wahlkonventen wird das Verfahren der Kandidatenauswahl in einem in Österreich nie gekannten Ausmaß demokratisiert. Die Parteimitglieder der Freiheitlichen und die Besitzer einer Aktiv-Karte werden an der Auffindung und Auswahl geeigneter Kandidaten beteiligt«* (FPÖ, o. J.). Die Wahlkreiskonvente wählen so viele WahlbewerberInnen wie im Wahlkreis Mandate zu vergeben sind, sie bestimmen ihre SpitzenkandidatInnen und wählen für je zehn ausgegebene Konventkarten eine Wahlperson. Die so gewählten Wahlpersonen stellen, zusammen mit den Delegierten des Landtages und des Bundestages, die Landeswahlkonvente und den Bundeswahlkonvent. Jede/r, die/der an einem Wahlkreiskonvent passiv wahlberechtigt war und als BewerberIn für ein Mandat aufgestellt wurde, besitzt das aktive Wahlrecht. Gewählt werden dabei die LandesspitzenkandidatInnen beziehungsweise die SpitzenkandidatIn. Diese formalen Strukturen, insbesondere die Wahlkonvente, konnten aufgrund der 1995 unerwarteten Nationalratswahl nicht benutzt und erprobt werden. Wie demokratisch das Auswahlverfahren bei KandidatInnenwahlen aufgrund der Reform bei den Freiheitlichen erfolgt, ist daher noch nicht zu beurteilen.

Erhebungen über KandidatInnenrekrutierung werden in Österreich üblicherweise bei den Großparteien durchgeführt. Wie die KandidatInnenauswahl bei der FPÖ erfolgt, wurde bislang kaum untersucht. Einen kleinen, aber doch aufschlußreichen Einblick bietet der Beitrag von Christian Gratzer, der am Beispiel der Landtagswahl in Niederösterreich 1993 die parteiinterne Listenerstellung in den Parteien FPÖ, GABL,

VGÖ und Liberales Forum unter die Lupe nahm (Gratzer 1993, 239-266). Während er bei der niederösterreichischen FPÖ-Bezirkslistenerstellung eine relativ demokratische Vorgangsweise[134] beobachten konnte, erfolgte die Listenplatzreihung für den Landtag nach *»vorsintflutlichen, diktatorischen, völlig uneinsichtigen Kriterien«* (Interviewzitat zit. n. Gratzer 1993, 248). Während sich die FPÖ in Niederösterreich bei der Erstellung der (für die FPÖ wohl eher unbedeutenden) Bezirksliste um Transparenz und Mitbestimmung bemühte, war bei der Landesliste nur ein kleiner Kreis von FPÖ-FunktionärInnen in den Entscheidungsprozeß eingebunden.

Für die Erstellung der Landesliste für die Freiheitlichen in Niederösterreich stellte Gratzer drei Auswahlkriterien fest: Das gute Verhältis zum Bundesparteiobmann Haider ist wichter als Qualität und Leistung. KandidatInnen aus dem nationalen Spektrum der FPÖ haben bessere Ausgangschancen als liberal gesinnte WahlbewerberInnen. Die territoriale Herkunft spielt eine wichtige Rolle. *»Startvorteile«* konnten sich jene erhoffen, die sich an der Cliquenbildung in der »tonangebenden« Landesparteizentrale in Mödling beteiligten.

Ein weiteres wesentliches Ergebnis von Gratzers Untersuchung ist, daß eine Kandidatur bei der FPÖ auch ohne vorhergegangene Parteikarriere möglich ist, vorausgesetzt, der/die KandidatIn ist mit den richtigen Personen in der Parteispitze befreundet. Dies bietet nicht nur Männern, sondern auch Frauen – wenngleich in einem geringeren Ausmaß – Chancen auf ein politisches Spitzenamt. Als Beispiel führt Gratzer die Karriere von Barbara Rosenkranz[135] an, die ohne offizielle Funktion innerhalb der FPÖ einen Spitzenplatz in der niederösterreichischen Landesregierung erhielt. Diesen *»sicheren Platz«* hätte sie nur durch die Freundschaft mit der FPÖ-Frauensprecherin Edith Haller erhalten, die den *»nötigen Druck ausgeübt«* habe, meint Gratzer (1993, 246). Wie dramatisch die FPÖ-Führung mit ihren Mitgliedern umgeht, zeigte sich insbesondere in Salzburg bei der spontanen Absetzung von 700 FunktionärInnen.

Christine Landfried, die sich auf eine repräsentative Umfrage in Deutschland stützt,[136] unterscheidet hinsichtlich der politischen Laufbahnen zwischen drei Karrieremustern: SpitzenpolitikerInnen treten (in den häufigsten Fällen) bereits sehr früh einer Partei bei, übernehmen jedoch erst nach einer Berufskarriere ein politisches Mandat oder Amt. PolitikerInnen verfolgen eine politische Standardkarriere mit einem sukzessiven Aufstieg von Partei- und Wahlämtern auf der kommunalen Ebene bis zur Erlangung eines Bundesmandates, ohne einen anderen

Beruf auszuüben. Dieses Muster ist charakteristisch für SpitzenpolitikerInnen. Männer und Frauen erlangen auch als *»Seiteneinsteiger«* Spitzenpositionen. (vgl. Landfried 1994, 213). Was die Häufung der drei Möglichkeiten anbelangt, so werden Spitzenpositionen einerseits nur selten von Personen eingenommen, die keine längere (partei)politischen Erfahrungen aufweisen – die also die sogenannte Ochsentour nicht hinter sich haben – und andererseits ist ein cross over aus privatberuflichen in politische Spitzenpositionen eher selten.

Diese Rekrutierungsmuster sind weitgehend auf männliche Biographien zugeschnitten. Demgegenüber weisen die Karriereverläufe der hier befragten Politikerinnen auffallend viele *»Quereinstiege«* auf. Sechs von vierzehn Befragten bezeichnen sich selbst als politische *»Quereinsteigerinnen«*. Dabei handelt es sich also um Politikerinnen, die das Politikhandwerk bei der Übernahme einer Spitzenposition erst erlernen mußten. Bei den anderen sechs Spitzenpolitikerinnen[137] treffen die Karrieremuster auf Landfrieds Typ eins oder zwei zu, auch wenn sie nicht alle so glatt gestrickt sind. Der Zeitraum zwischen Parteibeitritt und Übernahme eines politischen Mandats liegt bei allen Frauen eng beisammen, auch bei jenen drei Politikerinnen, die erst nach einer beruflichen Karriere ein politisches Amt übernommen haben.

Wie sich an den Untersuchungsergebnissen zeigt, erfolgte die Rekrutierung vieler weiblicher FPÖ-Spitzenpolitikerinnen über Quereinstieg. Ihr Spitzenmandat erhielten sie entweder über eine Gemeinde-, Landes-, oder Bundeswahlliste. Da über das neue Phänomen des *»Quereinsteigers«* in die Politik kaum Forschung existiert, möchte ich meine Kriterien kurz zusammenfassen.

Dem Typus *»Quereinsteigerin«* werden in dieser Untersuchung jene zugeordnet, die sich selbst als *»Neulinge«* bezeichnen und die vor ihrem Spitzenmandat entweder keine politische Funktion (Interview 10) ausübten oder nur kurzzeitig auf Landes- (Interviews 12, 3) oder Gemeindeebene (Interviews 1, 5, 11) eine Funktion innehatten. Daß bei den Rekrutierungen der *»Quereinsteigerinnen«* der Freiheitlichenchef und seine Parteikollegen eine wesentliche Rolle spielen, stellt ein weiteres Kriterium dar. Wie Frauen bei der FPÖ politische Funktionen erhalten, wissen wir bereits: *»Da ist die Fraktion an mich herangetreten (...): ›Du, ich könnt' mir vorstellen, daß du in den Nationalrat kommst. Wir brauchen einmal eine Vertretung im Nationalrat wieder‹. Wir hatten einen sehr kranken (...) Nationalratsabgeordneten (...) und dadurch war die Stadt (...) nicht mehr so vertreten (...).* (Interview 11).

Wie rasch man in der FPÖ eine Spitzenposition erlangt, erzählt eine der beiden jungen Politikerinnen: *»Ich war vorher weder bei einer Partei, noch in der Politik tätig und bin dann in den Gemeinderat und in den Landtag gekommen, bei der Landtagswahl 1994 (...), und dann bin ich (...) durch die Europawahlen nach Brüssel (...) gewechselt«* (Interview 12).

»Blitzkarrieren« sind in der FPÖ offenbar möglich – auch für Frauen. Daß PolitikerInnen mit oder ohne ihr Wissen rasch wieder aus ihrem Amt enthoben werden können, ist die Kehrseite dieser Medaille.

Die Krise des Parteienstaates zeigt sich auch in der Elitenrekrutierung. Sie spiegelt die Unzufriedenheit mit dem Berufspolitikern wider. Traditionelle Parteiformen befinden sich aus verschiedenden Gründen in Veränderung. Die heutige Politik scheint jedensfalls ohne unkonventionelle KandidatInnen nicht mehr auszukommen. Ein traditioneller Berufspolitiker, der laut Max Weber *für* die Politik und *von* der Politik lebt[138], unterscheidet sich von einem politischen *»Quereinsteiger«* insofern, als er eine lange politische Karrierelaufbahn – von der Basis zur Spitze – vorweisen kann. Es handelt sich dabei um jemanden, der/die *»jahrelang (...) für die Partei gearbeitet, Beiträge bezahlt, Sitzungen besucht, Informationsstände betreut hat«* (Presse v. 18.01.1997). Das Erlernen politischer Grundkenntnisse geht mit der politischen Laufbahn einher.

»QuereinsteigerInnen« übernehmen hingegen ein politisches Amt meist ohne politische Vorerfahrungen. Sie haben sich in der Regel (zumindest nicht beim Mandatsantritt) weder der Mühseligkeit politischer Versammlungs- und Basisrituale unterzogen, noch den innerparteilichen Zerwürfnissen und Intrigen ausgesetzt. Ein Vorteil, der sich ab dem Amtsantritt jedoch zu einem Nachteil entwickeln kann, denn Newcomer verfügen zumeist kaum über innerorganisatorische Kontakte und Verbindungen.

Wie wichtig innerparteiliche Kontakte sind, stellt sich seit dem Aufkommen dieses neuen Trends immer wieder heraus. Während FunktionärInnen mit langer Erfahrung über zahlreiche Basiskontakte verfügen und somit weniger leicht austauschbar und ersetzbar sind, kennen die sogenannten QuereinsteigerInnen in der Regel meist nur ihre Parteispitzenfunktionäre. Und das ist oft zu wenig. Innerparteilich stellen Newcomer ein *»Affront gegen die Parteibasis«* (Presse v. 18.01.1997) dar, vor allem dann, wenn die vergebenen Mandate tendenziell abnehmen. Wie die BasisfunktionärInnen mit den Neulingen auskommen, ist bislang unerforscht. Daß es zu Friktionen kommt, erfährt man nur hinter vorgehaltener Hand. Tatsache ist, daß durch die QuereinsteigerInnen ein anderer Typus von PolitikerIn in die Partei kommt, als es die traditionellen ParteifunktionärInnen sind. Daraus ergibt sich ein Paradoxon: Arbeiten sie nicht wie FunktionärInnen, werden sie ihre neue Position schnell wieder verlieren, obgleich sie in dieses Amt nur gekommen sind, weil sie nicht wie FunktionärInnen arbeiten.

Warum sich Parteien so sehr um die neuen PolitikerInnenfiguren bemühen, dazu gibt es mehrere Annahmen. Die wichtigste: QuereinsteigerInnen sollen das sinkende Schiff *»Politik«* retten. Die QuereinsteigerInnen sind die Reaktion auf die allgemeine Politikverdrossenheit, um den WählerInnenanteil zu steigern. Ob mit QuereinsteigerInnen tatsächlich die Politikverdrossenheit aufzufangen ist, beziehungsweise mehr politisches Interesse erzeugt werden kann, ist mehr als fraglich. Allzuoft werden nämlich keine langfristigen Politikkonzepte entworfen, sondern vor der Wahl nur kurzfristig Stimmen geholt. Wie auch immer, substantielle Wahlerfolge scheinen heute nur noch jenseits traditioneller Formen von Politik möglich zu sein. Dieser Methode der *»unkonventionellen«* Politik bedienen sich mittlerweile alle österreichischen Parteien, vor allem jedoch die Freiheitlichen.

Der Preis, QuereinsteigerIn zu sein, ist hoch, denn mit seinem/ihrem *»Amtsantritt sinkt der politische Marktwert (...) sukzessive (...). Niemand verfällt so rasch wie ein Quereinsteiger. Es ist also ein spätes Verschleißprodukt der repräsentativen Demokratie, eine begrenzte Frischzellenkur des Parlamentarismus. Sein Stimmungs- und somit Stimmenplus ist schnell verbraucht«* (Presse v. 18.01.1997).

Das politische Handwerkszeug

Welchen PolitikerInnentypus verkörpern die Newcomers? Vor allem *»bildgerechte Politiker«* (Kreisky, 1996/97, 5) und Politikerinnen. Es sind nämlich oft bekannte Prominente, die uns durch die Medien bekannt sind. Gefragt sind heute *»Skirennläufer und Fernsehmoderatoren, Blaublütler und Popstars, Burgschauspieler und Bergsteiger«* (Presse v. 18.01.1997). Sie müssen nur eine Voraussetzung mitbringen: *»regelmäßig in Television und Rundfunk, Zeitung und Magazin aufgeführt werden«* (ebd., 1997). Auch Eva Kreisky meint, daß die *»Bildgerechtheit von Politikern (...) zur beinahe wichtigsten Befähigung«* der Gegenwart gehört. *»Die Macht der Bilder hat in der durchmedialisierten Welt so an Bedeutung zugelegt, daß nun auch (männliche) Politik immer mehr danach giert, ins Bild zu kommen: Verbilderung von Politik bezeichnet einen laufenden Trend herrschender Politik«* (Kreisky 1996/97, 5).

»Wobei die Ab- und Aufrechnung der Bildgerechtheit bei Frauen in der Politik meist noch viel rigider und strenger erfolgt. Die Latte der Bildgerechtheit wird für Frauen zumeist höher aufgelegt als für Männer« (ebd., 5).

Wie erleben Frauen, die als Quereinsteigerinnen in die Partei gekommen sind, ihre neue Position? Alle befragten Politikerinnen bewerten ihre Rekrutierung insgesamt als etwas Positives. Insbesondere die sechs Quereinsteigerinnen sehen darin nicht nur einen persönlichen Gewinn, sondern auch eine generelle Bereicherung für die Partei und die Politik im allgemeinen. Newcomers brächten »frischen Wind«, eine *»grössere Vielfalt«* in der Politik und eine *»gewisse Unverbrauchtheit«* mit sich:

»Wenn sich jemand (...) parteiintern ›hochdienen‹ mußte, so ist der innerlich durch Rückschläge (...) frustriert, durch persönliche Hick-Hacks, (...) und (...) in diversen Dingen vielleicht schon verbraucht. (...) Quereinsteiger (...) sehen oft Dinge aus einem anderen Blickwinkel. Die Betriebsblindheit in der Politik, diese Abgehobenheit, wo man nichts mehr weiß, die fehlt. Ich sag' ja oft, wenn ich heim komm: ›Gott sei dank, hab' i' mei G'schäft‹. Wenn i' drei Tag im Parlament sitz' – da laufen die Debatten (...), dann zur nächsten Sitzung, dann zur nächsten, der nächsten Organisation, dann ein Treffen mit der Parteileitung – krieg' ich nicht viel mit von draussen, er (der Altgediente, M.R.) verkehrt nur mehr mit seinesgleichen – er sieht nicht mehr viel (...) von einem ›normalen Menschen‹« (Interview 11).

Vehementen Quotengegnerinnen, wie die FPÖ-Politikerinnen es sind,[139] kommt diese Entwicklung sehr gelegen. Daß *»Blitzkarrieren«* oft auf unsicheren Beinen stehen und ein sehr rasches Ende nehmen können, reflektierten sie für sich selbst jedoch so gut wie nie.

Auf die Frage, wie man als Parlamentarierin sein politisches Handwerk erlernt, bleiben Schwierigkeiten ausgeblendet, denn politische Fertigkeiten werden selbstverständlich vorausgesetzt. Formale Hilfestellungen existieren nicht, und im Prinzip ist der Weg ins Parlament ein *»Sprung ins kalte Wasser«*:

»I' hob schnell lernen müssen, (...) ohne eine Rednerschulung oder Programmschulung, sondern zack und schwimm. Und dann schwimmt ma. (...) Wie dies vor sich geht: Indem man Leute anschaut; der oder die macht des guat, aha, daß ma sich des a bißl abschaut und viel fragt. Man muß fragen, Augen und Ohren offen halten, und dann bekommt man des richtige Rüstzeug mit. Von den sogenannten alten Hasen hob i a paar unheimlich gute Tips kriegt. (...) Ich gib's a weiter, wann wer kommt. Des war sehr kollegial, muß i sogen« (Interview 3).

Politisches Spezialwissen mitzubringen, ist bei den Freiheitlichen keine Voraussetzung, denn *»man lernt es, indem man es tut. Politik ist das Leben an sich. Man kommt, man sieht die anderen Kollegen, man kommt in den Klub, und man macht seine Arbeit als Politiker«*, erklärt die *»klassische Quereinsteigerin«* (Interview 10). *»Grundgespür«* und ein *»politischer Instinkt«* würden ausreichen:

»Des kannst net lernen (...) wie für jeden Beruf. Es gibt Lehrer, die sind aus Berufung Lehrer geworden. (...) Und dann gibt's welche, die sind schon seit 40 Jahr' Lehrer, die hätten am besten nie Lehrer werden sollen. Genau so is' es in der Politik. Es gibt Politiker, die einen gewissen politischen Instinkt haben, und die anderen ham ihn net. Des kann ma net lernen« (Interview 11).

Der erste Tag im Parlament?

»Wir waren 18 neue Abgeordnete 1994, die neu ins Parlament kommen sind. Ich bin mir so vorkommen wie am ersten Schultag im Gymnasium. Großes Haus, viel neue Leute, es schaut so irrsinnig ›gscheit‹ aus (...) und im Grund kennst di' eigentlich noch net aus. Weißt net, was kommt auf dich zu, des is a Einarbeitungsphase, aber die gibt's überall. Man ist danach schon ganz stolz, wenn man das bewältigt hat. Es gibt Handbücher des Parlamentarismus, du kannst des alles nachlesen, aber das is alles Theorie« (Interview 11).[140]

Aufwendige Einschulungsarbeit fehlt, man scheint sich vielmehr mit auffälliger Präsentationsarbeit zu beschäftigen.

Die Konflikte in der Partei

Auf die Frage nach aufgekommenen Interessens- oder Gewissenskonflikten, reagierten einige der befragten Politikerinnen unsicher und ausweichend. Über parteiinterne Konflikte sprachen sie meist nur kurz, so als wäre ihnen diese Thematik unangenehm. Einige betonten zwar, daß sie bei den Freiheitlichen *»immer und über alles reden«* oder *»diskutieren«* (Interviews 4, 3, 5) könnten, doch konnten oder wollten sie keine Beispiele dafür nennen.

Bei zwei der Interviewpartnerinnen führten die innerparteilichen Konflikte zum endgültigen Parteiaustritt. Eine der beiden Dissidentinnen gibt an, sie wäre auch dann aus der Partei ausgetreten, wenn es nicht zur Gründung einer neuen Partei gekommen wäre. Ihr Engagement habe immer schon *»Minderheiten, Frauen und ausgeschlossenen Menschen im sozialen Bereich«* gegolten, daher habe sie das Ausländervolksbegehren weder unterschreiben noch mittragen können. Die Konflikte in und mit der FPÖ resümiert auch sie mit einem knappen Kommentar: »*Was ich da alles mitgemacht habe, parteiintern!!!*«. Näher wollte sie darauf nicht eingehen.

Jene FPÖ-Spitzenpolitikerin, die gemeinsam mit liberal gesinnten Freunden aus dem RFS der freiheitlichen Partei beigetreten ist, aber letztlich an ihren Durchsetzungsbestrebungen gescheitert ist, schildert ihren Schritt aus der Partei wie folgt:

»*Wenn ich an den Austritt denke (...), so kann ich selbst nicht beurteilen, (...) ob's ein Mann auch so g'macht hätte. Aber das häufigste Argument dazu war, (...) daß es angeblich typisch für eine Frau sei, (...) tiefgreifendere Konsequenzen zu ziehen, als ein Mann. (...) Es erscheint mir nicht unlogisch, aber ich tue mir schwer damit, das geschlechtsspezifisch zuzuordnen. Es kann sein, ich kann das nicht beurteilen*« (Interview 14).

Im Gegensatz zu ihrer Kollegin, die ihren Austritt aus der FPÖ ohne Medienaufmerksamkeit vollzog – »*ich bin nicht an die Öffentlichkeit (gegangen), (...) das würd ich auch nie tun, denn wenn man irgendwo dabei ist – so ist meine Meinung – soll man sich das intern ausmachen, nicht in der Öffentlichkeit*« (Interview 8) – ging sie ihren Worten zufolge gestärkt aus diesem Konflikt heraus. Vor allem Frauen begrüßten ihren selbstbewußten Schritt:

»*Ich bin in dieser Zeit sehr oft auf der Straße angesprochen worden, das wird man als Politikerin und Politiker sowieso – aber (...) es war ein so hoher Prozentsatz an Frauen dabei (...) und da hab ich schon gesehen, daß ich unglaublich viel an Emotion bei Frauen geweckt habe*« (Interview 12).

Die derzeit aktiven Politikerinnen der FPÖ erweisen sich im allgemeinen als loyale Parteigängerinnen. Konflikte, so meint der Großteil, gäbe es überall, aber in ihrer Partei bestehe immerhin die Möglichkeit, Probleme auszudiskutieren. Und »*wenn das nicht der Fall ist, dann möcht' ich nicht mehr in der Partei sein*«, macht eine der beiden Kommunalpolitikerinnen deutlich (Interview 13). Ansonsten versuche sie, einen parteikonformen Mittelweg einzuschlagen, ohne allzuviel anzuecken. Diese Strategie wird auch aus der Schilderung einer langjährigen Spitzenpolitikerin ersichtlich:

»*Es ist eine Herausforderung zu versuchen, jemanden von seiner eigenen Position zu überzeugen, bzw. mit seinen Argumenten durchzukommen, sodaß letztlich ein Kompromiß herauskommt, der tragbar ist. (...) Und das Gefühl hab' ich, daß ich was tun kann, ohne daß ich irgendwelche Sanktionen befürchten müßte*« (Interview 4).

Zwei Politikerinnen berichten dezitiert von Konflikten, die sie jedoch schnell wieder bereinigt und die auf keinen Fall negative Konsequenzen mit sich gebracht hätten. Für die befragte Bundesrätin und sozial engagierte Frau löste die von ihrer Partei lancierte Ausländerdebatte innere Gewissenskonflikte aus. Dabei stellte sich aber rasch heraus, daß es ihr eher um *»unkonkrete«* Formulierungen so mancher Punkte gegangen war, als um die ausländerfeindliche Grundhaltung der FPÖ. Ihre anfänglichen Zweifel wurden so rasch beiseite geräumt. Ihre Ansichten erweisen sich bald als parteikonform, denn es zeigt sich, daß ihre Sorge in erster Linie österreichischen Kindern gilt:

»I' hob gekämpft für an Punkt des Volksbegehrens: Kinder, die (...) der deutschen Sprache nicht mächtig sind, sollten, bevor sie in eine Klasse kommen, Deutsch lernen. (...) Ich empfinde es als wenig sozial, wenn Kinder, i' sag jetzt, mit 10 Jahren kommen und in eine Klasse reingsteckt werden (...) ganz gleich, ob sie die Sprache können oder nicht. (...) Wenn wir sagen, uns sind die Menschen, die da leben, wichtig, dann muß i' denen die gleichen Chancen geben, denn es is für mich ka Chancengleichheit, wenn einer in der Klasse drinnensitzt und einen Lehrstoff vermittelt kriagt, obwohl er nicht einmal der Sprache mächtig is'. (...) Des Eigentliche is' irgendwo in dem Ganzen untergangen. I hob ma dann aber gedacht, daß es doch richtig ist, daß ma so Themen andiskutiert« (Interview 2).

Als anläßlich dieses Volksbegehrens 1993 von der Organisation SOS-Mitmensch eine Gegendemonstration (als »Lichtermeer« bekannt) veranstaltet wurde, nahm diese Politikerin an dieser Veranstaltung teil. Ein Streitgespräch mit einem Demonstranten bestärkte sie jedoch in ihrer FPÖ-Loyalität.

Eine andere Politikerin erlebte unmittelbar nach ihrem Einzug in den Nationalrat einen Loyalitätskonflikt mit der Partei. Zu ihrer Überraschung stellte sie jedoch fest, daß ihr Votum gegen die Parteilinie keine negativen Auswirkungen mit sich brachte, auch beim zweiten Mal, als es um den EU-Beitritt ging.

»Es is' damals um die Überflugsgenehmigung gegangen, während des Irak-Krieges, als die Linie der Partei ein Ja war, und i' aber der Meinung war, daß ein Nein des Richtige ist. Und dann hat's noch eine längere Klubsitzung gegeben, da hat ein jeder seine Meinung gesagt, und i' war eben für Nein. Damals war der Klubobmann (...) darüber nicht sehr erbaut. Und i' bin a bißl unter Druck gesetzt worden, von ihm, ober a von Kollegen. Aber ich bin dabei geblieben. Ich war damals eine noch recht junge Abgeordnete (...) und i' hab mir gedacht, jetzt bin i' neugierig, was jetzt

passiert. Aber es is überhaupt nix passiert. (...) I' hob öfters schon anders abgstimmt als die Fraktion. Ich muß es dann a aushalten, aber (...) ich bin jedesmal gestärkt hervorgangen« (Interview 3).

»I' kann net was mittragen, von dem ich einfoch anderer Meinung bin. Und ich muß sagen, es wird auch wirklich toleriert«, fährt diese Gesprächspartnerin fort. Vor allem, wenn es um echte Gewissenskonflikte gehe, würden Gegenabstimmungen von der Parteispitze akzeptiert. Dies bestätigen auch ihre Parteikolleginnen. In diesem Zusammenhang wird von mehreren die Homosexuellen-Debatte[141] erwähnt, während der ein männlicher Abgeordneter aus Gewissensgründen gegen die Parteilinie gestimmt habe.

Für die Möglichkeit freier Meinungsäußerung würden die Freiheitlichen von anderen Parteien oft beneidet, *»überhaupt von der angrenzend an uns sitzenden ÖVP«*, heißt es in einem Interview. Wie wirksam der Klubzwang innerhalb der FPÖ im Vergleich zu den anderen tatsächlich ist, kann ich nicht beurteilen. Tatsache ist jedoch, daß Konflikte im allgemeinen, vor allem jene mit der Parteispitze, karriereentscheidend sind. Dessen dürften sich die Parteifrauen bewußt sein, denn ihre Interessenskonflikte münden letzlich alle in systemkonformes Verhalten. Außerdem sind sich alle einig, daß die Parteiinteressen den persönlichen Interessen vorgingen, ähnlich wie in einer Firma:

»Wenn ich heute (...) als Mandatsträger gewisse Entscheidungen zu treffen hab', dann muß ich meine persönlichen Interessen hintanstellen, (...) da gibt's für mich keinen Konflikt« (Interview 1).

»Trotzdem find ich, (...) daß es schon von Vorteil ist, wenn man innerhalb eines Klubs zu einer einhelligen Meinung kommt, außer (...), es geht um Gewissensfragen« (Interview 10).

Zu negativen Konsequenzen kann es aber auch kommen, wenn die Sympathiewerte und die Unterstützung seitens der Landesorganisation oder der Basis verloren gehen – und das trotz Treue und Loyalität zur Partei. Eine der Befragten lag nach eigener Aussage permanent im »Clinch« mit dem Landesobmann. Nach zehnjähriger Parlamentstätigkeit verlor sie über Nacht ihr Nationalratsmandat.

»Ich hab' (...) alle Hochs und Tiefs mitgemacht, und ich hab' immer zum Haider gehalten, in sehr vielen brenzligen Situationen. Das hat er auch immer ganz genau gewußt« (Interview 7).

Es kam zum Karriereknick, der ihr bis heute schwer zu schaffen macht. Sie trug diesen Konflikt aus Loyalität zur Partei jedoch nicht über die Medien aus. Daß Konflikte von fast allen befragten Frauen ausschließlich parteiintern ausgetragen werden, ist eine deutliche Gemeinsamkeit.

»Ich (...) mein, des fänd' i' unfair. Wenn ich in der Familie Streit hab', dann geh ich ja nicht auf die Straße und plärr' des hinaus, sondern versuch', des innerhalb der Familie auszutragen. Genauso find' ich, ein Problem muß man erst einmal intern diskutieren« (Interview 13).

Überhaupt agieren Frauen in der FPÖ offenbar lieber im Hintergrund:

»Ich hab' (...) von meiner Persönlichkeitsstruktur her lieber im Hintergrund gearbeitet, nicht aus falscher Bescheidenheit, sondern weil's mir mehr entspricht. Ich bin nicht so ein Hoppla-jetzt-komm-ich-Typ, und es dient auch nicht meiner persönlichen Befriedigung, wenn ich oft in der Zeitung steh'« (Interview 4).

»Von der Veranlagung her (...) sind die Frauen wahrscheinlich viel mehr gewohnt zu überlegen, ist das jetzt gut und wenn ja, wie kann ich das umsetzen. Und die anderen (gemeint sind hier die Männer, M.R.) sagen, das ist schlecht, da machen wir eine Presseaussendung, da gehen wir in die Zeitung, da such' ma uns Journalisten, das prangern wir jetzt an« (Interview 13).

All die beschriebenen Beispiele lassen meines Erachtens den Schluß zu, daß innerparteiliche Konflikte von den Politikerinnen aus Parteiloyalität kompromißbereit und systemkonform ausgetragen wurden. Das Austragen von Konflikten, seien es persönliche oder parteiliche, fand stets unter Ausschluß der Medien statt. Die Trennung in Privatheit und Öffentlichkeit zeigt außerdem, daß die Politikerinnen die traditionelle Gesellschaftsordnung unverändert beibehalten wollen. Persönliche Interessen werden, darin besteht Konsens, zugunsten der Partei zurückgestellt. Erweisen sich Politikerinnen als illoyal gegenüber der Parteispitze, so können sie mit besonders negativen Auswirkungen rechnen. Aber auch fehlende Hausmacht und mangelnde innerparteiliche Unterstützung können karriereschädigend wirken. Über die Konflikte und Karriereverläufe entscheiden nicht die Frauen, sondern ihre Parteikollegen.

Karriere versus Familie

Eine politisch aktive Frau steckt meist in einem Dilemma: Nimmt sie ihre Familie weiterhin wichtig, wird die Ernsthaftigkeit ihres politischen Engagements angezweifelt. Gibt sie der Politik den Vorrang, so *»fällt sie unter das vernichtende Verdikt, ihre Familie sträflich zu vernachlässigen«* (Hoecker 1987, 144). Politik und Privatleben miteinander zu vereinbaren, verlangt Frauen oft große psychische und physische Anstrengung ab. Ehen scheitern, wenn der Ehemann die Karriere seiner Frau nicht unterstützt. Mit Kindern wird es oft noch komplizierter. Politikerinnen bleiben meist nur zwei Möglichkeiten: Entweder sie lassen die Karrierechancen vorüberziehen und warten auf einen späteren, für die Vereinbarkeit von Politik und Familie günstigeren Zeitpunkt – mit dem Risiko, daß keine Chance mehr kommt. Oder aber sie verfolgen ihre Karriere zielstrebig, indem sie familiäre Aufgaben an Hausangestellte oder Angehörige delegieren – mit dem Risiko, sich von der Familie zu entfremden.

In den Interviews nahm das Spannungsfeld Privatleben – Politik keinen breiten Raum ein. Nur eine Interviewpartnerin kam von sich aus auf die Belastung zu sprechen, die die Doppelverpflichtung der Frauen bereitet. Die anderen vermittelten anfangs den Eindruck, als würden sie keine Probleme damit haben. Reproduktionsarbeit und Hausarbeit zu leisten, wurde als selbstverständlich dargestellt. Fast alle starteten ihre politische Karriere zu einem Zeitpunkt, als die Kinder bereits erwachsen oder zumindest in einem selbständigen Alter waren. Häusliche und kindererzieherische Unterstützung durch die Ehemänner bekam kaum eine.

Bei vier Politikerinnen sprangen zeitweilig die Mütter für die Betreuung der Kinder ein, vor allem bei den Abendterminen oder während der Sitzungen. So auch bei jener Bundesrätin, die alleinerziehende Mutter eines Buben ist. Eine Abgeordnete, geschieden, bezahlt eine Kinderfrau für die Aufsicht ihres Sohnes, der zehn Jahre alt war, als sie erstmals für die Freiheitlichen kandidierte. Die beiden jungen Politikerinnen, noch kinderlos, fühlen sich, so erzählen sie, von ihren Lebens- oder Ehepartnern unterstützt (Interviews 12, 4). Sie hätten ausreichend Verständnis für das zeitliche Ausmaß politischer Arbeit, da sie ebenfalls Politiker seien oder waren.

»Ich persönlich habe das Glück, daß ich mit einem Mann verheiratet bin, der selbst in der Politik war; der großes Verständnis dafür hat und auch weiß, (...) wie die Anforderungen sind. Es ist aber (...) für Frauen besonders schwierig, die Kinder haben« (Interview 4). Die Wochenenden versucht sie, *»soweit es möglich ist, politikfrei zu halten«*. Wenn sie aber an ihre Familienpläne denkt, gerät sie in jenes Dilemma, das politisch aktive Frauen oft erleben. Sie wünscht sich zwar Kinder, aber ihre politische Karriere aufzugeben, kann sich diese Politikerin, für die Politik mittlerweile zur Faszination geworden ist, nicht mehr vorstellen. Gleichzeitig läßt sich die Verbindung von Familie und politischer Karriere auch

für sie nicht herstellen. So beneidet sie zwar ihre männlichen Kollegen, die weder das Problem der Entscheidung zwischen Karriere oder Familie kennen, noch die Mehrfachbelastungen, die Frauen auf sich nehmen müssen, wenn sie in die Politik gehen, an eine Änderung der Rollenverteilung denkt sie jedoch nicht.

»Die Männer gehen nach Hause, sie machen den Kasten auf und da hängen die gewaschenen und gebügelten Hemden drinnen und die Kleider sind aus der Putzerei geholt und der Kühlschrank ist voll. Ich bring's jetzt wirklich auf den Punkt, auch wenn es lächerlich klingt, aber die kleinen täglichen Dinge des Lebens sind auch die, die einem alles sehr viel schwerer machen (...) Das ist für Männer vielfach leichter, die das ihrer Frau übergeben und die ihre Dinge dann erledigt wieder zurückkriegen. (...) Aber wenn sie jemanden haben, der das freiwillig und gerne für sie macht, ist es auch schön« (Interview 4).

Bei jener Politikerin, die erzwungenermaßen nach über zehn Jahren ihre Spitzenfunktion im Nationalrat zurücklegen mußte, half anfangs die Mutter mit. Die Streichung aus der Nationalratsliste bedauert sie zwar, weil sie die politische Arbeit als *»unheimlich interessant«* erlebt hat, aber im nachhinein ist sie stolz, daß sie den schwierigen Spagat zwischen Politik und Familie *»überlebt«* hat und die Harmonie in der Familie trotz massiver Belastungen erhalten geblieben ist. Als Politikerin hat sie oft ihre weiblichen Kolleginnen beneidet, die geschieden oder alleinstehend waren, denn *»die haben einfach viel mehr Spielraum g'habt als ich«* (Interview 7). Rückblickend stellt sie fest, daß Politik und Familie kaum vereinbar sind.

Als Mutter von drei Söhnen, erzählt sie, habe ihre Arbeit im Parlament zu einem Zeitpunkt begonnen, als ihr Jüngster zehn Jahre alt war. Für ihren Mann und für die ganze Familie sei es ein *»Schock«* gewesen, als sie für den Nationalrat kandidiert habe. Ihr Mann habe damals gesagt: *»Bist du wahnsinnig, du kannst dich doch net aufstellen lassen, du kannst doch net in den Nationalrat mit den Kindern«*. Sie entschloß sich dennoch für die Politik, aus folgenden Überlegungen:

»Ich habe mir gedacht, die Chance kriegst du nur einmal. Ich habe mir von Anfang an gesagt, zuerst die Familie und dann die Politik, und wenn's nicht geht mit der Familie, dann steig' ich wieder aus, aber ich möcht' mir das einmal anschauen – (...) ich war damals schon 20 Jahre Lehrerin und war irgendwo (...) froh, daß einmal etwas anderes kommt. Aber ich habe mich recht schwer durchg'setzt, daheim« (Interview 7).

Der Preis, in die Politik zu gehen, war für diese Politikerin sehr hoch. Durch die berufliche Position eines Gerichtspräsidenten und die Weigerung, sich für die Organisation des gemeinsamen Lebens verantwortlich zu zeigen, war der Ehemann offensichtlich eine deutliche Behinderung für die politische Arbeit der Abgeordneten. Während ihrer politischen Laufbahn mußte sie zudem auf die berufliche Stellung ihres Mannes Rücksicht nehmen, und sie durfte sich keinerlei mediale Skandale leisten:

»Für ihn war's immer eine irrsinnige Belastung und dadurch auch eine Belastung der Ehe (lacht), muß ich schon sagen. Aber ich möcht's net missen, für mich war's unheimlich interessant« (Interview 7).

Kinder, Ehe, Partnerschaft und Familie mit politischen Engagement zu vereinen, ist – obwohl das jedoch meist nicht zugegeben wird – sowohl für junge Politikerinnen ohne Kinder, als auch für politisch tätige Mütter eine Herausforderung, die oft als individuelles Problem dargestellt wird. Die meisten der befragten Frauen nehmen die Doppel- und Mehrfachbelastung daher »schicksalhaft« in Kauf, und sie nehmen die Reduktion ihrer menschlichen Beziehungen in Ehe und Freundeskreises ergeben hin. Die Bewältigung des Alltagslebens stellt für Politikerinnen eine zusätzliche Hürde dar. Auch wenn sich viele, vor allem die älteren Politikerinnen, mehr Unterstützung und Hilfe von ihren Ehepartnern wünschen würden, fordern sie keine reale Änderung der Aufteilung ihrer Aufgaben.

WELCHE FRAUENPOLITIK?

Weiblichkeit versus Feminismus

Auf die Frage, welche Eigenschaften und Fähigkeiten sie zur Politikerin prädestinierten, reagierten die meisten Befragten mit Nachdenklichkeit und Verlegenheit. Offenbar waren sie überrascht. Eine Ex-Funktionärin antwortete ausweichend und meinte, das solle ich selbst herausfinden. Auffallend ist, daß vor allem Eigenschaften erwähnt werden, die Frauen an ihrem Parteiobmann schätzen und bewundern: *»Zuhören können«* (Interviews 5, 6), *»offen sein für vieles«* (Interview 11), *»offen auf Menschen zugehen können«* (Interviews 12, 3), *»ein gewisses G'spür im Umgang mit Menschen haben«* (Interviews 11), *»Hineindenken in den anderen«*, *»Mitgefühl mit den anderen«*, *»viel Zeit für den einzelnen haben«*, *»eine gewisse Ruhe ausstrahlen«*, *»Ehrlichkeit«*, *»die Sorgen der Menschen verstehen«* (Interview 5) und *»Hilfsbereitschaft«* (Interview 6).

Bei jener Politikerin, die von Jörg Haiders Eigenschaften besonders angetan ist, wird die Identifikation mit dem Freiheitlichenchef durch die Aufzählung ihrer eigenen politischen Fähigkeit besonders deutlich. Über ihn sagt sie, wie bereits zitiert:

»Was mi' am meisten beeindruckt hat ist, wie der zuhören kann, obwohl er diesem unbeschreiblichen Druck ausgesetzt ist. Wie der auf d'Leut zugehen kann, mit so einer Herzlichkeit. Und die is' nicht gespielt. Des hab' ich g'sehen« (Interview 3).

Und über sich:

»Ja, i' bin sicher a Mensch, der sehr offen auf Menschen zugeht und Ungerechtigkeiten schnell erkennt. Mir ist es wirklich ein Anliegen, daß die abgestellt werden. (...) In dieser Richtung hab' i schon sehr oft die richtigen Prophezeihungen getroffen. Wenn man als Politikerin die richtigen Prognosen aufstellt, dann is' des gut, dann verlassen sich die Leut d'rauf und sagen: ›Was die bis jetzt g'sagt hat, des hat g'stimmt‹. Meine Positionen sind klar erkennbar, man weiß also, wofür i' steh, (...) des is ka Wischi-Waschi« (Interview 3).

Eigenschaften wie Fleiß, Engagement, *»sehr viel arbeiten«* (Interview 12) und *»(Fach)Wissen einbringen«* (Interviews 9, 10) werden von den Befragten am zweithäufigsten genannt. Der Slogan der FPÖ-Karrierefrauen lautet daher: *»Wenn Frauen sich behaupten, wenn sie qualifiziert sind, dann können sie es schaffen«* (Interview 9).

Eine der Ex-Mandatarinnen schreibt sich hingegen Eigenschaften zu, die sie von den anderen Befragten deutlich abheben. Sie sagt über sich, sie sei couragiert und selbstbewußt:

»Eine gewisse Bereitschaft muß da sein, (...) ich will jetzt net sagen Kampf, aber wenn man etwas erreichen will, muß man auch durch viele Tiefen gehen (...), man muß konsequent sein, muß überzeugt sein von dem, was man will. In der Politik kann nur jemand bestehen, der konsequent ist, auf lange Zeit konsequent zu sich selbst, (...) also nicht die Meinung täglich wechselt. (...) Sicher muß man sich vieles trauen (...), couragiert sein, also Selbstbewußtsein, glaub ich, braucht die Frau schon, wenn sie in die Politik geht (...), wenn sie aber wankelmütig ist und nicht recht weiß, was und wie, dann glaub' ich nicht, daß sie sich in der Politik durchsetzen kann« (Interview 8).

Daß sich die Präsentationsform der FPÖ-Mitglieder in den letzten Jahren gewandelt hat, darüber besteht kein Zweifel. Wie erwähnt, fand vor allem eine Verjüngung der Mitglieder statt. Wie sich das Image freiheitlicher Frauen verändert hat, schildert eine junge Spitzenpolitikerin:

»Bei uns sind ja sehr (...) viele, sehr engagierte Frauen dabei und sehr (...) moderne Frauen. Also ganz am Anfang, 1990, das hab' ich noch erlebt, war das Image einer freiheitlichen Politikerin (...) so, daß sie mindestens fünf oder sechs Kinder hat – es lebe das Mutterkreuz oder so – und eine Knödelfrisur, sie war ziemlich altbacken und konservativ in ihren Anschauungen. Wenn Sie sich heute die Riege der freiheitlichen Politikerinnen anschauen, so sind sie das absolute Gegenteil (...), das sind, unter Anführungszeichen, sehr emanzipierte Frauen« (Interview 12).

Das äußere Erscheinungsbild der FPÖ-Politikerinnen mag sich zwar gewandelt und dem Image der Partei(führung) angepaßt haben, die Einstellungen und Haltungen sind jedoch trotz »Emanzipation« (Motto: *»Wir sind emanzipiert, aber keine Emanzen«*) dieselben geblieben, zumindestens im Hinblick auf die Umsetzung frauenpolitischer Anliegen.

»Ich glaub', i' bin eine sehr emanzipierte Frau ohne Emanzipation. Ich sag, i' brauch' die Emanzipation net, i' brauch' keine Quote. Ich setz' mich durch, ohne Quote, sonst wär ich net dort, wo ich jetzt bin« (Interview 12).

Ihre Annahme, eine Spitzenposition bei den Freiheitlichen auch alleine und ohne aktive Frauenpolitik geschafft zu haben, zeigt, wie wenig Frauenbewußtsein und Frauensolidarität bei vielen FPÖ-Frauen vorhanden ist. Dieses Muster ist bei allen befragten, aktiven F-Politikerinnen erkennbar.

Bezeichnend ist, daß sich die befragten Politikerinnen der FPÖ zwar betont selbstbewußt, fortschrittlich und modern geben, aber an der traditionellen Geschlechterrolle nicht ernsthaft *»rütteln«*, geschweige denn, die bestehenden Macht- und Herrschaftsverhältnisse in der Politik und in der Gesellschaft grundlegend hinterfragen wollen. Die reale Gleichstellung der Geschlechter ist nicht ihr Ziel. Denn: Jedwede Emanzipationsbestrebung darf keinerlei schwerwiegende Konsequenz für Männer mit sich bringen. Das heißt: Die Zementierung der traditionellen Geschlechterverhältnisse ist ein zentrales empirisches Muster der Interviews.

Frauenpolitik hat in der FPÖ ihre Wichtigkeit, aber nicht für alle befragten Politikerinnen sind frauenspezifische Themen zentrale Anliegen oder das politisch vorrangige Thema. Frauenpolitik ist Nebensache und soll es auch bleiben. Eine Interviewpartnerin wollte nie *»bewußt oder gesondert«* Frauenpolitik machen oder sich *»abschieben lassen, (...) in den sozialen Bereich, des war nie mein Bestreben, da hab' ich mich immer gewehrt (...). Ich wollt' Politik machen, und da g'hört die Frauen-*

politik selbstverständlich dazu« (Interview 3). Eine andere beschäftigt sich nur *»indirekt«* mit Frauenanliegen, da ihr inhaltlicher Schwerpunkt in der Europapolitik liegt, so daß sie sich automatisch auch mit anderen Fragen beschäftigt, *»weil das ja mit der EU und den dortigen Vorgaben zusammenhängt. Daraus leiten sich natürlich viele andere Dinge ab (...), ganz automatisch ergibt sich so auch die Frauenpolitik als Thema. Es ist nämlich von den Medien so vorgegeben, daß man als Frau mit dem Thema Frauenpolitik ganz automatisch identifiziert wird«* (Interview 4).

Diejenigen, die mit dem von mir angesprochenen Thema »Frauen in der (Partei)Politik« kaum etwas anfangen konnten, konzentrierten sich auch während des Gesprächs nicht darauf. Alle anderen erzählten über ihre Erfahrungen und Erlebnisse. Dabei kristallisierten sich vier Schwerpunktbereiche heraus: Frauenvolksbegehren, Kritik an der »linken« Frauenpolitik und an der Quotenregelung sowie freiheitliche Ideen zur Vereinbarkeit von Beruf, Politik und Familie.

Daß einige Politikerinnen sofort auf das Thema »Frauenvolksbegehren« zu sprechen kamen, war aus zwei Gründen naheliegend: weil es gerade aktuell war und die Interviewphase unmittelbar vor der Möglichkeit zur Unterzeichnung des Volksbegehrens begann. Weil sich die freiheitlichen Politikerinnen, zusammen mit einem Teil der ÖVP-Abgeordneten, nicht an dieser Fraueninitiative beteiligten und sie nicht unterstützten. Im Anschluß daran kamen einige Frauen auf die herkömmliche Frauenpolitik zu sprechen, mit der sie überwiegend unzufrieden sind. Einig stehen sie jedoch hinter Jörg Haiders Einstellung zu »Frauen- und Familienpolitik«. Gemeinsam mit ihm fordern sie die sogenannte »Wahlfreiheit« für Frauen, durch Kinderbetreuungsscheck und Familiensplitting. Damit sollen Frauen die Chance erhalten, Familie und Beruf zu vereinbaren.

Bevor ich auf die angesprochenen Themenbereiche eingehe, möchte ich mit jenen zwei Politikerinnen beginnen, die eine Ausnahme darstellen. Da sie die freiheitliche Politik und in einem Fall auch die »Frauenpolitik« der Freiheitlichen eine Zeitlang mitgestalteten, möchte ich sie zuerst zu Wort kommen lassen. Frauenpolitik war für die ehemalige Bundesrätin und Spitzenpolitikerin der FPÖ bis vor ein paar Jahren kein wichtiges Thema. Daß Frauen sich durchsetzen und selbstbewußt ihren Weg gehen, hat sie von ihrer Mutter von Kindheit an selbstverständlich übernommen: *»Mir ist Frauenpolitik in der Studentenzeit eher sektiererisch vorgekommen. Ich hatte immer das G'fühl, die schaffen's halt net und daher müssen sie sich wie irgendwelche Sektierer zusammentun. (...)*

Erst durch meine politische Arbeit ist mein Bewußtsein in diesen Fragen geschärft worden« (Interview 14). Mittlerweile wüßte sie, daß Frauen in vielerlei Hinsicht in unserer Gesellschaft diskriminiert und benachteiligt würden, daher könne sie sich heutzutage auch mit der Bezeichnung »Feministin« besser identifizieren als früher – wenngleich eine gewisse Skepsis geblieben sei:

»Wenn Sie mich vor fünf Jahren gefragt hätten, ich sag' vor fünf Jahren, was ich mit dem Begriff Feministin anfange, hätt' ich g'sagt, nichts. Heute habe ich überhaupt kein Problem damit, denn ich sage, es ist eine Frage der Begriffsdefinition. (...) Ich würd' das Wort aktiv nicht sagen, weil der Begriff noch immer, wie soll ich sagen, (...) ein bestimmtes Image vermittelt, doch hätt' ich mit diesem Image heute kein Problem mehr, was ich vor einigen Jahren noch hatte. Zweitens ist es mir heute selbstverständlich, Feminismus als Emanzipationsarbeit schlechthin zu sehen« (Interview 14).

Ihre Parteikollegin, eine langjährige Frauenreferentin der Freiheitlichen, erinnert sich an ihre frühere Tätigkeit und den Beginn ihrer frauenpolitischen Arbeit bei der Partei:

»Da gab es fast keine Frauenpolitik, es war gar nicht von Interesse. Es wurden die Frauen wohl geduldet, es gab Frauenreferentinnen für alle Bundesländer (...) und wir konnten eigentlich tun und machen, was wir wollten, (...) aber es wurde nie umgesetzt« (Interview 8).

Warum frauenpolitische Anliegen zu ihrer Zeit nicht umgesetzt wurden, erklärt sie sich damit, daß diese Bereiche *»nicht ernstgenommen wurden«*. Die heutige F-Frauenpolitik beschreibt sie, als *»nach außen hin sehr reaktionär, konservativ, aber sicher nicht auf eine Zukunft für Frauen ausgerichtet«* (Interview 8).

Wie das frauenpolitische Bewußtsein dieser Funktionärin zu Zeiten ihres Engagements bei der FPÖ ausgesehen hat, möchte ich anhand der Schriftenreihe des freiheitlichen Bildungswerkes mit dem Titel: *Frau und Familie in der Gesellschaft*[142] kurz darstellen. Frauen werden von der Politikerin nicht explizit angesprochen, sondern dem Begriff »Mensch« zugeschlagen. Daher gilt es in dieser Broschüre auch nicht, Frauen vor vielfältiger Unterdrückung zu schützen, sondern ihnen wie allen anderen die Freiheit zu sichern. *»In unserem neuen Parteiprogramm messen wir der Freiheit des einzelnen Menschen und seiner Würde den höchsten Wert bei und folgern daraus das politische Ziel, die Freiheit vor körperlicher, geistiger und wirtschaftlicher Unterdrückung zu schützen«* (ebd., 5). Daraus schließt die Frauensprecherin: *»Dementsprechend treten wir für die Gleichwertigkeit und Gleichrangigkeit von Frau und Mann ein und sor-*

gen dafür, daß für jeden Einzelnen in unserer Gesellschaft uneingeschränkt dieselben Bedingungen gelten« (ebd., 5). Frauen als Frauen werden jenseits der Verknüpfung von Frau und Mutter nur ein einziges Mal im Vorwort explizit erwähnt: *»Frauen stellen heute andere Ansprüche an ihr Leben als in früheren Generationen. Sie erwarten ganz selbstverständlich, an politischen, gesellschaftlichen und wirtschaftlichen Entscheidungen beteiligt zu werden«* (ebd., 5). Gleich danach kommt der mahnende Zeigefinger: *»Wer aber Chancen will, muß auch gleiche Leistungen erbringen. Wer etwas ändern will, muß aktiv daran arbeiten«* (ebd., 5). Offen bleibt, wem dieser Appell gilt, denn wir wissen heute, daß Frauen oft mehr zu leisten haben als ihre männlichen Kollegen, auch wenn dies nicht immer so gesehen wird. *»Wir wollen«*, so liest man an anderer Stelle, *»der ›vaterlosen‹ Familie und der ›mutterlosen‹ Gesellschaft die Phase der Partnerschaft in allen Lebensbereichen folgen lassen«* (ebd., 5). Was die *»vaterlose«* Familie mit der *»mutterlosen«* Gesellschaft zu tun hat, erfahren wir leider nicht. Es kommt jedoch der Verdacht auf, daß der »mutterlosen Gesellschaft« die vielzitierten mütterlichen Werte Aufopferung und Geduld fehlen.

Immerhin bekennt sich die Politikerin in dieser Broschüre zum *»Grundsatz der Gleichberechtigung von Mann und Frau«. »Freiheitliche Frauen- und Familienpolitik ist Politik für Frau und Mann«* (ebd., 11). Daß Frauenpolitik aber in erster Linie für Frauen gemacht werden muß, war zu dieser Zeit kein Thema für die FPÖ-Frauenreferentin. Der von der SPÖ geplanten Statutenänderung hinsichtlich der Quotenregelung für Frauen von 25% im Jahre 1985 stand sie jedoch positiv gegenüber (vgl. Frauenbericht 1995, 579).

Das Frauenministerium

»Geradezu ein rotes Tuch für Rechtsextreme aller Schattierungen und auch der FPÖ war die langjährige Frauenministerin und SPÖ-Frauenvorsitzende Johanna Dohnal, deren Eintreten für die Gleichberechtigung der Frauen in allen Lebensbereichen dem freiheitlichen Frauenbild abseits der Umwerbung von Wählerinnen fundamental widerspricht«, schrieb Brigitte Bailer-Galanda (Bailer-Galanda/Neugebauer 1997, 63). Im Zuge der Umbildung der österreichischen Bundesregierung forderten die Freiheitlichen 1996 vehement die Ablösung der damaligen Frauenministerin Helga Konrad. Mit ihrer Forderung, die Teilung der Hausarbeit zwischen Mann und Frau gesetzlich zu verankern, sorgte Helga Konrad für großes Aufsehen. Daß Konrad im Frühjahr 1997 – zur Freude der

Freiheitlichen – ihr Amt tatsächlich zurücklegen mußte, wurde in feministischen Kreisen mit Bedauern registriert.

Wenn Frauen nach einer Neudefinition des Geschlechter- und Machtverhältnisses verlangen, dürfe dies niemals auf Kosten der Männer gehen, warnt Haiders Schwester und Vertreterin der *Initiative Freiheitliche Frauen*, Ursula Haubner: *»Ein verändertes Rollen- und Karriereverhalten von Frauen (dürfe) nicht in der Konsequenz münden, Männer per Gesetz zur Mithilfe im Haushalt zu verpflichten«*. Aus diesem Grund sei die *»Halbe/Halbe«* Forderung von Frauenministerin Konrad ein *»Pseudo-Emanzengesetz sozialistischer Prägung«* (APA v. 16. 05. 1997) gewesen. Die permanente Kritik an der *»sozialistisch dominierten Frauenpolitik«* setzt sich in den Publikationen der »F-Fraueninitiative« fort.

In die gleiche Kerbe schlagen auch die befragten FPÖ-Politikerinnen. Sie werten die Frauenministerinnen und die Frauenbeauftragten als *»Feministinnen«* und *»Emanzen«* ab und stellen auch ihre feministischen Inhalte und Ziele als *»kontraproduktiv«* und *»frauenschädlich«* dar:

»Ich (...) bin mit der Dohnal-Politik nicht zu Rande gekommen, und schon gar nicht, wenn ich ganz ehrlich bin, mit der Konrad. Diese Inseratenwerbung ›Halbe/Halbe‹[143]*, das habe ich als ungeheuerlich empfunden, weil hier Steuermittel verschwendet wurden. Wenn ich die Problematik der Frauen sehe, etwa der Alleinerziehenden, wär' das Geld gescheiter anzulegen gewesen. Bei der Prammer ist es so, daß (...) die Zeit noch zu kurz ist. (...) Da habe ich derzeit noch eine hohe Erwartungshaltung«* (Interview 6). Eine Politikerin, die sich enttäuscht aus dem Parteipolitischen zurückgezogen hat, schätzte zwar die Tüchtigkeit und den Fleiß der Frau Dohnal, nicht aber ihre »überdrehten« emanzipatorischen Ansichten:

»Die Dohnal hab ich insofern g'schätzt, weil sie wirklich des ganze ins Rollen 'bracht hat, dieses Umdenken, das ja heute schon mehr oder minder doch sehr weit gediehen ist, des kann man ihr net absprechen. Sie hat auch angefangen. (...) Sie hat eine harte Arbeit geleistet im Grunde genommen. Ich hab' sie nie geschätzt, weil's halt einfach net meine Ideen waren, aber sie war eine tüchtige Frau, die sehr viel g'macht hat für die ganze Frauenbewegung. Aber mit dieser ganzen Emanzenpartei, die so überdrehte Ansichten hat, hat es überhaupt keinen Sinn« (Interview 7).

Von der neuen Frauenministerin Barbara Prammer – die im Gegensatz zu ihren Vorgängerinnen verheiratet ist und Kinder hat, also nicht nur Frau, sondern auch Mutter ist – erhofft sie sich nämlich, *»daß sie dieses partnerschaftliche Denken besser transportieren kann«* und Probleme lebensnaher betrachtet.

Auch eine der beiden jungen Spitzenpolitikerinnen sieht in der Politik der Frauenministerin eine Verschlechterung für Frauen und erklärt die derzeitige Frauenpolitik beziehungsweise die Frauenministerin für verlogen, denn *»zu sagen, wir sind für Frauen und wir wollen den Frauen helfen und gleichzeitig Sparpakete am Rücken dieser Frauen zu schnüren, das ist für mich Verlogenheit«*. Der jetzigen Frauenministerin bringt sie eine gewisse Sympathie entgegen, weil sie sie persönlich kennt und weil sie verheiratet ist. Sie bezeichnet sie als eine *»respektable Person«*. Zu ihrer Vorgängerin meint sie hingegen:

»Frau Konrad – mir wird schlecht, wenn i' den Namen hör –, die im Sparpaket eine Verschlechterung für Frauen akzeptiert hat, die ist ein Skandal als Frauenministerin (...). Im ersten und im zweiten Sparpaket sind ja Maßnahmen gegen Frauen enthalten, die Kürzung dieser verschiedensten finanziellen Unterstützungen etwa, und des als Frauenministerin! Da muß ich mich auf die Füße stellen und ein Veto einlegen. Aber net im Bundesparteivorstand die Hand heben und sagen, jawohl, ich bin für das Sparpaket und dann als Frauenministerin starke Töne anschlagen (lacht)« (Interview 12).

Kurz vor der Gemeinderatswahl verlangten dann auch die sieben weiblichen F-Landtagsabgeordneten von Wien im Herbst '96 die Abschaffung des Frauenministeriums mit dem zynischen Slogan *»Gleichberechtigung ist unser Recht«*. Ohne effektive Alternativen anzubieten erwarteten sie sich davon, *»die Situation der Frauen zu verbessern«* (APA v. 06.09.96).

Der Begriff »Emanze« ist nicht nur in rechtskonservativen Kreisen mit negativen Vorurteilen aufgeladen. Frauen, die für sich die gleichen Rechte wie Männer in Anspruch nehmen, werden ganz allgemein in der Gesellschaft als »unweiblich« eingestuft. Der Terminus »Feministin« scheint einem ähnlichen Schicksal entgegenzusehen, auch wenn Emanzipation und Feminismus die Überwindung der bestehenden Diskriminierungen von Frauen und die reale Gleichstellung der Geschlechter zum Ziel haben.

Obwohl die befragten Frauen ihre politische Karriere oft dem Zufall, aber durchaus auch sich selbst zuschreiben, vergessen sie darauf, daß sie ihren Platz in der Politik dem permanenten Kampf der Frauenbewegung verdanken. Ohne den massiven Druck feministischer Politikerinnen und autonomer Frauen(organisationen) auf »Männerfraktionen« gäbe es heute keine Frauen in der Politik. Auch die Freiheitlichen wissen, daß sie sich aus Imagegründen keine reine Männerpartei mehr leisten können.

Die interviewten FPÖ-Politikerinnen bezeichnen sich zwar als emanzipiert, aufgeschlossen und modern, sie wollen jedoch keine Emanzen sein. Die meisten Frauen hätten nämlich kleine Kinder, im Gegensatz zu den *»Emanzen, die die Frauen ja eh net vertreten«. »Sie (Emanzen, M.R.) können ja gar nicht nachvollziehen, was Frauen empfinden, die eine intakte Familie haben, mit zwei, drei Kindern, wissen Sie. Man (...) muß ja doch auch die Interessen (...) der Familie, der Kinder und so vertreten«* (Interview 5).

Auch andere freuen sich, daß es in ihrer Partei keine Emanzen gibt, denn diese wären verbohrt, einseitig, intolerant, egoistisch und würden nur an sich selbst denken. Das sei auch der Grund, warum sie ihrer Meinung nach überall *»anecken«*.

»Des werden's vielleicht in Gesprächen schon bemerkt haben, bei uns (in der Partei, M.R.) gibt's das verbissene Emanzentum nicht. (...) Ich weiß net, ob wir selbstbewußter sind, als andere, glaub' i' gar net, aber wir sind net so verbohrt (...). Die sind etwas zu verbohrt, (lacht) zu einseitig und auch zu wenig tolerant. Die denken nur in Richtung Frau. Aber ich sag immer, es gibt doch zum Kuckuck auch noch a Gemeinsamkeit zwischen Mann und Frau (...) und das wollen halt manche nimmer seh'n. Dadurch ecken sie aber auch an, und dann schaukelt sich alles, glaub' ich, hoch im täglichen Leben, egal wo, ob das im Beruf ist oder in der Politik.« (Interview 11).

Emanzipation und Weiblichkeit zu vereinen, erscheint den befragten F-Politikerinnen unvorstellbar. Der realen Gleichstellung von Mann und Frau ziehen sie die charmante Bevorzugung ihrer männlichen Kollegen vor: *»I' find das angenehm, wir werden als Frauen sehr charmant behandelt. Das gibt es durchaus, daß dir von den Kollegen in den Mantel g'holfen wird, und daß man richtig umsorgt wird, wenn die Zeit vorhanden ist, natürlich. Wenn's einmal hektisch hergeht, kannst das net verlangen«* (Interview 11).

Frauen, die für sich die gleichen Rechte in Anspruch nehmen wie Männer, werden als unweiblich empfunden. Das Bild der sich männlich gebenden und zugleich Männer hassenden Frau ist nach wie vor fixer Bestandteil der öffentlichen Meinung. So zog auch der stellvertretende Bundesvorsitzende der deutschen Republikaner mit dem Slogan *»Frauen, laßt Emanzen links liegen. Sagt JA zur Weiblichkeit«* (Filter 1993, 28)[144] in einen Wahlkampf. Bedauerlicherweise stehen die konservativen Politiker und die österreichischen F-Politikerinnen mit dieser Ansicht nicht allein.

Frauen sollen – so meinen viele in der Öffentlichkeit – nicht nur in der Politik, sondern in der *»Männerwelt«* darauf achten, daß sie *»nicht werden wie die Männer«*:

»A große Gefahr ist dabei die Weiblichkeit zu verlieren, und das ist für Frauen a ganz großes Problem. (...) Das geht bis zum Aussehen, und da verliert man als Frau so viel (...), es besteht in der Politik oft die Gefahr, daß die Weiblichkeit verloren geht, indem man genauso hart argumentiert wie Männer. Dann heißt's plötzlich, du wirst wie a Mann, und das möcht' ich nie werden. Ich bin unheimlich gern a Frau, i' möcht nie ein Mann sein. Man muß aufpassen, daß man net total männliche Züge bekommt. Man wird dann verbissen und (...) frustriert und bös'. Und dann sag'n's, schau, was die für ein Keiff'n is'« (Interview 3).

Sich ihre Weiblichkeit zu bewahren, ist daher das oberste Prinzip für freiheitliche Politikerinnen:

»Als ich in die Politik g'angen bin und in's G'schäftsleben, hieß es für mich: das Frausein bewahren. Denn nix ist schlimmer, als (...) Floskeln und Redewendungen der ›Männerwelt‹ zu übernehmen. Ich bin stolz a Frau zu sein, ich steh dazu« (Interview 11).

Das Frauenvolksbegehren

Ein *Unabhängiges Frauen Forum* (UFF)[145] initierte im Herbst 1996 ein Frauenvolksbegehren, das im April 1997 unterschrieben werden konnte. Darin wurde von den Initiatorinnen neben elf anderen Forderungen[146] vor allem die Verankerung der Gleichstellung von Frauen und Männern im Bundesgesetz beziehungsweise im Bundesverfassungsgesetz gefordert. Damit sollte der Gleichheitsgrundsatz konkretisiert und realisiert werden. Mit diesem Frauenvolksbegehren sollte die Republik Österreich zum aktiven Abbau der Benachteiligung von Frauen ermuntert und letztlich auch verpflichtet werden.

Für die Einleitung eines Volksbegehrens sind entweder 100.000 Unterschriften notwendig oder die Unterstützung von acht Abgeordneten des Nationalrates. Die Initiatorinnen des Volksbegehrens erhielten auf Anhieb mehr als acht Unterschriften von Abgeordneten, hauptsächlich aus der grünen und der sozialdemokratischen Parlamentsfraktion. Aus Ärger über die Vorgehensweise der Initiatorinnen – die weiblichen Abgeordneten der FPÖ wurden von den UFF-Frauen nicht direkt um Unterstützung gebeten – lehnten diese die eingebrachten Punkte des Frauenvolksbegehrens ab und brachten einen eigenen Entschließungsantrag[147] mit ähnlich lautenden Forderungen im Parlament ein. Bei nährer Analyse wird jedoch deutlich, daß in diesem Antrag mehr familienpolitische als frauenpolitische Anliegen enthalten sind. Auch sie verlangen *»sowohl für Frauen als auch für Männer Anspruch auf eine eigene Pension«*, *»bessere Chancen für Frauen im Berufsleben«* und die Aufteilung der Kindererziehung. Ihre erste Forderung lautet jedoch, *»Wahlfreiheit der Frauen zwischen Beruf und Familie, ohne daß diese Entscheidung nach ideologischen Gesichtpunkten diskriminiert wird durch«*: a.) *»Minderung des finanziellen Druckes ›arbeiten gehen zu müssen‹ durch ein attraktives Steuersystem für Alleinverdiener«* b.) *»Direktförderung von Familienleistungen«* in Form eines *»Kinderbetreuungsschecks«*. Weiters fordern sie »steuerliche Absetzbarkeit von Kinderbetreuungskosten« (durch die Zunahme der Frauenerwerbstätigkeit werde der Arbeitsmarkt Privathaushalt immer zukunftsträchtiger). Im Punkt 4 des Entschließungsantrages fordern die FPÖ-Politikerinnen statt mehr Kinderbetreuungseinrichtungen einen *»flächendeckenden Ausbau und sozialrechtliche Absicherung von Tagesmüttern/vätern, Anerkennung des Berufsbildes für Tagesmütter/väter und bundesweit einheitliche Ausbildung von Tagesmüttern/vätern«*.

Viele der Befragten kamen auf das Thema Frauenvolksbegehren zu sprechen, ohne daß ich sie dezidiert darauf ansprach. Vier Interviewpartnerinnen, darunter zwei Ex-Freiheitliche und zwei aktive F-Politikerinnen unterschrieben damals diese Gesetzesinitiative. Die anderen lehnten sie entweder ab oder sie befürworteten lediglich *»Teilpositionen«*. Am häufigsten wurde die Forderung nach einem fünfzigprozentigen Frauenanteil in Führungspositionen und das Anrecht jedes Menschen auf ein Mindesteinkommen von ATS 15.000.- brutto kritisiert. Die beiden *»strittigen«* Punkte, die meines Erachtens zwei der wichtigsten Forderungen darstellen, da sie gesellschaftspolitisch vieles in Bewegung bringen würden, wurden als *»realitätsfern«* (Interview 9), unrealistisch, überhöht und *»kontraproduktiv«* (Interview 4) abgetan:

»Das Frauenvolksbegehren (...) ist sicher insofern positiv zu sehen, als es eine Diskussion ausgelöst hat. Ich glaube aber, daß es nicht unbedingt hilfreich ist, wenn man mit Forderungen (...) so über das Ziel hinausschießt, daß es schon wieder kontraproduktiv ist. Beim Frauenvolksbegehren bin ich der Meinung, daß, wenn man zwei, drei der umstrittensten Punkte – (...) die auch politisch so gut wie keine Chance auf Realisierung haben, weil sie nicht finanzierbar sind – etwa den Mindestlohn von 15.000.- oder diese 50-Prozent-Quote in den Betrieben ausgelassen hätte, viel mehr Leute unterschrieben hätten« (Interview 4).

Eine andere findet »Teilpositionen« des Frauenvolksbegehrens ebenfalls *»sehr vernünftig«*, aber *»teilweise (...) hab' ich Punkte überhaupt net unterstützen können. Das war für mich der Grund, warum ich net hingangen bin. Natürlich liest sich das sehr gut, z.B. nach der Karenz die Behaltepflicht zu verlängern, in der Praxis bedeutet das aber, daß noch weniger Frauen einen Job finden. Das ist ein Schuß nach hinten, das hilft nicht. Der Unternehmer wird nämlich sagen, wenn ich die noch länger behalten muß, dann nehm' ich sie halt net. (...) Was positiv zu werten ist, ist die (...) hohe Beteiligung, das ist ein Signal«* (Interview 12). Das heißt, nicht die Zukunft der Frauen steht im Vordergrund, sondern die der Wirtschaft.

»Familiensplitting« und »Kinderbetreuungsscheck«

Einige der Befragten kamen, wie Jörg Haider in seiner Publikation, auf die von den Freiheitlichen vertretene Besteuerungsform durch Familiensplitting[148] zu sprechen. Damit soll nach Haider *»die Steuerlast mit der Anzahl der zu versorgenden Kinder«* reduziert werden, Kinderlose sollten hingegen mehr bezahlen (Haider 1993, 168). Mit diesem Konzeptvorschlag wollten die Freiheitlichen *»einer Verarmung der Familien begegnen«* heißt es in der Schriftenreihe *Vertrag mit Österreich*[149]. Daß Haider dabei vorrangig an Angehörige höherer sozialer Schichten denkt, beweist der *»Schutzpatron der kleinen Leute«* in einem Interview mit der Tageszeitung *Der Standard*, in dem er meint, es gehöre abgeschafft, *»daß sich Leute aus dem unteren sozialen Milieu durch das Kinderkriegen ihr Budget verschaffen und daß Minderjährige selbst vier oder fünf Kinder haben«*[150] (Der Standard v. 21.08.1996). Daß nur *»gutsituierte Familien«* vom Familiensplitting profitieren, lassen die befragten Politikerinnen, die IFF-Frauen[151] und die Familiensprecherin der FPÖ[152] unerwähnt. Ein Zufall?

Frauen sollen zwischen Beruf und Familie wählen können, darin sind sich alle befragten Politikerinnen einig. Angesprochen darauf, wie diese *»Wahlfreiheit«* für Frauen garantiert werden könne, antwortete eine Befragte: *»Die Auswahlmöglichkeit wäre gegeben, wenn man sagen würde: In der Kinderbetreuungszeit hast du die Möglichkeit, (...) mit einem Kinderbetreuungsscheck auszuwählen, was du mit dem Kind machst. Wenn du es in den Kindergarten gibst kostet es viertausend Schilling, wenn du es auf einen Privatplatz gibst kostet es viertausend Schilling, oder du bleibst zu Hause und kriegst die viertausend Schilling für deine Altersvorsorge. Dann ist die Auswahlmöglichkeit wirklich gegeben«* (Interview 13).

Über die Höhe des Betreuungsschecks (vier- oder sechstausend Schilling) sind sich nicht alle einig, doch daß diese Vorgangsweise das Problem der Vereinbarkeit von Beruf und Familie Fall lösen würde und auch für die Kinder das bessere Modell darstelle, darüber besteht Konsens.

Für die Einführung eines Kinderbetreuungsschecks zusammen mit anderen (steuer)rechtlichen Maßnahmen plädieren auch die freiheitliche Familien- und Frauensprecherin Edith Haller und die Vertreterinnen der *Initiative Freiheitliche Frauen*. Eine Realisierung stellen sie sich wie folgt vor: *»Statt eines sicher wünschenswerten dritten Karenzjahres*[153] *schlagen wir eine Art Sparvariante für die über zweijährigen Kinder vor. Nachweislich bestehen die größten Defizite bei der Kinderbetreuung für die Zwei- bis Vierjährigen«*[154]. Alle Eltern würden statt Sondernotstandshilfe, Karenzgeld und individuellen Länderaktivitäten (wie z.B. Kinderbetreuungsbeihilfe und Familienzuschuß des jeweiligen Bundeslandes) eine Förderung in der Höhe von viertausend Schilling erhalten. Ein Kinderbetreuungsbeitrag, den die Eltern ihren Wünschen entsprechend entweder für den Kindergarten, für die Tagesmutter oder als *»Form einer entsprechenden Abgeltung«* für sich selbst verwenden könnten. Für ältere Kinder im Alter von vier bis sechs Jahren sollte ein weiterer Basisbetrag von ein- bis dreitausend Schilling[155] ausbezahlt werden. Befürwortende Unterstützung erhalten die Freiheitlichen diesbezüglich von VertreterInnen der ÖVP und vom *Katholischen Familienverband*, wenn auch mit differierenden Modellvorstellungen. Von einer wirklichen Wahlmöglichkeit – wie Frauen und Mütter es sich wünschen – kann jedoch beim Kinderbetreuungsscheck nicht die Rede sein: Wählen kann frau nur dann, wenn Betreuungseinrichtungen für Kinder in ausreichender Anzahl – und nicht nur in urbanen Gegenden – vorhanden sind. Daß mit der Einführung eines Kinderbetreuungsschecks mehr Männer die Erziehungs- und Hausarbeit übernehmen würden, erscheint mir unrealistisch. Das bedeutet, daß wieder nur Frauen zu Hause bleiben würden. Dies wiederum könnte als sinkende Nachfrage interpretiert werden und zu einem verkürzten Angebot an Betreuungsplätzen führen. Bald würden immer mehr Frauen zu Hause bleiben müssen. Auch die jetzige Frauenministerin und österreichische Gewerkschaftsfrauen sehen in diesem familienpolitischen Vorschlag eine Falle und lehnen sie als *»die Einführung eines Muttergeldes durch die Hintertür, eine Zurück-an-den-Herd-Politik«* ab (an.schläge, Juni 1997, 32).

Indirekt fordern die freiheitlichen Politikerinnen somit die Wiedereinführung der traditionellen Rollenzuteilung, und sie versperren Frauen den Weg ins Berufsleben. Frauen würden für die Kinderbetreuung zwar bezahlt, doch wären wiederum sie es, die für die Reproduktionssarbeit alleine zuständig sind. Von einer partnerschaftlichen Aufteilung kann keine Rede sein. Außerdem kann eine Frau nach mehreren Jahren Abwesenheit vom Berufsleben kaum mehr in den Arbeitsmarkt zurückkehren – zumindest nicht zu Bedingungen, die ihr ein Weiterkommen ermöglichen und ein ordentliches Gehalt garantieren.

Frauen – von Männern ist nicht die Rede –, die sich für den von den Freiheitlichen propagierten *»Arbeitsplatz Familie«* entscheiden, sollen die Kindererziehungs- und Pflegezeiten auf die Pension und die soziale Absicherung angerechnet bekommen, versprechen die FPÖ-Politikerinnen. Das klingt zwar vielversprechend, doch ist das Endergebnis angesichts der Tatsache, daß sechs, acht oder zehn Versicherungsjahre auf der Basis von vier- oder sechstausend Schilling monatlich für eine eigenständige Pension bei weitem nicht ausreichen, äußerst mager.

Daß die FPÖ-Politikerinnen ihr Modell mit Begeisterung vortragen, zeigt einmal mehr, wie realitätsfremd so manche dieser Politikerinnen argumentiert:

»Wenn eine Alleinerzieherin sagt, (...) ich bleib' zu Hause bei meinem Kind und krieg' dafür viertausend Schilling, dann muß sie sich halt ein zweites oder drittes Kind dazunehmen als Pflegekind oder als Tagesmutter, davon kann sie dann auch leben« (Interview 13). Wie wichtig professionelle Kinderbetreuung durch KindergärtnerInnen für die Entwicklung der Kinder sein könnte, bleibt hier vollkommen ausgeblendet.

»Wir schaffen es auch ohne Quote«

Die Quotenregelung hat sich als stärkstes politisches Instrument zur Steigerung der Repräsentanz von Frauen in der Politik erwiesen. Bernardoni und Werner schreiben, *»Quotenregelungen im staatlichen Ausbildungssystem, im öffentlichen Dienst und in der privaten Wirtschaft (...) bilden die beste Voraussetzung für die höhere Repräsentanz von Frauen in qualifizierten Berufen und für ihren Aufstieg«* (Bernardoni/ Werner 1983, 189). Die Quotierung soll dem *»de facto Ausschließungsverhältnis von Frauen und anderen Gruppen im Bereich der politischen Willensbildung und Entscheidungsprozessen entgegenwirken«* (Frauenbericht 1995, 593).

Die österreichischen Parteien blieben lange Zeit »quotenskeptisch«[156]. Die Freiheitlichen sind die einzige im Parlament vertretene Partei, die eine Quotenregelung für Frauen kategorisch ausschließen.[157] Programmatisch tritt die FPÖ jedoch seit den »Richtlinien freiheitlicher Politik«[158] aus dem Jahr 1957 für die Gleichberechtigung der Frau in *»beruflicher und rechtlicher Hinsicht«* ein. Spätere Programme haben diesen Grundsatz erweitert und sprechen sich für die Neuordnung der Rechtsstellung der Frau[159] sowie für *»eine partnerschaftliche Beziehung der Geschlechter zueinander«*[160] aus. Im Parteiprogramm von 1985 wollten die Freiheitlichen *»anwendbare Alternativen zu dem traditionellen Rollenverständnis ermöglichen«* (Parteiprogramm 1985, Kapitel 4 Abs. 187). Wie sich die Freiheitlichen eine Partnerschaft zwischen Mann und Frau auch im öffentlichen Leben vorstellen, beziehungsweise welche Ideen sie haben, um sie zu verbessern, wird in keinem FPÖ-Papier näher ausgeführt. Die Quotenregelung empfinden die freiheitlichen Politiker und Politikerinnen jedenfalls als eine von oben verordnete Zwangsmaßnahme, wenn nicht gar als eine Art von Diskriminierung für Frauen (vgl. Frauenbericht 1995, 596).

Auch wenn nicht alle Interviewpartnerinnen auf diese Thematik zu sprechen kamen, so herrschte durchwegs Einigkeit über den (Un-)Sinn von Quoten. Neun sprechen sich vehement dagegen aus, die Zehnte, eine ehemalige F-Spitzenkandidatin – früher ebenfalls Gegnerin von Quoten – beurteilt *»das klassische Instrument von Gleichstellungspolitik«* (Frauenbericht 1995, 593) noch immer als Zwangsmaßnahme, aber *»ich muß sagen, daß ich in den etablierten Parteien Quotenregelungen für etwas Vernünftiges halte, weil ich erlebe, daß es mit der Argumentation allein nicht geht, (...) ich (bin) an sich gegen Zwangsbestimmungen, aber wenn es nicht anders geht, halte ich es für durchaus vernünftig«* (Interview 14).

Bis heute hofft diese Befragte, daß ihre Partei ohne derartige Beschlüsse auskommen wird, sie schließt jedoch *»nicht aus, daß sich irgendwann auch unsere Partei irgendeines dieser Instrumentarien wird bedienen müssen. Ich hoffe, wir brauchen nie eine«* (Interview 14).

Die Quotengegnerinnen vertraten eine durchwegs einheitliche Meinung. In erster Linie sind sie *»froh und stolz«* (Interwiew 13), daß die FPÖ auch ohne Quotenbeschluß eine hohe Frauenpräsenz aufzuweisen hat.[161] Gleichberechtigung und Förderung von Frauen werden nicht *»grundsätzlich«* in Frage gestellt, doch meint man, daß eine numerische Erhöhung des Frauenanteils nicht mittels Quotenregelung erzielt werden könne – ganz im Gegenteil: *»Den Grundansatzgedanken erkenne ich durchaus an, aber ich glaube, daß er sich letztendlich eher kontraproduktiv auswirken wird«* (Interview 4).

»Ja, ich bin gegen Quotenregelungen. Ich bin für eine volle Unterstützung der Frau durch die Gleichberechtigung, so sie das gleiche leistet wie ein Mann« (Interview 10).

Befürchtet wird, daß mit der Quotenregelung *»irgendwelche«* bzw. *»schwache und schlechte«* Frauen in eine Partei beziehungsweise in die Politik geraten könnten, und *»schwache Frauen schaden der Sache der Frau«* (Interviews 2, 9). Über die inkompetenten, schwachen und unqualifizierten Männer, die in wichtigen, politischen Entscheidungspositionen sitzen und möglicherweise kompetenten Frauen den Platz wegnehmen, äußern sich die F-Frauen nicht. Unter einer sogenannten schwachen oder schlechten Frau verstehen sie eine, die *»net reden kann, die sich fachlich net auskennt, die hilflos ist, der ich keine Kompetenz zuschreibe, über die ich mir denke, (...) wenn die vor ihre Bürger oder Wähler tritt, dann hat's keine Glaubwürdigkeit«* (Interview 9).

Für *»inkompetente, hilflose und schwache«* Frauen müsse man sich *»genieren«* – als negatives Beispiel werden einige SPÖ-Frauen angeführt:

»Schau'n Sie z.B. die SPÖ hat Quoten, da werden die Frauen hineingepreßt, aber dort gibt es Diskussionen, die wirklich blamabel sind (...) Da ist es mir lieber, es stehen Männer dort, denn ich glaube, es schadet der Sache, wenn Frauen sich lächerlich machen« (Interview 9).

Es sei eine Tatsache, meint dieselbe Abgeordnete, daß die Erwartungen gegenüber Politikerinnen allgemein höher sind als gegenüber Männern. Sie dürften sich daher keine Schwächen leisten. Wenn eine Politikerin *»das nicht (...) bringt, was man von einem Politiker erwartet«*, dann mache sie sich *»lächerlich«*. Natürlich gäbe es auch Männer, die *»schwach«*, *»schlecht«* (Interview 9) oder *»falsch am Platz«* (Interview 11) wären, aber *»bei Männern, glaube ich, wird's weniger erwähnt als bei Frauen«* (Interview 9). Augenscheinlich orientieren sich die FPÖ-Politikerinnen also nicht an ihren eigenen Maßstäben, sondern daran, was Männer von ihnen halten. Das Männliche ist in der Politik ganz allgemein das *»Selbstverständliche«* und *»Normale«* wie die Hamburger Arbeitsrechtlerin Heide Pfarr pointiert meint: *»Alle reden von Quoten, keiner will Quoten, aber überall gibt es Quoten – für Männer«* (Meyer 1987, 25, zit. n. Yvon-Prager 1996, 168)

Die Angst, als *»Quotenfrau«* abgewertet zu werden, beziehungsweise auch nur in den *»Geruch«* einer *»Quotenfrau«* zu kommen und auf eine Liste geschoben oder *»gepreßt«* zu werden, ist allumfassend. Die ständige Betonung, keine »Quotenfrau« zu sein, läßt jedoch den Verdacht entstehen, daß sich die Politikerinnen ständig dafür rechtfertigen (müssen), ein Mandat innezuhaben. Daß männliche Freiheitliche nicht allzuviel von Politikerinnen halten, ist kein Geheimnis. Eine interviewte Politikerin in einer Führungsposition meinte dazu sehr vorsichtig:

»Was die Behandlung von Frauen oder die Rolle der Frau in der Politik in den Augen der Männer betrifft, hab' ich manchmal das Gefühl (..), daß es Männer gibt, die es als notwendiges Übel betrachten, daß auch Frauen in der Politik sein müssen (...) (lacht)« (Interview 4).

Ein für den Frauenbericht 1995 interviewter freiheitlicher Politiker bezeichnete Frauenpolitikerinnen abwertend als *»Karrierefrauen«*, *»Emanzen«* und *»Listenfrauen«*. Er assoziierte Politikerinnen automatisch mit *»Kinderlosigkeit«* und stellte sie in einen grundsätzlichen politischen Gegensatz zu Müttern und *»Familienmenschen«*. Außerdem, so der FPÖ-Mann, hemme eine *»ko-geschlechtliche«* Politik männliche Politiker (vgl. Frauenbericht 1995, 622).[162] Vor diesem Hintergrund verwundert es nicht, daß ausschließlich *»tüchtige, fleißige, engagierte und kompetente«* Frauen eine Position in der Politik bekleiden dürfen, wie eine der Befragten betont: *»Ich möchte persönlich keine Quotenfrau sein. Ich bin auch nie eine gewesen. (...) Ich glaube, daß man durch Wissen, fachliche Kompetenz und Weiterbildung als Frau seinen Mann stehen muß und dann auch stehen kann«* (Interview 10). Eine Argumentationslinie, die sich in der freiheitlichen Partei als roter Faden durchzieht. Man denke nur an die verschiedenen Aussagen von Parteipolitikern, die derartige »Qualifikationen« lautstark vertraten: Nur tüchtige Behinderte[163] sollen gefördert und unterstützt werden. Nur *»möglichst tüchtige«* Frauen sollen in die Partei geholt werden, Frauen, *»die gute Ideen einbringen«* (Interview 6), die *»Fähigkeiten«* mitbringen und *»etwas leisten«* (Interview 11). Die Interviewpartnerinnen sind überzeugt, daß bei der FPÖ Frauen auf die Listen kämen, weil sie *»unglaublich aktiv«* seien, *»durch ihr Engagement«* auffielen und *»fleißig«* und *»inhaltlich kompetent«* arbeiteten (Interview 4).

Hier tun sich erhebliche Widersprüche auf. Einerseits bezeichnen sich die Befragten als *»Zufallspolitikerinnen«*, andererseits wehren sie sich gegen Quoten. Und wie erwähnt, wurden alle befragten Politikerinnen durch Männer zur Mitarbeit in der Partei aufgefordert. Dies scheint das Selbstbewußtsein der Frauen erheblich zu stärken. Zumindest entfällt die Angst, einem Mann ein politisches Mandat wegzunehmen. Denn Frauen werden nur geholt, wenn es keine Interessenskonflikte gibt.

Alle Interviewpartnerinnen sind überzeugt, aufgrund ihres persönlichen Engagements ein Mandat erlangt zu haben. Eine der beiden jungen

Politikerinnen gibt sich sogar als Einzelkämpferin und meint ernsthaft, eine politische Karrierc auch ohne Quotierung geschafft zu haben:

»Ich setz' mich auch ohne Quote durch, sonst wär' ich net dort, wo ich jetzt bin. Das hängt mit Persönlichkeit zusammen und mit Leistung und mit Engagement. Dann kann man sich durchsetzen, des hör' ich immer öfter bei uns« (Interview 12).

Daß heute wahlstrategische und parteipolitische Überlegungen für Listenerstellungen ausschlaggebend sind, bleibt unerwähnt. Nur in einer Anspielung läßt eine Politikerin anklingen, daß sie sich dessen sehr wohl bewußt ist:

»Es ist ein Wunsch (...) der Parteiorganisation, daß man eine Liste so gestaltet, daß sie bunt ist, daß sie sozusagen die Buntheit der Bevölkerung repräsentiert, in jederlei Hinsicht, was z.B. das Alter anbelangt, (...) was den Beruf anbelangt, net nur Beamte, net nur Freiberufler (...) wir haben auf unseren Listen (...) Arbeiter, Rechtsanwälte, Freiberufler, auch Hausfrauen und Mütter; es ist alles da, auch was das Geschlecht anbelangt. Es wird niemand geben, der sagt, wir machen eine Liste nur mit Männern. Aber: Ich erlebe es als Obfrau des Bezirkes, ich erlebe es am Land draußen (...) wie schwer es ist, Frauen zu bekommen« (Interview 12).

Insgesamt kann ich mich des Eindrucks nicht erwehren, daß den Politikerinnen die wahltaktischen Mechanismen in der Partei zu wenig bewußt sind. Auch das Hauptmotiv für die Installierung der *Initiative Freiheitliche Frauen* war es ja, durch die erhöhte Präsenz von Frauen in Leitungs- und Führungspositionen mehr Wählerinnen zu gewinnen.

Daß sich der Frauenanteil bei der FPÖ weniger aufgrund des persönlichen Einsatzes der Parteifrauen erhöht hat, als aufgrund eines gewissen Modernisierungsdrucks auf die Partei, bestätigt auch eine Ex-Parteipolitikerinnen. Sie hält es *»für eine Taktik, weil heute eine Partei ohne Frauen nicht mehr auskommt (...). Bei mir war's so, daß der Jörg Haider mit Sicherheit ein Signal in diese Richtung setzen wollte, ob aus Überzeugung oder aus taktischer Überlegung, das überlaß' ich Ihnen zu beurteilen«* (Interview 14).

Eine andere Politikerin, ebenfalls Quotengegnerin, meint außerdem, daß es Frauen aufgrund ihres Geschlechts derzeit leichter hätten als Männer, ein politisches Amt bei der FPÖ zu erhalten, weil die Partei gezielt Frauen suche. Jedoch nicht für Spitzenposititionen, sondern hauptsächlich für StellvertreterInnenposten:

»Bei uns ist es so, wenn eine Frau gute Ideen hat (...) und ein Mandat haben will, ob jetzt im Landtag oder im Bezirksrat, hat sie alle Chancen.

(...) Denn gerade in der Bezirksvertretung ist es wichtig, daß man einen Zugang zu den Menschen hat« (Interview 6).

Die Frauenpolitik des Jörg Haider

Von sich aus kamen nur vereinzelt Frauen auf Probleme, Widersprüche oder gar auf Zweifel an Jörg Haiders öffentlichen Aussagen in den Medien oder in seinem Buch zum Thema Frauen zu sprechen:

»Vor allem in seinem Buch ›Die Freiheit, die ich meine‹, (...) gibt es einen Punkt, den ich nicht verstehe. Er hat eine unheimlich tüchtige Frau. Heute haben sie erwachsene Töchter, aber auch die waren einmal klein, und den ganzen Forstbetrieb führt auch Haiders Frau. Also mit der Frauenpolitik vom Jörg Haider bin ich nicht wirklich glücklich« (Interview 6).

Diese Politikerin hat keine eigenen Kinder und meint an einer anderen Stelle, sie *»wäre sicher nicht in der Politik«* wenn sie welche hätte. Auf meine Nachfrage antwortet sie: *»Weil mir die Kinder sicher wichtiger gewesen wären. (...) Ich hätt' sicher gearbeitet, aber weniger und mir die Zeit so eingeteilt, daß ich immer da gewesen wäre, wenn auch die Kinder da gewesen wären, und das war in meiner Lebenskurve nicht vorhanden«* (Interview 6).

Auch die befragte Bundesrätin steht schützend hinter ihrem Parteiobmann. Jörg Haiders frühere Aussagen zum Frauenthema bezeichnet sie als jugendliche, unreife, nicht ernst zunehmende Ausrutscher. Mittlerweile sei er geläutert und hätte dazugelernt, meint sie nachsichtig:

»Wenn ein Mensch älter wird, (...) der in seinem Leben mit unterschiedlichen Personen, Schicksalen, Lebensumständen zu tun hat, so reift er (...). Das wirkt sich bei den Menschen unterschiedlich aus. Wenn man so oft unterstellt, er gäbe sich so staatstragend, so würd' ich sagen, na irgendwann wird er ja – jetzt ist er, glaube ich, 46, ich weiß nicht einmal so genau, oder 47 – (...) (räuspert sich und lacht) dann ist er nicht immer der Jugendliche. (...) Jedes Alter wirkt sich aus, im Denken und in den Lebenserfahrungen, die man g'macht hat« (Interview 2).

Auch die beiden jüngeren Politikerinnen ohne Kinder haben kein gravierendes Problem mit Jörg Haiders – aus feministischer Sicht – frauenfeindlicher Politik, denn auch sie sind, wie ihre Parteikolleginnen, davon überzeugt, daß Frauen für Familie und Kinder zuständig seien, zumindestens in den ersten Lebensjahren der Kinder.

»Wenn der Jörg Haider gesagt hat, er hält es für gut (...), wenn Frauen bei ihren Kindern bleiben, dann hab' ich da prinzipiell nichts dagegen. Ich

weiß ja gleichzeitig, daß er net sagt, eine Frau muß bei den Kindern bleiben. (...) Ich bin einfach überzeugt, daß viele Frauen, wenn sie sich's leisten könnten, gerne bei ihren Kindern blieben, eine Zeitlang« (Interview 12).

Die langjährige und enge Mitarbeiterin des Parteichefs dürfte Haiders spezifische Stellungnahmen zu Frauen in seinem Buch nicht kennen, sie will jedenfalls derartiges von ihm noch nie gelesen oder gehört haben:

»Da wird immer ein Zitat herausgenommen, das ich in dem Buch überhaupt noch nie gefunden habe. Genauso wie auch ein Zitat herumgeistert, daß er irgendwann einmal gesagt haben soll, Frauen hätten eine dienende Rolle, das ist absoluter Quatsch« (Interview 4).

Sie selbst spekuliert zur Zeit offen über die Gründung einer Familie. Die Entscheidung, Mutter zu werden, würde jedoch das Zurücklegen ihrer politischen Spitzenfunktion nach sich ziehen:

»Ich bin jetzt 36, ich kann mir nicht mehr ewig mit der Überlegung Zeit lassen, ob ich Kinder will. Den Wunsch oder die Absicht hätte ich, aber es besteht die (...) Frage, wie sich das mit meiner politischen Tätigkeit vereinbaren läßt« (Interview 4).

Auf die Frage, ob Haiders Aussage *»wir müssen die Frauen ermutigen, wieder zurückzugehen in die Familie, sozusagen das Ureigenste zu tun, was einer Frau zusteht, nämlich Kinder aufziehen«* bei einer Interviewpartnerin Widerspruch auslöse, meint die Politikerin:

»Ich finde, daß man den Frauen selbstverständlich die Möglichkeit geben muß, beruflich ihren Weg zu gehen. Und daß Kinderbetreuungseinrichtungen wichtig sind, darüber brauchen wir nimmer zu diskutieren. Aber wir können nicht den Weg gehen, zuerst die vaterlose Gesellschaft zu beklagen und dann eine elternlose Gesellschaft zu befürworten. Das wird nicht gehen, wenn wir wollen, daß die kommenden Generationen glückliche (...) und selbstbewußte (...) und liebesfähige Menschen werden« (Interview 3).

Auch die befragte Gemeindepolitikerin findet nichts Widersprüchliches an Jörg Haiders Frauenpolitik, sie fühlt sich als *»Nur«*-Hausfrau und Mutter auch nicht diskriminert oder benachteiligt:

»Man stellt das so dar, als ob Haider das einseitig sehen würde. Daß unsere Wertvorstellung oder unsere Motivation, eine Zeitlang zu Hause zu sein (...) vorhanden ist, ist ja unbestritten. Aber es soll auch keine Zwangsmaßnahme sein. Nur muß man uns zubilligen, daß wir sagen, (...) daß es den Kindern gut tut, wenn die Mutter eine Zeitlang zu Hause ist – das heißt noch lange nicht, zurück an den Herd« (Interview 13).

Obwohl die Vereinbarkeit von Beruf, Politik und Familie für die ehemalige Abgeordnete zum Nationalrat und langjährige Politikerin immer eine komplizierte Gratwanderung war, hätte sie es *»halt g'schafft«*, trotzdem sie immer drei- und mehrfachbelastet gewesen sei. Ihr Ehemann habe zwar *»mitgeholfen«*, aber ihre politische Karriere insgesamt eher behindert als unterstützt. Eine Trennung von Familien- und Frauenpolitik findet sie daher wünschenwert, denn Kinder bräuchten in den ersten Jahren eine Bezugsperson – und da Männer in unserer Gesellschaft noch nicht bereit seien, die Erziehungs- und Hausarbeit zu übernehmen, müsse sie weiterhin die Frau übernehmen. Die hier beschriebenen Beispiele und Einschätzungen der befragten Parteifrauen zeigen, daß keine ernsthafte Veränderung der traditionellen Frauenrolle angestrebt wird. Alle Politikerinnen stehen verteidigend vor ihrem Parteiobmann, der die traditionelle Rolle der Frau wieder in den Vordergrund rückt.

In diesem Zusammenhang drängt sich die Frage auf, wer zum Thema Frauen in der FPÖ *»das Sagen«* hat. Stimmt es, daß Frauen in dieser Partei schalten und walten können, wie sie wollen, wie eine Abgeordnete selbstbewußt behauptet? *»Die Frauenpolitik, die machen wir Frauen in unserem Klub, und wir präsentieren Haider dann des Konzept, und er sagt, (...) wenn das eure Linie ist, ist das eure Linie. Er vertritt ja die Frauenpolitik net als Mann, sondern er muß die Frauen fragen. Klar, net«* (Interview 1). Als erfolgreiche, selbständige Unternehmerin – aufgewachsen mit Brüdern und Firmenkollegen, die abwechselnd ihre *»Über- oder Untergeordneten«* waren – behauptet sie, nie Unterschiede zwischen Mann und Frau erlebt oder empfunden zu haben.

Frauen in politischen Organisationen leben von *»gegebener«* Macht schreibt Sieglinde Rosenberger und stützt sich dabei auf Interviewgespräche mit Funktionärinnen aus Frauenorganisationen der ÖVP. Diese sei jedoch *»bescheiden«* oder bliebe oft auch *»überhaupt aus«*. Eine interessante Erkenntnis ihrer Untersuchung war, *»daß sich Frauen an die von Männern vorgegebenen Besitzstände und Grenzen halten«* (Rosenberger, 1991, 49). Bei ihrer Analyse zeigt sich eine allgemeine Übereinstimmung mit der FPÖ-Linie in frauenpolitischen Anliegen: Solange Parteifrauen innerhalb des vorgegebenen Rahmens agieren, beziehungsweise ihre Frauenpolitik die Interessen der FPÖ im allgemeinen nicht stören und solange Loyalitätsbekundungen nicht brüchig werden, wird ihnen das (frauen)politische Mitgestalten erlaubt. Besinnen sich Politikerinnen jedoch ihrer *»Eigen-Macht«* beziehungsweise ihrer *»Konfliktbereitschaft«*, bleibt oft nur der Austritt aus der Partei als Alternative.

Geschlechterkampf und Politik

»Fremdkörper« Frau

Die Studie von Bärbel Schöler-Macher[164] über Politikerinnen offenbart, daß sich Frauen als *»Fremd(körper)«* in der *»institutionellen Welt der ›Berufspolitik‹«* (Kreisky 1994, 196) fühlen, die immer noch als eine männliche Lebenswelt angesehen wird. Dies ist einer der Gründe, warum Frauen den Schritt in die Politik oft meiden oder vorzeitig wieder aussteigen. Sogar erfolgreiche Politikerinnen reiben sich ständig an den Strukturen, Regeln, Spielregeln und den damit verbundenen professionellen Anforderungen. Sie empfinden oft Unbehagen und äußern *»Gefühle des Nichtverstehens und Nichtverstandenwerdens«* (Schöler-Macher 1991, 98). Sie fühlen sich in der Berufspolitik fremd.

Wesentliche Gründe für die *»subjektiven Fremdheits-Erfahrungen«* (ebd., 98) der Politikerinnen, die nach Ansicht der Autorin mit der Geschlechtszugehörigkeit zu tun haben, liegen darin, daß Politik auch heute noch fast ausschließlich *»Männersache«* ist und Frauen *»Neuland«* betreten, wenn sie sich in männlich dominierte Bereiche vorwagen. Frauen sind historisch gesehen *Newcomers* (ebd., 99) und daher im Vergleich zur alteingesessenen Gruppe[165] der Politik (und vielen ähnlichen patriarchal strukturierten Institutionen) Fremde. Auch wenn demokratische Institutionen als geschlechtsneutral eingestuft werden, verkörpern sie das männliche Prinzip. Männer bestimmen als die Etablierten die Aufgabenstellung, und sie bieten den historischen Newcomers Orientierung an.

Eine zusätzliche Verunsicherung für Frauen stellt die jahrhundertealte Gleichung, Öffentlich = Politik = Mann und Privat = Haushalt = Frau, dar. Frauen werden in unserer Gesellschaft immer noch über Mütterlichkeit und Weiblichkeit definiert, und daher *»ist der Schritt aus dem Haus immer – zumindestens potentiell – verbunden mit einer Diskriminierung ihrer – weiblichen – Fähigkeiten als Mutter, Ehepartnerin und Hausfrau; und solange Weiblichkeitsvorstellungen noch an diesen kulturellen Zuschreibungen orientiert sind, Frauen sich also ›selber in Weiblichkeitsstereotypen denken‹, wird für Frauen diese Diskriminierung immer auch mit einer Bedrohung ihrer Identität verbunden sein«* (ebd., 100).

Politikerinnen werden von ihren männlichen Kollegen oft als *»nicht ausreichend politikfähig«* angesehen, sie werden belehrt und ihre inhaltliche Arbeit wird bisweilen sogar überprüft. Hinzu kommt, daß sie oft nicht ernst genommen oder gar ignoriert werden, was darin deutlich wird, daß Männer die Redebeiträge von Mandatarinnen einfach überhören.

Die Landespolitikerinnen, die Bärbel Schöler-Macher im Zuge ihrer Untersuchung befragte, fühlten sich unter anderem vom *»formellen und informellen Regelwerk der Politik«* sowie von deren *»Handhabern, Anwendern und Urhebern«* (den Männern also) irritiert.

Negativ und überrascht äußerten sich die FPÖ-Politiker – vor allem zu Beginn ihrer Politkarriere – über das sogenannte politische Geschäft, mit dessen *»starren beziehungsweise erstarrten Strukturen« sie nun konfrontiert werden.* Die Hierarchisierung und Bürokratisierung der Politik erlebten sie sogar als beängstigend. Einige Politikerinnen befürchteten, daß die Betroffenheit über und Anteilnahme an Problemen im Laufe ihrer politischen Tätigkeit abnehmen oder gar abstumpfen könnte. Aus diesem Grund bevorzugen Frauen den Kontakt zur Basis, zu den *»ganz normalen Menschen«*. Kritik äußern sie vor allem an der Distanzierung[166], an der *»Abgehobenheit der Politik, deren Abspaltung von Gefühlen, von Lebenspraxis, -alltag und -erfahrung, von dem Persönlichen schlechthin sowie die Orientierung der Politik(er) an der Machbarkeit«* (Schöler-Macher). Entwicklungen, die sie männlichen Berufspolitikern zuschreiben, die fernab vom Leben stehen und die vorrangig darauf bedacht sind, wiedergewählt zu werden. Gegen diesen Politikertypus wehren sie sich und unterstreichen im Gegenzug ihre eigene Berufsausbildung und -erfahrung.

Die zeitlichen Strukturen und Rahmenbedingungen der Politik sind ausschließlich auf das männliche Leben zugeschnitten und nehmen daher auf private und familiäre Verpflichtungen keine Rücksicht. Abendlich angesetzte Sitzungen, die bis spät in die Nacht andauern, Wochenenddebatten und Sonntagsfrühschoppen empfinden Politikerinnen oft als belastend, weil sie auch an andere Aspekte des Lebens – an ihr Privatleben, an die Familie und die Kinder – denken und Rücksicht darauf nehmen müssen und wollen. Politik wird erfahrungsgemäß nicht nur in Parlaments- oder Klubsitzungen gemacht, sondern auch/oder an Orten außerhalb der parlamentarischen oder parteipolitischen Räume, etwa in Kneipen und Restaurants. Wollen Politikerinnen an diesen traditionell männlichen Stammtischrunden teilnehmen, müssen sie sich den Zugang erst erobern.

Frauen charakterisieren ihre männlichen Kollegen oft als *»kämpfende Strategen«*, da diese im Vergleich zu ihnen oft schon am Beginn der politischen Laufbahn genaue Vorstellungen über den Verlauf ihrer Karriere hätten. Dieses planerische und strategische Vorgehen fehlt weiblichen Akteurinnen in der Politik oftmals. Männer gehen nicht in die Politik, um etwas zu verändern, sondern um etwas zu werden. Daher formulieren sie Wünsche, Bedürfnisse und Forderungen meist auch selbstbewußter als Frauen.

In den Interviews, die diesem Buch zugrundeliegen, äußerten sich die befragten Politikerinnen zunächst kaum über unangenehme oder gar befremdliche Gefühle gegenüber ihren Kollegen. Im Laufe des Gesprächs kam es jedoch sehr wohl zu derartigen Aussagen: »*Jung und eine Frau zu sein ist (…) ganz schwierig. Sie sagen: ›Mei ist die liab und sympathisch und nett ist sie‹. (...) Aber ernst genommen wurde ich in meinem damals relativ jugendlichen Alter und noch dazu als Frau nicht so richtig*« (Interview 4).

Im Vergleich zu damals, als sie noch als »kleine Bundesrätin« in Begleitung eines männlichen Pressereferenten durchs Land »*getingelt*« sei, hätte sie es in ihrer jetzigen Position nicht mehr so schwer. Damals sei oft angenommen worden, daß nicht sie die Vortragende ist, sondern ihr männlicher Begleiter. Politische Kompetenz werde ihr aber auch heute noch oft abgesprochen, obwohl sie seit zwei Jahren zum »*Hofstaat*«[167] der Partei gehöre. Von manchen Leuten werde sie immer noch als »*Sekretärin*« eingestuft:

»*Es rufen unheimlich viele Leute bei jeder Partei an (...) und es war oft so, daß sie das Gefühl hatten, (...) sie reden mit einer Sekretärin, und dann gesagt haben: ›Kann ich nicht mit jemandem Kompetenten sprechen‹. Ich hab' dann gesagt: ›Ja, Sie können mir ihr Problem erzählen und ich werde mich dann um sie bemühen‹. ›Ja, aber haben's nicht irgendjemanden, der sich da auskennt?‹*« (Interview 4).

An einer anderen Stelle erwähnt diese Interviewpartnerin, daß weibliche Politikerinnen nach außen hin – etwa bei Podiumsdiskussionen – anders wahrgenommen werden als ihre männlichen Kollegen. Verbal aggressives Verhalten von Frauen werde immer wieder negativ aufgenommen. Eigenschaften, die bei männlichen Kollegen als »*Härte, Konsequenz, Durchsetzungskraft, als forsches und selbstbewußtes Auftreten*« registriert würden, würden bei einer Frau als »*querulatorisch, keiffig und irgendwie negativ*« empfunden. Auch bei Parlaments- und Bundesratsdebatten hätte sie ähnliche Erfahrungen gemacht:

»*Im Bundesrat geht's ja meistens net so wild her, aber ab und zu wird's doch ein bißchen heftig, und dann herrscht immer gleich großes Entsetzen, wenn eine Frau einmal ein bißchen aggressiver wird, was ja auch mensch-*

lich ist. Manchmal ärgern mich halt Sachen, und mir wird dann deutlich, und anderen Kolleginnen geht's genauso, daß das in der Außenwirkung immer negativ gesehen wird« (Interview 4). Zuschreibungen wie *»Xanthippe«* oder *»Keiff'n«* sind ihr dabei schon öfters zu Ohren gekommen. So erinnert sie sich, gehört zu haben: *»Mein Gott, wenn die daheim auch so ist, der arme Mann« oder »Hast du das gehört! Wie die aggressiv war, und ist das nicht schrecklich, wie das schlecht wirkt und so«* (Interview 4).

Sie kommt zu dem Schluß, daß die Erwartungen an Frauen zu hoch und vor allem kaum zu erfüllen sind. Frauen sollen stets über den Dingen stehen und dabei immer sachlich bleiben. Eine Gratwanderung, die ihre Parteikollegen von den Fraktionsfrauen offenbar erwarten:

»Wenn eine Frau energisch ist, dann ist sie gleich a Keiff'n. Wenn sie sich nicht allen beugt, dann ist sie schwierig oder launenhaft oder ähnliches, während diese Vorurteile bei Männern nicht gelten« (Interview 9).

Eine andere Politikerin meint, daß Frauen früher wie heute von ihren männlichen Kollegen geringschätzig behandelt und lächerlich gemacht worden seien/würden. Schwer hätten es Politikerinnen früher wie heute, vor allem *»in einer Partei, wo eben der Mann das Sagen hatte, aus der Tradition«* heraus (Interview 8). Dennoch sieht sie Unterschiede: Während Frauen heute eher als *»Rivalinnen«* – die Männern den Platz wegnehmen – gesehen würden, hätten Frauen zu ihrer Anfangszeit eher damit zu kämpfen gehabt, daß sie nicht *»für voll genommen«* und als *»Was-will-denn-das-Tschapperl«* abgewertet worden seien. An das Einbringen von Gefühlen in die Politik und die andere Sprache von Frauen, die vor allem bei politischen Auseinandersetzungen zum Tragen käme, hätten sich Politiker heute schon mehr oder weniger gewöhnt, meint die ehemalige Parteifrau. Diskriminierungen und Herabsetzungen von weiblichen Politikerinnen stünden dennoch bei ihren männlichen Ex-Kollegen und ganz allgemein im Parlament auf der Tagesordnung:

»Natürlich, die (Politikerinnen, M.R.) werden ausgelacht. Das ist heute noch so im Parlament. Wenn jemand net schön ist oder sich anders bewegt als andere Frauen, da seh' ich heut' noch gewisse Männer vor mir – und es ist offensichtlich und hauptsächlich bei den Freiheitlichen so –, wie sie über diese Frau lästern. Es gibt auch Zwischenrufe, in denen die Frau madig gemacht wird, das gibt es immer noch. (...) Wenn es nicht paßt, was die Frau sagt, dann wird versucht, sie als Frau fertigzumachen: ›Du Tschapperl sei still, lies net ab usw.‹. (...) Es passiert täglich, daß eine Frau lächerlich gemacht wird. Natürlich nicht von allen, es sind schon (...) gewisse Männer« (Interview 8).

Politik als Männerbund

Eva Kreisky prägte den Begriff vom Staat als Männerbund: *»›Berufspolitik‹ ist als ein Auf und Ab von Männerfreundschaften (-feindschaften) zu beschreiben. Sie ist eine männlich verfaßte und genormte Welt, in der nur ›männliches (sachlich-distanziertes) Verhalten‹ als ›richtiges‹ politisches Verhalten angemessen erscheint«* (Kreisky 1994, 193). Die Geschlossenheit der Reihen, eine gewisse Homoerotik, bestimmte Initiationsriten, Seilschaften, Hierarchisierung, Aufrechterhaltung der Trennung von Privatheit und Öffentlichkeit und die Ausgrenzung von Frauen seien die wesentlichsten Kriterien, die einen Männerbund ausweisen (vgl. Kreisky 1994, 201). Kreisky bezeichnet die heutige Berufspolitik als losen Männerbund. Während früher ein ›offener‹ Frauenausschluß aus dem Männerberuf Politik praktiziert worden sei, so Kreisky, finde er heute in einer verschleierten Form statt. *»Die Affinität des politischen Systems zu Männlichkeitswerten und -vorstellungen nützt Männern in doppelter Weise, weil sie ihre politische Karrieren befördert und zudem Geborgenheit in den entfremdeten Strukturen der Berufspolitik schafft. Beides arbeitet aber gegen Frauen: Ihr politisches Fortkommen wird behindert, und sie bleiben Fremde im politischen Männerland«* (ebd., 201).

Die meisten der befragten Politikerinnen bestreiten zwar nicht, daß männerbündische Strukturen in der Politik beziehungsweise in ihrer Partei existieren. Ausgeschlossen oder uninformiert fühlen sich die befragten Politikerinnen aufgrund ihres Geschlechts dennoch nicht. Die meisten sind davon überzeugt, daß jene Informationen, die in Ausschüssen, in Klubsitzungen oder Vorstandssitzungen an sie weitergegeben würden, für ihre politische Tätigkeit ausreichten. Hinsichtlich der Beschaffung von Informationen sei – wie eine FPÖ-Politikerin erzählt – *»jede selbst verantwortlich«*, auch dafür, *»worüber oder wie sie sich informiert«* (Interview 11).

Daß sich die Politikerinnen nicht ausgeschlossen fühlen, begründet eine Parlamentarierin damit, daß sie den Umgang mit Männern von klein auf gewohnt sei, weil sie in einer Männerwelt aufgewachsen sei und beruflich vorwiegend mit Männern zu tun gehabt hätte. Wenn sie in eine Sauna gehe, dann besuche sie nur die *»gemischte Sauna«*. Mit *»Sauna-Männergesprächen«* hätte sie prinzipiell kein Problem, denn sie würde sie entweder überhören oder aber mitdiskutieren (Interview 11).

Eine Politikerin fühlt sich dezidiert von informellen Männernetzwerken ausgeschlossen, jedoch nicht wegen ihres Geschlechts, sondern wegen ihrer eigenwilligen und schwierigen Persönlichkeit:

»Ich bin überhaupt nicht eingebunden in dieses Netzwerk. Wenn i' net so viel arbeiten würde und nicht aus meiner früheren Zeit so viel Akzeptanz hätte, dann wäre ich wahrscheinlich schon lange weg. Ich habe eben keine Seilschaften, weil ich ein eigenwilliger Mensch und schwer einzubinden bin und weil ich als schwierig gelte« (Interview 9).

Eingebunden und informiert fühlt sich auch jene Frau, die auf eine 20jährige politische Laufbahn bei den Freiheitlichen zurückblickt:

»Wenn ich mit den Männern zusammen war, in irgendeinem Gremium oder auf einer Reise (...), habe ich mich nie ausgeschlossen gefühlt. Da war ich voll akzeptiert. Ich konnte das nicht feststellen, daß mich da jemand hinter meinem Rücken ausgeschlossen hätte, damit kann man noch was besprechen. Es gibt natürlich Momente, in denen sich die Frau von selbst zurückzieht, etwa wenn man länger sitzt (...) oder wenn getrunken wird und ich net mitmachen will, aber das war für mich nie ein Ausschluß, sondern ich habe mich da freiwillig zurückgezogen« (Interview 8).

Andere wiederum bezweifeln die Relevanz von informellen Gesprächen und Entscheidungen in außerparlamentarischen Männerrunden. So auch die Spitzenpolitikerin, die sich im engsten Umfeld von Jörg Haider bewegt. Seilschaften oder Männerzirkel hätte sie nicht wahrgenommen:

»Nein (...) diese Erfahrung hab ich nicht gemacht, wobei ich sagen muß, daß das subjektiv ist. Dadurch, daß ich immer im engsten Führungskreis der Partei tätig war (...)wußte ich viel. Selbst, wenn es irgendeine Seilschaft gibt, die sich in irgendeinem Fußballklub etwas ausmacht, muß sich die ja trotzdem in irgendeiner Phase des Entscheidungsprozesses einem Gremium stellen, weil sie ihr Anliegen ja sonst nicht umsetzen kann. (...) Zumindest für uns kann ich sagen, daß da nichts in irgendwelchen Hinterkämmerchen ausgebrütet wird. Dafür sind wir auch viel zu klein, (...), es gibt höchstens zwei oder drei Grüppchen« (Interview 4).

Zusammenfassung

In den neunziger Jahren ist es kaum mehr möglich, sich offen zum Ausschluß von Frauen aus der Politik zu bekennen. Dies gilt auch für die FPÖ. Das Männerbündische der traditionellen politischen Institutionen wird durch die »Frauenquotierung« und den Druck durch Frauenpolitikerinnen stärker »aufgeweicht«, ein politisches Bekenntnis zur Gleichberechtigung der Geschlechter steht jedoch bislang aus.

Während die FPÖ bis in die achtziger Jahre eine Männerfraktion war, sind die Freiheitlichen heute gezwungen, Frauen Zugeständnisse zu machen und ihnen größeren politischen Einfluß einzuräumen. Trotz Jörg Haiders anti-feministischer Einstellung hat sich seit seiner Parteiübernahme der numerische Frauenanteil allmählich erhöht. Die neuen Mandatarinnen erhalten aufgrund der Stimmen- und Mandatszugewinne sogar Leitungs- und Spitzenpositionen – auch dann, wenn sie keine langjährige politische Laufbahn vorweisen können. Dahinter verbergen sich keine persönlichen Überzeugungen, sondern wahltaktische und machtpolitische Überlegungen. Mit Frauen in Führungspositionen sollen *»Zeichen gesetzt werden«* (Interview 14), um Modernität und Frauenfreundlichkeit zu signalisieren. Tatsächlich dienen die Politikerinnen oft nur dazu, die Stimmen zu maximieren und Jörg Haiders familienpolitische Ideen umzusetzen. Überzeugt, daß Frauen mehr Platz in der Politik eingeräumt werden soll, ist die Männerriege der FPÖ nicht. Dies bestätigen auch Aussagen von Interviewpartnerinnen, die zugeben, daß Frauen nur als *»notwendiges Übel«* geduldet und toleriert würden und keine gleichberechtigten Berufskolleginnen darstellten. Obwohl einige der interviewten Frauen, Jörg Haiders Strategien durchschauen, wollen sie nicht wahrhaben, daß sie für bestimmte politische Karriereziele benutzt werden und sich der Freiheitlichenchef hierbei einer Doppelstrategie bedient.

Parallel zum Nationalrat ist auch auf der Landesebene der Frauenanteil der FPÖ seit 1984 bzw. 1986 gestiegen. In den Gremien der Landesregierungen sitzen derzeit 20 Frauen unter insgesamt 96 (Stand von Oktober 1997) freiheitlichen Volksvertretern. Der Frauenanteil im Parlament beträgt derzeit 19%. Damit sind die Freiheitlichen von der Drittelmarke weit entfernt. Vergleicht man die Ressorts, die die Parlamentarierinnen und Landesrätinnen innehaben, so überwiegen die *»klassischen Frauenbereiche«* wie Soziales, Bildung, Jugend und Familie bzw. Frauen. Auch wenn sich einige der befragten Frauen nicht von vorneherein diesen

Bereichen zuordnen lassen wollen, ist es für sie nicht leicht, in einen atypischen Frauenausschuß wie z.B. der Landesverteidigung zu gelangen. Männer räumen nicht gerne ihre Felder.

Während die Wahlerfolge der FPÖ bisher hauptsächlich auf männlichen Wählern basier(t)en, ist ein Zuwachs an weiblichen Wählerinnen in letzter Zeit nicht zu übersehen. 1994, unmittelbar nach dem Anti-Ausländervolksbegehren, sank der Wählerinnenanteil zwar auf 43%, und 1995 gar auf 42% – den bis dahin niedrigsten Stand. Trotz dieser zeitweiligen Einbußen ist eine Verdoppelung des Wählerinnenanteils von 1986 bis 1995 feststellbar. Bei den berufstätigen jungen Frauen hat sich der Prozentsatz beinahe verdreifacht. Dennoch ist der numerische Anteil an Wählerinnen deutlich geringer als jener der Männer. WählerInnenanalysen zufolge votieren vor allem junge Frauen aus der höheren Bildungsschicht (Maturantinnen, Studentinnen und junge Akademikerinnen) wesentlich weniger häufig als ihre männlichen Kollegen für die Freiheitlichen. Auch der Anteil an jungen Männern ohne Matura ist bei der FPÖ doppelt so hoch wie der junger Frauen gleicher Ausbildung.

Die Gründe für diesen Zugewinn an Frauenstimmen orten Wahlforscher in der Unzufriedenheit und Enttäuschtheit der Frauen über die Politik der Regierungsparteien. Die von ihnen geschnürten Sparpakete und nicht eingehaltenen Wahlversprechen, z.B. *»Beruf und Familie dürfen kein Widerspruch sein«* dürften die Hauptursache sein. Anzunehmen ist aber auch, daß die FPÖ frauenpolitische Slogans publiziert, die in Zeiten zunehmender Unsicherheit – sowohl am Arbeitsplatz als auch in der Familie – seine Wirkung zeigen. Wenn für Frauen der Zugang zum Arbeitsplatz schwerer wird und die soziale Lage existenzbedrohend, wirken vielleicht *»Erziehungsgeld, Kinderbetreuungsscheine, Familiensplitting, steuerliche Entlastung für sozialschwache Familien«* wie Balsam. Welche Frau wünscht sich nicht eine finanzielle Aufwertung ihrer Arbeit? Daß Vorschläge dieser Art eine Falle für Frauen – nämlich ein Zurückdrängen aus dem Arbeitsmarkt – bedeuten können, muß hier ausdrücklich betont werden.

Der punktuelle Wählerinnenschwund im Jahre 1995 war unter anderem mitverantwortlich für die Gründung einer freiheitlichen Fraueninitiative, IFF. Daß dieser neu geschaffene Zusammenschluß der FPÖ-Frauen im selben Jahr ein Grund für den Zuwachs unter den Arbeiterinnen ist, ist wenig wahrscheinlich. Hier dürfte eher Jörg Haider selbst gepunktet haben. Initiert wurde die Frauen-Organisation jedenfalls primär, um den Wählerinnenanteil zu erhöhen. Damit wurde bei den Freiheitlichen erstmals Frauenpolitik von Familienpolitik getrennt; wenn auch nur auf einer formalen Ebene.

Bei der Analyse der Interviews stellte sich heraus, daß jene Frauen, die im Unfrieden von der Parteiführung geschieden waren, einen politischen Bewußtseinsprozeß durchgemacht haben, der sie selbstbewußter werden ließ. Ihre Besinnung auf *»Eigen-Macht«* und *»Konfliktfähigkeit«* ließ ihre frühere Männerorientierung brüchig werden. Sie alle betrachten Frauenpolitik, Feminismus und Emanzipation heute reflektierter als früher. Die Ex-FPÖ-Parteifrauen unterscheiden sich von den heutigen FPÖ-Politikerinnen daher in vielen Bereichen.

In einer Partei wie der FPÖ, in der Frauen bis vor kurzem fast gänzlich ausgeschlossen waren, orientieren sich die befragten Politikerinnen nicht an ihren Geschlechtsgenossinnen, sondern an ihren Kollegen. Das beginnt bereits bei der Sprache. Haiders bekannt aggressive Rhetorik ist zwar nicht jene der Interviewpartnerinnen, doch bei *»heißen«* Debatten und Diskussionen greifen auch die FPÖ-Frauen zu drastischen Vokabeln.

Auch die konsequente Pflege der parteiinternen *»Männersprache«* und die Ablehnung geschlechtsneutraler Formulierungen machen deutlich, daß die FPÖ-Politikerinnen ihre Rolle als Frauen zu wenig reflektieren und das Männliche in Gesellschaft und Politik als *»normal«* betrachten. Und das, obwohl sie als Frauen und Politikerinnen von den Errungenschaften der Frauenbewegung und jener engagierten Frauenpolitikerinnen profitieren, die sich in den letzten zwanzig, dreißig Jahren um die gesetzliche und die gesellschaftliche Gleichstellung der Geschlechter bemüht haben. Dies bestätigt, daß Politikerinnen der FPÖ zwar zu den Modernisierungsgewinnerinnen und Nutznießerinnen der Frauenbewegung zählen, selbst jedoch nichts oder nur wenig zur Geschlechtergerechtigkeit beizutragen haben.

Die befragten Politikerinnen in und aus der FPÖ sind durchwegs gut ausgebildet, aber auch weniger qualifizierte Frauen haben Chancen, Spitzenpositionen bei der FPÖ zu erlangen. Die Annahme, die berufliche Qualifikation würde den politischen Einstieg und Werdegang erleichtern, hat sich bei den Frauen nicht bestätigt. Gute Ausbildung und berufliche Qualifikationen werden bei der Rekrutierung zwar begrüßt, sind aber für die Erlangung eines politschen Amtes letztlich unbedeutend. Was zählt, ist das Geschlecht, denn die FPÖ-Führung hat ein massives Interesse, eine möglichst *»bunte Mischung«* aus allen Bevölkerungsschichten in einer Partei zu versammeln, und dazu gehören eben auch Frauen.

Die überwiegende Mehrheit der Gesprächspartnerinnen wurde bereits in ihrer Herkunftsfamilie mehr oder weniger politisch geprägt bzw. durch die Ehemänner politisiert. Letzteres trifft eher auf die Älteren unter den Befragten zu. Kirche und Religion spielten bei der Politisierung der heranwachsenden Frauen offenbar keine prägende Rolle, zumindestens kamen religiöse Themen in den Interviews kaum vor. Auffallend am politischen Willensbildungsprozeß der Frauen war, daß der Vater oder ein männliches Familienmitglied die politische Zukunft der Frauen entscheidend prägte. Nur eine der Befragten erlebte eine selbstbewußte Mutter, an der sie sich im späteren Leben und in der Politik orientierte.

Die Entscheidung für die Politik beziehungsweise für die Parteipolitik hatte bei allen Frauen mit Männern zu tun: entweder Ehemännern oder Freunden aus Vorfeldorganisationen der FPÖ oder Parteifreunden. Diese involvierten die Frauen in politische Belange und erwiesen sich in den meisten Fällen auch als politische Gönner und Förderer (später auch Feinde). Wenngleich bei vielen eine latente Bereitschaft für ein politisches Engagement vorhanden war, so waren die Männer der Motor für den Schritt in die Politik.

Ideologische Argumente wie *»Parteienproporz, steuerrechtliche Ungerechtigkeiten, Mißstände in der Kommunalpolitik, Ankämpfen gegen Machtansprüche von absoluten Mehrheiten, Privilegienmißbrauch, Unzufriedenheit mit der politischen Landschaft, Parteibuchwirtschaft der Großparteien«* werden von den befragten Politikerinnen als Begründung für ihr parteipolitisches Engagement genannt. Letzlich spielen sie jedoch im Vergleich zur tagtäglichen Routinetätigkeit als Zuträgerinnen für die nach wie vor männlich geprägte Politik der FPÖ eine untergeordnete Rolle.

Als Hauptmotiv für den Beitritt zur FPÖ stellte sich ein zentrales Motivationsmuster heraus, nämlich das *»Streben nach Gerechtigkeit«*. Auch wenn die Politikerinnen unterschiedliche Erfahrungen mit Gerechtigkeit gemacht haben, eint sie das offizielle Parteidogma vom Kampf gegen die Ungerechtigkeit. Die Interviewpartnerinnen verstehen sich alle mehr oder weniger als Vertreterinnen der Schwachen und Hilflosen in unserer Gesellschaft. Als die *»guten, sauberen und tüchtigen Mächtigen«* sind sie überzeugt, im Namen der Schwachen *»gerecht«* zu handeln. Es läßt sich jedoch an mehreren Beispielen zeigen, daß die sogenannten kleinen Leute nicht vertreten werden, sondern eine bloße Handlungsschablone darstellen, um Parteipolitik zu betreiben. Das

»gönnerhafte, partriarchale« Gerechtigkeitskonzept der Freiheitlichen (*»Gerechtigkeit von oben«*) steht so in einem deutlichen Widerspruch zum Gleichheitskonzept. Reale Geschlechtergerechtigkeit ist nicht das Ziel der Freiheitlichen, Gerechtigkeit wird auch in diesem Punkt bloß *»vorgespielt«*. Denn: Die Politiker und Politikerinnen der FPÖ halten an der *»Zementierung der traditionellen Geschlechterverhältnisse«* und an der Trennung von Öffentlichkeit und Privatheit fest. Frauen agieren im Hintergrund und leisten inhaltliche Zuarbeit. Männern wird die (Medien-) Öffentlichkeit wie selbstverständlich zuerkannt und überlassen – auch in Frauenfragen. Konflikte werden aus Parteiloyalität immer nur intern und systemkonform ausgetragen.

Die FPÖ ist für die Politikerinnen oft auch Familien- und Religionsersatz. Dies kommt darin zum Ausdruck, daß sie an Jörg Haider und/ oder die FPÖ *»glauben«* bzw immer *»geglaubt haben«* (Interview 7). Dort, wo der Glaube an die Partei Enttäuschungen mit sich bringt und sich nicht mit den Eigeninteressen deckt, sind die Politikerinnen bereit, *»Opfer«* zu erbringen. Parteiobmann Haider fungiert dabei als politisches und persönliches Leitbild. Daß die Frauen von ihm fasziniert sind, spiegelt sich in den Interviews ständig wider. Einige nennen Jörg Haider dezidiert als Beitrittsmotiv, andere begeisterten sich im Laufe ihrer Tätigkeit für ihn, dritte begannen gar, sich mit ihm zu identifizieren. Haiders Charaktereigenschaften und politischen Fähigkeiten (*»zuhören können«*, *»immer über alles reden können«*, *»bewegt sein«*, *»Menschlichkeit«* etc.) werden so gefiltert, daß sie dem entsprechen, wie die Politikerinnen die Welt und ihre Repräsentanten haben wollen.

Bei der Analyse der Karriereentwicklung von Politikerinnen wurden zahlreiche Widersprüche deutlich. Die befragten FPÖ-Spitzenpolitikerinnen stellen sich einerseits als politische *»Zufallsprodukte«* dar, denen Politik einfach *»passiert«* sei. Andererseits deklarieren sie sich als *»fleissige Bienen«*, die nur aufgrund ihres Engagements, ihrer Leistung und ihres persönlichen Einsatzes politische Ämter bekleideten. Die Frage nach einer gezielten oder bewußten Karriereplanung wiesen die Politikerinnen durchwegs von sich, nur eine Kommunalpolitikerin äußert klare Karriereziele.

Widersprüchliche Eindrücke vermittelten die Politikerinnen auch bezüglich ihrer politischen Handlungsmöglichkeiten. Auch wenn viele der Befragten behaupten, am Entscheidungs- und Willensbildungsprozeß der Partei aktiv teilzunehmen, entpuppen sie sich bei genauerem Hinsehen oft nur als Erfüllungsgehilfinnen und Zuarbeiterinnen ihrer Fraktionskollegen. An einigen Beispielen zeigt sich außerdem, daß nicht sie über ihre Ressorts entscheiden, sondern die Parteiführung. Ob sie Karriere machen können, liegt nicht in ihrer Macht, sondern hängt von ihren Förderern oder Gegnern ab. Trotzdem lehnen alle aktiven Parteipolitikerinnen die Quotenregelung als frauenpolitisches Instrumentarium ab. Ebenso wie die neuen Quereinsteigerinnen, denen Jörg Haider Blitzkarrieren ermöglicht, postulieren sie: »Wir schaffen es auch ohne Quote.«

Im konkreten Politikalltag richtet sich ihr (frauen)politischer Einsatz jedoch gegen emanzipierte und feministische Politikerinnen. Sie treten für die Abschaffung des Frauenministeriums ein und verurteilen die zahlreichen (gesetzlichen und politischen) Errungenschaften der Frauenpolitik der letzten Jahrzehnte. Die überwiegend ablehnende Haltung gegenüber dem Frauenvolksbegehren beweist, daß FPÖ-Funktionärinnen Frauensolidarität über die Parteigrenzen hinweg ablehnen.

Analysiert man die Aussagen und Einstellungen der Frauen zur Frauenpolitik, so ist die Bezeichnung *»Trittbrettfahrerinnen«* (Elfriede Hammerl) der Frauenbewegung für sie sicherlich zutreffend. Die positiven Errungenschaften der Frauenpolitik der vergangenen Jahrzehnte werden wie selbstverständlich übernommen, zugleich wird permanent gegen radikalere frauenpolitische Forderungen gewettert.

Daß Frauen in der Politik an Barrieren und Hürden stoßen, erkennen die Politikerinnen nicht an (oder wollen es nicht erkennen), obgleich einige gar ihr Spitzenmandat verloren haben. Unerwähnt blieben auch die privaten Probleme, die die Verbindung von Familie und Politik erschweren. Auch wenn sich viele, vor allem ältere Politikerinnen, mehr Unterstützung und Hilfe von ihren Ehepartnern wünschen, fordern sie keine reale Änderung der Aufteilung der Reproduktionsarbeit.

Neben der Leugnung der Geschlechterverhältnisse in Politik und Gesellschaft vertreten die Politikerinnen auch traditionelle Geschlechterideologien. So werden immer wieder sozio-emotionale Unterschiede zwischen den Geschlechtern auf der Basis von biologischen Differenzen postuliert. *»Am Umgang mit der ›Natur der Frauen‹ sind Frauenorganisationen feministisch zu messen. Wenn sie den Vergesellschaftungsaspekt und die Herrschaft im Geschlechterverhältnis nicht klar und deutlich herausstreichen, dann tragen sie mit dazu bei, politisch Gemachtes biologistisch zu verbrämen, den Geschlechterkonflikt zu verharmlosen und die männerorientierte Politikausrichtung zu stützen«*, schreibt Sieglinde Rosenberger (1991, 43). In diesem Sinne repräsentieren die FPÖ-Frauen keineswegs eine aufgeklärte und moderne Gruppe von Frauenpolitikerinnen, sondern sie tragen vielmehr entscheidend zum *»Backlash«* der österreichischen Frauenbewegung und -politik bei.

Anhang

Die Methoden der Untersuchung

Die Fragestellung

Wie bereits in der Einleitung angeführt, ist das empirische Kernstück dieser Arbeit eine an den Prämissen und Verfahren qualitativer Sozialforschung ausgerichtete Untersuchung, in deren Zentrum offene Interviews mit vierzehn weiblichen Politikerinnen stehen, die derzeit aktiv für die FPÖ arbeiten oder sich einmal für diese Partei engagiert haben. Für eine genauere Erkenntnis über ihre Rolle in der Partei waren folgende Fragestellung von Bedeutung: Wie wurden diese Frauen politisiert und wie kamen sie in die Politik? Was wollen sie in der Politik erreichen, was gab den Anstoß, politisch zu arbeiten? Welche Motive sind beziehungsweise waren ausschlaggebend für den Parteibetritt und für ihr politisches Engagement? Welche ideologischen Inhalte vertreten sie? In welchen Bereichen gibt es inhaltliche, ideologische Widersprüche? Inwiefern nehmen F-Politikerinnen an den parteiinternen Willens- und Entscheidungsbildungsprozessen teil oder nicht? Was ist für sie das Faszinierende oder Attraktive an der heutigen Freiheitlichen Partei unter der Führung Jörg Haiders? Welche Beziehung haben sie zu ihm? Wie erleben sie seine Politik? Wie beurteilen sie sein Frauenbild, seine Einstellung zu Frauen? Welches Politikverständnis haben FPÖ-Politikerinnen? Angesprochen wurden auch Fragen zu Macht, Konkurrenz und Konflikt in männerbündischen Strukturen (Seilschaften, informelle Entscheidungsstrukturen) innerhalb der Partei und Politik.

Da schwerpunktmäßig Politikerinnen befragt wurden, die bis in den Nationalrat beziehungsweise bis in die parlamentarischen Gremien (auch europäisches Parlament) gekommen sind, also erfolgreiche Spitzenpolitikerinnen wurden, erwuchs auch die Frage, welche Hindernisse und Schwierigkeiten sich bei der persönlichen Karriereplanung ergaben. Gibt es Unterschiede zwischen männlichen und weiblichen Karrieremustern in der Politik, in der Partei?

Gerade in letzter Zeit hat sich das Bild des sogenannten Berufspolitikers deutlich gewandelt. Die Politik scheint heutzutage ohne Newcomers und QuereinsteigerInnen nicht mehr auszukommen. Ein Phänomen, welches von allen fünf österreichischen Parteien bei den Freiheitlichen am weitesten entwickelt ist. Wie beurteilen und erleben Frauen –

als Betroffene, als Basis- und Spitzenpolitikerinnen – diesen politischen Trend? Was sind die Vor- und/oder Nachteile dieses politischen Wandels?

Die Interviewsituation

Nicht erst das Zustandekommen der Interviews mit den Abgeordneten, sondern schon die Kontaktaufnahme zuvor gestaltete sich in einigen Fällen schwieriger als erwartet. Fast alle Politikerinnen zeigten eine gewisse Skepsis. Sie erkundigten sich vorher durch ihre SekretärInnen oder parlamentarischen MitarbeiterInnen, warum ich gerade sie ausgewählt hätte. Einige Male wurden die bereits vereinbarten Interviewtermine aus unterschiedlichsten (angeblich terminlichen, gesundheitlichen und anderen dringlichen) Motiven kurzfristigst verschoben oder die Interviews abgebrochen. Die persönlichen Begegnungen mit den FPÖ-Frauen würde ich durchwegs als »distanziert freundlich« bis »mißtrauisch« beschreiben.

Wie erwartet, hatte ich es auch mit einigen »Polit-Profis« zu tun, die mir immer dann, wenn ich persönliche Fragen stellte, als Politikerinnen antworteten, indem sie gekonnt auswichen oder verallgemeinerten – eine Grundstrategie, auf die ich zwar vorbereitet war, die aber dennoch irritierte.

Eine ungestörte und ruhige Interviewatmosphäre konnte trotz mehrmaliger Bitten meinerseits nicht bei allen Interviews gewährleistet werden.

Rückblickend betrachtet, spielten Zeit- und Raumnot gewiß mit eine Rolle, denn viele der F-Nationalratsabgeordneten kommen aus den Bundesländern und sind nur an bestimmten Tagen in Wien. Aber gerade an diesen Tagen waren im Klub der Freiheitlichen alle Räumlichkeiten besetzt und kaum Zeit und Gelegenheit für ein ungestörtes Interview. Die erste Interviewpartnerin, eine Abgeordnete zum Nationalrat, wollte das Interview – trotz Gesprächsvereinbarung und Kenntnis der Interviewdauer – *»schnell hinter sich bringen«* und brachte durch ihre knappen Antworten deutlich ihren Unwillen zum Ausdruck. Daß sie sich dann doch eineinhalb Stunden für die Befragung Zeit nahm, zeigte mir, daß sich das Untersuchungsthema letztendlich doch als interessant erwies. Ähnliche Erfahrungen machte ich bei zwei weiteren Abgeordneten. Skepsis und eine gewisse Vorsichtigkeit oder gar Angst vor einer Tonbandaufnahme wurden ebenfalls von einigen Parlamentarierinnen geäußert. Das Tonband wurde von mehreren Gesprächspartnerinnen nur unter der Bedingung zugelassen, daß ich ihnen eine Kopie des Bandes und auch das Transkript zukommen lasse. Dieses Versprechen wurde eingehalten.

Die Interviews dauerten im Durchschnitt zwischen ein und zwei Stunden, das kürzeste 40 Minuten und das längste zwei Stunden und 15 Minuten. Der Großteil der Befragungen fand im Parlament beziehungsweise in den Büros und Räumlichkeiten des Klubs der Freiheitlichen sowie des Liberalen Forums statt. Eine ehemalige Parlamentarierin und eine Kommunalpolitikerin luden mich zu sich nach Hause ein, ein Gespräch fand in einem Kaffeehaus, ein weiteres Interview mit einer Parlamentarierin an ihrem Arbeitsplatz statt.

Allen Befragten wurde Anonymität zugesichert, daher werden in der Auswertung keine Namen genannt. Die Interviews wurden mit Nummern versehen, um sie überprüfbar zu machen. Eine vollkommene Nichterkennung kann ich dennoch nicht garantieren.

Die Befragungsmethode

Für die empirische Untersuchung wurden themenzentrierte ExpertInneninterviews[168] mit einem narrativen Ansatz gewählt. Die Methode des »narrativen Interviews« wurde vor allem durch den Einfluß der phänomenologischen Soziologie[169] sowie die sozial-philosophische[170] und soziologische[171] Abteilung der Chicagoer Schule geprägt. Der Grund für die Heranziehung der Methode des narrativen Interviews beruht auf folgenden zwei Überlegungen: Erstens verschafft die Methode des narrativen Interviews Zugang zu unterschiedlichen Ebenen von Erfahrungsbildung im Alltag, in meiner Untersuchung den Zugang zum Politikalltag der weiblichen F-Politikerinnen. Zweitens war bei den Politikerinnen anzunehmen, daß sie durch die tagtäglichen – meist journalistischen – Befragungen über eine gewisse routinierte, angelernte Rhetorik verfügen. Ein Werkzeug beziehungsweise eine Fähigkeit, die für die politische Arbeit notwendig ist, für die vorliegende Arbeit – bei der es um das Entdecken und Finden von subjektiven Erfahrungen und Gefühlen ging – jedoch nicht. Mich interessierte an meinen Interviewpartnerinnen, als Expertinnen ihrer politischen Welt, was sie denken, wie sie handeln und warum sie so handeln.

Beim narrativen Interview geht es darum, dafür zu sorgen, daß die (intuitiven) Kompetenzen, über die wir im Alltag verfügen, eine Erzählung gestalten, die von einem/r ZuhörerIn verstanden und nachvollzogen werden und sich möglichst unbeeinflußt von der InterviewerIn entfalten kann. *»Das Stegreiferzählen ist ein schöpferischer Akt, es gestaltet den Strom der gemachten Erfahrungen weit über die anfänglichen Erwartungen und Vorabbilder des Erzählers hinaus«* (Schütze 1987, 184). Die reproduzierte Darstellung der Selbsterfahrung verleiht, nach Ralph Bohnsack, der Erzählung somit eine gewisse »Selbstläufigkeit«.

Um diesen narrativen Ansatz zu erreichen, wurde allen Expertinnen zu Beginn eine möglichst offene Frage gestellt, die zum Erzählen einladen sollte. Alle Gesprächspartnerinnen wurden mit derselben Eingangsfrage konfrontiert: *»Könnten Sie mir über jene Zeit zwischen Ihrer ersten politischen Aktivität und dem Eintritt in die Bundespolitik erzählen? Es kann sein, daß Ihre erste politisch bewußt gesetzte Handlung einige Jahre zurückliegt«. Um den Erzählfluß nicht zu unterbrechen, fügte ich dieser Anfangsfrage folgenden Satz hinzu: »Ich werde Sie vorerst nicht unterbrechen«.* Aus dieser Technik des Befragens ergibt sich logischerweise, daß kein Interview einem anderen gleicht. Alle Interviews sind verschieden. Um dennoch sicherzustellen, daß in den Interviews dieselben Schwerpunktthemen angesprochen werden, diente ein grober Leitfaden[172] als Grundlage, der vor allem in der zweiten und dritten Phase der Befragung, also beim immanenten Nachfragen und bei der gemeinsamen Rekonstruktion der Alltagsroutinen, herangezogen wurde.

Die Untersuchungsgruppe

Die Auswahl der Politikerinnen für die empirische Untersuchung erfolgte nicht nach dem Kriterium eines repräsentativen Samples, sondern nach inhaltlichen Vorgaben: Der überwiegende Teil der Politikerinnen sollte über den »vorparlamentarischen« Bereich hinausgekommen sein, ein Mandat im Parlament haben, Mitglied des Bundesrates, des Parteipräsidiums oder des EU-Parlaments sein. Wesentlich war mir, daß die Mehrheit der Befragten eine Spitzenfunktion innehat und zur Führungsspitze der Partei zählt oder gezählt hat. Alle Interviewpartnerinnen sollten Berufspolitikerinnen sein (beziehungsweise gewesen sein), was heißt, daß das Hauptgewicht ihrer Tätigkeit in der Politik und nicht im Privatberuf liegt (beziehungsweise gelegen ist). Die Dauer der politischen Erfahrung konnte unterschiedlich sein: von »Quereinsteigerinnen«[173] bis hinzu Frauen mit langer politischer Laufbahn.

Die Frage des Alters spielte bei der Befragung keine Rolle, die Befragten deckten jedoch sowohl die jüngere als auch die ältere Politikerinnengeneration ab. Die jüngste Interviewpartnerin war 36 Jahre alt, die Älteste 62 Jahre. Die Politikerinnen kommen aus verschiedenen

Bundesländern, aus Vorarlberg, Wien, Steiermark, Oberöstereich und Tirol. Ich erwähne diese Bundesländer insofern, als Oberösterreich und Steiermark noch immer zu den Hochburgen der FPÖ zählen (vgl. Luther 1997, 290).

Die Auswertung der Daten

Um unbewußte Einstellungen sichtbar zu machen und umfassende Aussagen tätigen zu können, war eine Auswertung aus rein politikwissenschaftlicher Sichtweise nicht ausreichend. Auch psychologische und soziologische Interpretationen waren notwendig, um das umfassende Material der vielen verschiedenen persönlichen Lebensgeschichten in den Griff zu bekommen.

In manchen Fällen war eine zusätzliche Überprüfung von parlamentarischen Protokollen und Aussagen in Medien notwendig. Die Rekonstruktion der Auswertung erfolgte einerseits nach der inhaltsanalytischen, andererseits nach einer *»dokumentarischen Interpretation«* (vgl. Bohnsack 1989, 376). Bei der dokumentarischen Interpretation werden nicht die erhobenen Daten »an sich« betrachtet, sondern diese werden als Anzeichen für dahinterstehende Sinn- und Erfahrungszusammenhänge angesehen, die es zu verstehen und zu erklären gilt. Bei der Auswertung haben sich zentrale empirische Rahmen ergeben, Themen, die sich aus den Erzählungen vollkommen selbständig entfalteten, das heißt, ohne daß ich die Frauen auf ein Thema angesprochen oder später nachgefragt hätte. Die Thematiken entwickelten sich innerhalb unterschiedlicher thematischer Rahmen. Das deutet darauf hin, daß es sich dabei um ein (kollektives, mileuspezifisches) *»handlungsorientiertes Orientierungsmuster«* handelt (vgl. Bohnsack 1997, 49-51). Folgende zentrale Rahmen haben sich ergeben: »Gerechtigkeit«, »Öffentlichkeit und Privatheit« und »Geschlechterrollen«.

Der Forschungsansatz

Als Kontrapunkt zur traditionell männlichen Sicht der Politikwissenschaft beruht diese Forschungsarbeit auf einem feministischen strukturkritischen Ansatz.

Feministische Forschung will heute nicht bloß Frauen zum Thema machen – auch wenn »männliche« Politikwissenschaft sie gern darauf reduziert –, sondern Feminismus als eine demokratische politische Praxis institutionalisieren, die die Unterdrückung und Ausbeutung von Frauen anprangert und zugleich die Gleichberechtigung der Geschlechter verfolgt (vgl. Fraisse 1995, 143).

Geschlecht als Kategorie, als struktureller Bestandteil politischer Prozesse, wurde hier ausdrücklich »eingeblendet« (Yvon-Prager 1996, 28). Durch die Einbeziehung der Kategorie Geschlecht wird es möglich, soziale und ökonomische Ungerechtigkeiten, die aufgrund des Geschlechts geschehen, sichtbar zu machen.

Einige wenige der hier befragten Frauen definierten sich dezidiert als *»Frauenrechtlerinnen«* (Interview 9), andere als demokratisch, aufgeschlossen, *»modern und emanzipiert«* (Interview 12), jedoch nicht in einem feministischen Sinn. Sie kritisierten den Begriff Feminismus, beziehungsweise brachten diesen sogar in Mißkredit, indem sie die Errungenschaften der Frauenpolitik der letzten Jahre als *»kontraproduktiv«* (Interview 7) und *»frauenschädigend«* (Interviews 12, 13) abwerteten. Feminismus ist aber keine philosophische Richtung, sondern eine politische Bewegung. Daher ist der Singular hier eigentlich irreführend, denn feministische Politik umfaßt viele verschiedene Strategien und Zielvorstellungen. Einwände dagegen lauten oft, daß Frauen nicht diskriminiert würden, weil sie sich nicht diskriminiert oder benachteiligt fühlten. Die Benachteiligung, Diskriminierung und Gewalt gegenüber Frauen ist jedoch ein Strukturproblem, das nicht von allen Frauen in gleicher Weise wahrgenommen wird. So kann z. B. von einer »Feminisierung von Armut« gesprochen werden, die nicht nur national, sondern auch international zu finden ist; Millionen von Frauen sind spezifischen Formen von Gewalt ausgesetzt, viele Belange der Öffentlichkeit sind in männlicher Hand, so etwa die Politik (vgl. Kreisky 1994, 1997). Daher läßt sich sehr wohl mit Herta Nagl-Docekal die Frage stellen: *»Wie kann jemand Demokrat sein und nicht Feminist?«*

Leitfaden

1. Eingangsfrage:

Könnten Sie mir über jene Zeit zwischen ihrer ersten politischen Aktivität und ihrer jetzigen Position als Nationalratsabgeordnete erzählen? Es kann sein, daß Ihre erste politisch bewußt-gesetzte Handlung bereits einige Jahre zurückliegt. Ich werde Sie ab jetzt nicht unterbrechen.

2. Immanentes Nachfragen:

ad. Primäre und sekundäre Sozialisation/Politisierung

- Herkunftsfamilie, Elternhaus, traditionelle Muster, Schule, Ausbildung, Vorfeldorganisationen, Parteien, Verbände usw.
- Wie würden Sie das politische Klima in ihrem Elternhaus beschreiben?
- Gab es eine politische Tradition in Ihrer Familie?

ad. Zugang zur Politik/Politischer Einstieg

- Wie war Ihre eigene politische Entwicklung? Warum wollten Sie Politikerin werden?
- Motivation: Wann und wodurch motiviert war Ihr Eintritt in die Politik/Partei?
- Wann und wodurch wurde Ihr politisches Interesse geweckt? (Vorbilder, Einflüsse?)
- Gab es irgendwann Überlegungen einer anderen Partei beizutreten?

ad. Innerparteilicher Werdegang bei der FPÖ

- Beitritt: Wie hat sich das abgespielt?
- Durch wen sind Sie in diese Partei gekommen?
- Welche Positionen, welche Erfahrungen wurden auf den einzelnen Positionen gemacht?
- Gab es FörderInnen/GegnerInnen? Welche?
- Wie wurden Sie in den Nationalrat kandidiert (Quotenregelung)?
- Gab es Widerstände/GegnerInnen?

ad. Attraktivität der Partei

- Hatten Sie eine Art persönliches Schlüsselerlebnis, das Sie zum Beitritt in die Partei bewegte? Warum sind Sie gerade der FPÖ beigetreten?
- Welche Motive waren ausschlaggebend? Was gab den Anstoß?
- Was ist das Faszinierende an dieser Partei?
- Welche Ideologie vertritt ihrer Meinung diese Partei?

ad. Jörg Haider

- Wie beurteilen sie Ihre Beziehung zu Haider?
- Wie beurteilen Sie Haiders Frauenbild/Frauenpolitik?
- Gibt es diesbezüglich Widersprüchlichkeiten?

ad. Ideologische Widersprüchlichkeiten

- Können Sie sich an einen schweren Gewissens- oder Interessenskonflikt erinnern?
- Hatten diese Auswirkungen auf ihre politische Karriere?

ad. Entscheidungs- und Willensbildungsprozeß
- Wo und wie werden parteipolitische Entscheidungen gefällt ?
- Gibt es bestimmte Verhaltensweisen/ bestimmte Methoden/Strategien Ihrer ParteikollegInnen, die Sie förderlich finden und welche, die sie stören?
- In Klubsitzungen wird über bestimmte politische Themen diskutiert und anschließend darüber abgestimmt. Welche Freiräume sind hier möglich?
- Wie lassen sich persönliche Meinungen mit der Parteimeinung vereinbaren?
- Parteilinie? Inhaltliche Kompromisse?
- Wie würden Sie die Gesprächskultur bei den internen Klubsitzungen bezeichnen?
- Parteizwang/Fraktionszwang?

ad. Karriereplanung
- Wann und wie planten Sie Ihre Karriere?
- Karrierevergleich mit männlichen Parteikollegen
- Haben Sie schon einmal die Erfahrung gemacht, als Frau anders behandelt oder bewertet zu werden denn als Mann?
- Was waren Ihre Konsequenzen daraus?

ad. Selbstbild
- Welche Eigenschaften/Fähigkeiten prädestinieren Sie für eine politische Tätigkeit?
- Was sagen Sie zum neuen politischen Trend des QuereinsteigerInnentums?

ad. Barrieren
- Haben Sie als Frau Barrieren/Hindernisse im politischen Werdegang wahrgenommen?
- wenn ja: was tun Sie dagegen? Welche strukturellen Gegenmaßnahmen sehen Sie (Quotenregelung, Netzwerke)?

ad. Informationsaustausch/Stütz- und Hebemodelle
- Glauben Sie, daß es informelle Entscheidungsstrukturen gibt?
- Existieren bestimmte Orte des Informationsaustausches? Nehmen Sie daran teil oder fühlen Sie sich ausgeschlossen?
- Haben Sie Erfahrungen mit sogenannten Seilschaften gemacht?
- Kritik an männerbündischen Strukturen? (Männerzirkeln, Männerbünde, Stammtische, Pissoir, Fußballplatz, Tennisplatz, Stammtisch, Burschenschaften, CV, Freimaurer)
- Welche Funktionen und Personen sind wichtig für eine politische Karriere?

ad. Netzwerke
- Haben Sie Erfahrung mit Frauensolidarität gemacht?
- Suche/Bereitschaft nach inner- und überparteilicher Zusammenarbeit/Netzwerke?
- Was ist notwendig, um sich diese Netzwerke/Kontakte warmzuhalten?

ad. Politisches Regelwerk
- Wann und wo haben Sie die politischen Spielregeln erlernt?
- Fiel es Ihnen leicht/schwer, die Mechanismen/Spielregeln im Parlament zu übernehmen (Fremdheit in der Politik)?
- Wer, glauben Sie, prägt in Ihrer Partei diese Spielregeln? Umgangsformen?
- Wo sehen Sie die größten Schwierigkeiten im politischen Alltag als Frau?

ad. Machtfrage
- Welches Verhältnis haben Sie zur Macht?
- Machtanspruch? Machtausübung? Hausmacht?

ad. Frauenfrage/Frauenpolitik
- Wie sehen Sie die Frauenfrage? Was halten Sie von Quotenregelung? Frauenförderung?
- Wie beurteilen Sie Haiders Frauenbild?

ad. Politik und Privates
- Wie gehen Sie mit den zeitlichen Rahmenbedingungen der Politik um?
- Wie beurteilen Sie das politische Zeitmanagement?
- Wie bewältigen Sie den Alltag neben der Politik? Wer hilft Ihnen dabei?
- Unterstützt Ihr Partner Ihre politische Karriere?
- Wie steht Ihr Partner zur FPÖ?
- Wenn Sie Ihre Karriere bilanzieren müßten: Was sind die positiven, was die negativen Seiten?

Anmerkungen

1 Susanne Riess-Passer wurde mit 89, 96 Prozent (502 von insgesamt 588 gültigen Stimmen) in dieses Amt nominiert. (http://www.fpoe.or.at:80/parteitag/riess.htm); (Stand v. 7. 11. 1996).

2 Gleich vorweg, von der Anwendung geschlechtsneutraler Formulierungen, wie es mittlerweile schon vielfach praktiziert und von Frauenministerin Barbara Prammer angeregt wird, halten die Freiheitlichen wenig (vgl. Schriftenreihe der Frauenministerin: Kreatives Formulieren. Anleitungen zum geschlechtergerechten Sprachgebrauch. Bundesministerin für Frauenangelegenheiten und Verbraucherschutz (Hg.), Wien 1997, Band 13).

3 Gemäß einer Statutenänderung (§ 1[1]OS) im Jänner 1995 führt die FPÖ nun zusätzlich den Namen »Die Freiheitlichen (F)« Da sowohl innerhalb als auch außerhalb der Partei weiterhin beide Bezeichnungen benutzt werden, werden auch in dieser Arbeit beide Namen verwendet.

4 Das LIF wurde am 4. 2. 1993 von fünf ehemaligen Mandatarinnen und Mandataren der FPÖ gegründet.

5 Bei der darauffolgenden Nationalratswahl 1994 gingen die Freiheitlichen wieder als Sieger hervor und erwarben weitere Mandatszuwächse.

6 Vgl. Festschrift der Freiheitlichen: F 40 Jahre Freiheitliche Partei Österreichs. Freiheitliches Bildungswerk (Hg.) Freie Argumente Folge 3/96, Wien 1996.

7 Während er sich in Wien als Sozialpolitiker mit liberalen Positionen darstellte, agierte er in Kärnten gemäß seiner »nationalen« Ausrichtung. »Er paßte sich damit dem weltanschaulichen Klima Wiens an, ohne dieses auf Kärnten rückwirken zu lassen – eines von vielen Beispielen für Haiders Anpassungsfähigkeit« schreibt Brigitte Bailer-Galanda (1995, 10).

8 11. Sitzung des Nationalrats, XV. Gesetzesperiode 6.11.1979, zit. n. Bailer-Galanda 1995, 84-85.

9 Siehe auch »Initiative Freiheitliche Frauen (IFF)«

10 Bericht über die Situation der Frauen in Österreich. Frauenbericht 1995. Bundesministerin für Frauenangelegenheiten/Bundeskanzleramt (Hg.), Wien 1995.

11 Jüngstes Beispiel dafür war die Initiative des Frauenvolksbegehrens: Nachdem die Initiatorinnen des Frauenvolksbegehrens (UnabhängigesFrauenForum, UFF) zu Beginn des Jahres 1997 einen Entschließungsantrag im Parlament einbrachten, folgte am nächsten Tag ein eigener Antrag unter dem Titel: »Frauenerwerbstätigkeit, Kindererziehung, Frauenpensionen« von den Freiheitlichen Frauen, ebenfalls zum Frauenvolksbegehren. Obwohl sie sich mit einigen Forderungen des UnabhängigenFrauenForums einverstanden erklärten, wollten sie die Frauenanliegen nicht unterstützen (vgl. Entschließungsantrag der Abgeordneten Haller, Apfelbeck, Aumayr, Madl, Dr. Partik-Pablè, Dr. Povysil, Mares Rossmann und Kollegen betreffend Frauenerwerbstätigkeit, Kindererziehung, Frauenpensionen von XX. GP. Nr. 330/A (E) v. 28. 11. 1996).

12 Die SPÖ steht bei dieser Umfrage in Oberösterreich für den Euro und die Interessen der Senioren, die ÖVP für die NATO und die Anliegen der Bauern und Kirche. An den Freiheitlichen wird ihr Auftreten gegen Freunderlwirtschaft, an

den Liberalen ihr Einsatz für Frauen und sexuelle Minderheiten wahrgenommen. Die Grünen werden fast ausschließlich als Umweltpartei gesehen. (http://www.DerStandard.at/arc/); (Stand v. 15. 09. 1997).

13 Und das, obwohl die FPÖ den politischen Prozeß in der österreichischen Parteienlandschaft aufgrund ihrer und Haiders Stärke wesentlich mitgestalten und mitbeinflussen dürfte.

14 Ursula Haubner begann erst Ende der achtziger Jahre, sich in der von ihrem Bruder geleiteten Partei zu engagieren. 1989 wurde sie Ortsparteiobfrau der FPÖ Bad Hall (OÖ); 1991 zog sie dort in den Gemeinderat ein; seit 1994 ist sie stellvertretende Landesobfrau und seit 1996 auch stellvertretende Bezirksobfrau des Bezirkes Steyr-Land. 1994 bis 1996 vertrat sie die FPÖ im Bundesrat. Bei der oberösterreichischen Landtagswahl am 5. Oktober 1997 erhielt sie den zweiten freiheitlichen Regierungssitz. (http://www.parlinkom.gv.at. (Parlamentarier und Gremien/Österreichische Parlamentarier seit 1918/Haubner); (Stand: 11. 02. 1997); Der Standard v. 10. 10. 1997; Profil v. 20. 10. 1997.

15 Während Tessa Yvon–Prager und Anna Maria Pleischl gemeinsam insgesamt zehn erfolgreiche Männer- und Frauenkarrieren in österreichischen Parteien auf ihre Gemeinsamkeiten und Besonderheiten hin untersucht haben, stehen im Mittelpunkt meiner Analyse vierzehn Politikerinnen aus einer der fünf österreichischen Parteien, der Freiheitlichen Partei Österreichs (FPÖ). (vgl. Tessa Yvon-Prager, Keine Karriere ohne Barrieren, Theorie und Praxis politischer Partizipation von Frauen. Dissertation, Universität Wien, 1996; Anna Maria Pleischl, Politik als Männerberuf, Männerkarrieren im Nationalrat. Ein biografischer Zugang. Diplomarbeit, Universität Wien, 1996).

16 Parteien werden nach quantitativen und qualitiativen Indikatoren bewertet, wobei für eine qualitative Beurteilung eine Partei unter anderem folgendes Kriterium aufzuweisen hat: »eine Partei ist dann relevant, wenn ihre Existenz die Taktik des Parteienwettbewerbs beeinflußt, insbesondere dann, wenn sie vermag, die Richtung des Parteienwettbewerbs (...) zu ändern« (Müller 1992, 189).

17 Zu den politisch relevanten österreichischen Parteien zählen die beiden Großparteien, ÖVP und SPÖ, (von Beginn der 2. Republik bis heute) und die FPÖ. Obwohl die KPÖ die beiden Großparteien bis 1966 durch ihre Mandate und abgegebenen Stimmen in ihrer Bewegungsfreiheit mehr oder weniger stark beeinflußte, wird diese Partei nur bis 1949 als politisch relevante Partei eingestuft (vgl. Müller 1992, 189).

18 Begriffsdefiniton von Sartori (1976, 44): »Ein Parteiensystem ist das System jener Beziehungen, welche aus dem Parteienwettbewerb resultieren, beziehungsweise aus den Beziehungen zwischen Parteien resultieren.«

19 Die Veränderungen der österreichischen Parteiensysteme lassen sich nach einem Klassifikationsschema von Gordon Smith in sechs Dimensionen und vier Kategorien (vorübergehende Veränderungen; beschränkter Wandel; genereller Wandel und Transformation) unterteilen. 1. Dimension: Die Anzahl und die relative Größe der Parteien; 2. Dimension: die ideologische Polarisierung; 3. Dimension: die Fluktuation der Wähler zwischen den Parteien (volatility); 4. Dimension: die gesellschaftlichen Spaltungen (cleavages); 5. Dimension: der Status als Regierung oder Opposition und 6. Dimension: die Anzahl und relative Bedeutung der Politik-Arenen. Eine weitere Dimension stellten die Veränderungen der Parteior-

ganisationen dar (vgl. Müller 1992, 195). »In allen sieben Dimensionen konnten Veränderungen registriert werden, die nicht bloß vorübergehenden Charakter haben. (...) Durch die Vielzahl der Veränderungen geht die Veränderung des österreichischen Parteiensystems auch über die Kategorie des beschränkten Wandels hinaus« (ebd., 195).

20 Siehe auch »Traditionelle Rekrutierung und Quereinstieg«.

21 Beyme, Klaus von, Die politische Klasse im Parteienstaat, Frankfurt am Main 1995.

22 Oppositionsparteien zählen nur dann zur politischen Klasse, solange »sie nicht ›eine andere Republik‹ wollen«, schreibt Beyme. Das würde also bedeuten, daß die heutige FPÖ unter Parteiobmann Haider, der in der jüngsten Vergangenheit oft laut über eine »Dritte Republik« nachgedacht hatte, nicht ins Beymesche Konzept der politischen Klasse fällt.

23 Damit sind Personen gemeint, die an politischen Entscheidungen nur peripher beteiligt sind, jedoch an den Privilegien teilhaben können (vgl. Beyme 1995, 31).

24 Dazu gehören alle Politiker, soweit sie an der Privilegienstruktur teilhaben (vgl. Beyme 1995, 31).

25 Gemeint sind hier Akteure, die Einfluß auf politische Entscheidungen nehmen, die Verwaltungseliten, Wirtschaftseliten und Führungsgruppen wichtiger Interessensgemeinschaften (vgl. Beyme 1995, 30).

26 Eva Kreiskys Kritik an männerbündischen Institutionen muß hier erwähnt werden (vgl. Eva Kreisky, Das ewig Männerbündische? Zur Standardform von Staat und Politik. In: Claus Leggewie (Hg.), Wozu Politikwissenschaft? Über das Neue in der Politik. Darmstadt 1994, 191-210; Eva Kreisky, Diskreter Maskulinismus. In: Das geheime Glossar der Politikwissenschaft. Geschlechtskritische Inspektion der Kategorien einer Disziplin. Kreisky/Sauer (Hg.) Frankfurt/New York 1997, 161-213). Aber auch Sieglinde Rosenbergers Auseinandersetzung mit institutioneller Frauenpolitik, z. B. »Frauenpolitik in Rot-Schwarz-Rot. Geschlechterverhältnisse als Gegenstand der österreichischen Politik«, trägt zum Verständnis für diese Arbeit bei.

27 Regina Köpl, Frauenpolitik in der SPÖ. Reformpolitik im Spannungsfeld bürgerlich-partriarchalischer Hegemonie und sozialdemokratischer Partizipationsstrategie. Dissertation. Universität Wien, 1983.

28 Irene Dyk, Frauen im österreichischen Parlament. In: Herbert Schambeck (Hg.): Österreichischer Parlamentarismus. Werden und System. Berlin 1986.

29 Vgl.Gerda Neyer, Frauen in der Politik. Am Beispiel der Repräsentation von Frauen im Nationalrat. In: Herbert Dachs u.a. (Hg.), Handbuch des politischen Systems Österreichs, Wien 1992, 296-308. Gerda Neyer, Frauen im österreichischen politischen System. In: Herbert Dachs u.a. (Hg.), Handbuch des politischen Systems Österreichs, Wien 1997, 185-212; Gerda Neyer, Frauen im Nationalrat. In: Renate Fleisch/Lydia Milon (Hg.): Frauen machen Staat, Bregenz 1994, 7-21.

30 Vgl. u.a. Erna Appelt. Sozialpartnerschaft und Fraueninteressen. In: Emmerich Tàlos (Hg.): Sozialpartnerschaft, Kontinuität und Wandel eines Modells. Wien 1993. Erna Appelt, Frauen und Sozialpartnerschaft: Ein Nicht-Verhältnis? In: Bericht über die Situation der Frauen in Österreich. Frauenbericht 1995. Bundesministerin für Frauenangelegenheiten/Bundeskanzleramt (Hg.), Wien 1995, 610-614.

31 1989 führte Sieglinde Rosenberger Interviewgespräche mit Funktionärinnen der Frauenorganisationen der ÖVP, diese sind in einem Forschungsbericht ausgewertet

und interpretiert. Vgl. Erika Pircher, Sieglinde Rosenberger: Organisationsformen und Frauceninteressen in Parteien westlicher Demokratien – unter besonderer Berücksichtigung christlich-demokratischer und konservativer Parteien. Innsbruck, 1989.

32 Elisabeth Wolfgruber, Das Tätigkeitsprofil der Abgeordneten in ausgewählten österreichischen Bundesländern. In: Österreichische Zeitschrift für Politikwissenschaft (ÖZP), 1/1997, 7-22.

33 Dietrich Herzog, Polititische Karrieren. Selektion und Professionalisierung politischer Führungsgruppen, Opladen 1975.

34 Grundlage ihrer Thesen war eine Fülle deutscher und US-amerikanischer Arbeiten.

35 Hier eine chronologische Anordnung der Gleichberechtigungsbestimmungen in Österreich von 1974 – 1989: Fristenregelung (1974); Mutterschutzgesetzgebung (1994); Familienrechtsreform (1975); Pflegefreistellung (1977); Neuregelung des Kindschaftsrechtes (1977); Neuordnung des gesetzlichen Erbrechtes und des gesetzlichen Ehegüterstandes (1978); Reform der Ehescheidungsgesetze (1978); Gesetz zur Gleichbehandlung von Frau und Mann bei Festsetzung des Entgeltes (1979); Koedukative Werkerziehung (1979); Einrichtung von Staatssekretariaten für Belange von Frauen (1979); Erlaß über geschlechtsneutrale Stellenausschreibungen des Bundes (1980); Richtlinienkatalog zu Überprüfung von Gesetzen und Verordnungen nach unsachlichen Differenzierungen zwischen Frauen und Männern in der Rechtsordnung (1981); Novellierung des Sozialversicherungsrechtes (1981); Förderungsprogramm für Frauen im Bundesdienst (1981); Alleinerhaltabsetzbetrag (1982); UN-Konvention zur Beseitigung jeder Form von Diskriminierung der Frau (1982); Aufhebung des Heiratsverbots für geschiedene Frauen (1983), Neuregelung des Gesetzes bezüglich der Haftung von Ehepartner bei Kreditverträgen (1985); Änderung des Gleichbehandlungsgesetzes (1985); Reform der Schenkungssteuer (1985); Verbesserter Rechtschutz für Opfer von Sexualdelikten (1985), Einführung des verpflichtenden Unterrichts im Gegenstand »Hauswirtschaft« für Mädchen und Buben in der dritten und vierten Klasse (1987); Verabschiedung des Jugendwohlfahrtsgesetzes (1989); Änderung der Strafbestimmung bezüglich Vergewaltigung und sexueller Nötigung (1989); Namensrechtsänderungsgesetz (1995): Sicherheitspolizeigesetze, zum verbesserten Schutz vor Gewalt in der Familie (1997).

36 Die alte Frauenbewegung des 19. Jahrhunderts war formierter Widerstand gegen die trotz Aufklärung und Menschenrechtserklärungen, trotz beginnender Demokratieansprüche weiterhin bestehende entrechtete Situation der Frauen im politischen und privaten Leben des 19. und 20. Jahrhunderts. Die neue Frauenbewegung, die Anfang der 70er Jahre vorerst meist im studentischen Milieu angesiedelt war, formulierte die politische Seite der weiblichen Lebens- und Arbeitsbedingungen, sie kehrte das Politische des Privaten an die Oberfläche. Sie verweigerte, im Vergleich zur ersten oder alten Frauenbewegung von sich aus die Integration in die Einrichtungen des politischen Systems (vgl. Rosenberger 1992, 55).

37 Vgl. vor allem Wandruszka 1954; Kraus 1988; Müller-Klingspor 1972; Piringer 1982; Rathkolb 1986; Reimann 1980; Riedlsberger 1978; Stäuber 1974.

38 Vgl. auch Luther 1997, 268 und Profil v. 21.08.1995.

39 Auch der jetzige geschäftsführende Klubobmann der Freiheitlichen und Koordinator bei der Erstellung eines neuen Parteiprogramms Ewald Stadler wehrt sich in einem Artikel im Profil im Zusammenhang mit dem neuen Parteiprogrammentwurf

gegen die Bezeichnung Honoratiorenpartei. »Die notwendige programmatische Verbreiterung und Öffnung der FPÖ trägt der Tatsache Rechnung, daß sich in den letzten zehn Jahren die Wählerstruktur der FPÖ völlig verändert hat. Die FPÖ ist keine ›ordoliberale Honoratiorenpartei‹ mehr« (Profil v. 15.09.1997).

40 Sie zählen auch heute noch zu den stärksten Landesorganisationen der FPÖ

41 Dies ist nachhaltig ein Grund, warum die FPÖ die Kommunisten als Erzfeinde und die österreichische Nation nur eine Erfindung der Kommunisten und der »Lizenzparteien« bezeichnet. Die österreichische Nation wird aufgrund dessen von der Haider-Partei als eine »ideologische Mißgeburt« benannt.

42 Herbert Kraus und Viktor Reimann sind überzeugt, daß der Übergang von VdU zu FPÖ die Verdrängung liberaler Einzelstandpunkte zugunsten einer nationalen Verbreitung markierte (vgl. Handbuch des österreichischen Rechtsextremismus. DÖW (Hg.), 1993, 328).

43 Im nachhinein interpretiert Friedhelm Frischenschlager (ehemaliger FPÖ-Spitzenfunktionär) die Jahre von 1978-1980 in bezug auf »programmatische Linie, Postionierung im politischen System und Oppositionstil« als »Vorspann zur Haider-FPÖ« (Friedhelm Frischenschlager: Die Freiheitliche Partei Österreichs. In: Politik in Österreich. Die zweite Republik: Bestand und Wandel. Wolfgang Mantl (Hg.), Wien/Köln/Graz 1992, 368-404).

44 Vgl. Festschrift: F 40 Jahre Freiheitliche Partei Österreichs. Freiheitliches Bildungswerk (Hg.) Freie Argumente Folge 3/96, Wien 1996.

45 Die FPÖ verfügte bei der Nationalratswahl 1979 über 286.743 gültige WählerInnenstimmen und 37.000 Mitglieder. Man spricht in der Politikwissenschaft von Organisationsdichte und Funktionärsdichte. Unter Organisationsdichte versteht man die Relation von WählerInnenstimmen zu Parteimitgliedern. Diese betrug bei der ÖVP und SPÖ bis in die 80er Jahre jeweils weniger als 1:3 (ca. 800.000 ÖVP-Mitglieder und ca. 700.000 SPÖ-Mitglieder standen jeweils etwas mehr oder weniger als 2 Mio. WählerInnen dieser Großparteien gegenüber. Wobei die Mitgliederzahlen und die WählerInnenzahlen der Parteien ständigen Veränderungen unterliegen, womit wiederum auch die Relationen der Organisationsdichte verändert wird) und betrug bei der FPÖ nur ca. 1: 8.

46 Die Streichung der Bezeichnung »Partei« aus allen Parteiorganen hat bisher nur in der neuen Geschäftsordnung GO stattgefunden, nicht jedoch in den übergeordneten Parteistatuten.

47 Eine Bezeichnung, die auf die damals für 1998 erwartete Nationalratswahl anspielte, von der man eine freiheitliche Regierungsbeteiligung erhoffte (vgl. Luther 1997, 287-288).

48 Berechtige InhaberInnen einer Infokarte (ATS 200,-) sind Personen ab dem 15. Lebensjahr und eventuell Angehörige einer anderer Partei. Eine Aktivkarte ist ab dem 18. Lebensjahr nur für österreichische StaatsbürgerInnen zum Preis von ATS 300,- erhältlich. Sie dürfen auch keiner anderen Partei angehören.

49 Wie hoch der weibliche Anteil an Kartenbesitzern bei den Freiheitlichen ist, konnte oder wollte niemand in der Parteizentrale bekanntgeben.

50 Eine rechtzeitige Anforderung der »Aktivkarte« berechtigt zum aktiven oder sogar (bei Unterstützungserklärungen von entweder 200 Wahlberechtigten oder 50 Parteimitgliedern des Wahlkreises) zum passiven Wahlrecht bei Wahlkonventen der Freiheitlichen (vgl. Luther 1997, 291).

51 Die Aufstellung der KandidatInnenlisten der Freiheitlichen für die Nationalratswahl erfolgt auf Wahlkonventen.

52 Hier sind Frauen erfahrungsgemäß zahlreicher vertreten als auf Entscheidungspositionen.

53 Siehe auch Tabelle 1, Organisation.

54 Wie sich der am 4. Juli 1998 (Parteitag in Linz) abgeschlossene FPÖ-»Demokratievertrag« auf die politische Karriere des Parteiobmannes und auf die FPÖ insgesamt auswirken wird, läßt sich mit heutigen Datum nicht klar abschätzen. Tatsache ist, daß dieser Vertrag Ausdruck und Resultat schwerer parteiinterner Erschütterungen (Frühjahr 1998, Absetzung von 700 gewählten FunktionärInnen in Salzburg und die Affäre Rosenstingl) darstellt. Der Freiheitlichenchef möchte mit diesem »demokratischen« Schritt offenbar alle MandatarInnen zur 100%igen Parteiloyalität zwingen – zur Einhaltung von Wahlversprechen und zur Offenlegung ihrer Vermögen. Wenngleich alle diese Verpflichtung unterschrieben haben, interne Kritiker behaupten, daß die »Demokratisierung innerhalb der FPÖ zum Teil zu weit getrieben wird« (Profil v. 06.07.1998)

55 Über das geschlechtsspezifische Wahlverhalten liegt bis Mitte der siebziger Jahre nur ein dürftiges und wages Wissen bei den Wahlforschern vor. Fest steht jedoch, daß Frauen seit der Einführung des allgemeinen Wahlrechts anders wählen als Männer. Im Vergleich zu heute wählten Frauen bei den Nationalratswahlen zwischen 1919 und 1930 wesentlich »konservativer«, d. h. sie votierten in einem höheren Ausmaß für die christlichsozialen Parteien als Männer. Der »leichte bürgerliche Bias« bei den weiblichen Wählern pendelte sich ähnlich wie in der BRD erst Anfang der siebziger Jahre aus. Ein Trend, der sich laut Wahlforscher wahrscheinlich durch soziodemografische Besonderheiten – wie den höheren Anteil älteren Frauen in den Nachkriegsjahrzehnten – ergeben hat. Bis 1972 konnte die ÖVP bei Frauen tendenziell mehr Erfolg verbuchen als die SPÖ. Bei der Wahl 1975 gab es kurzfristig sogar eine Verschiebung in die Gegenrichtung: Während die SPÖ bei den Frauen erhebliche Gewinne erzielen konnte, verlor sie bei den Männern an die ÖVP. Mehr Präsenz von Frauen in politischen Spitzenpositionen und ihr Eintreten für die Fristenlösung dürfte der SPÖ diesen Erfolg bereitet haben. Damit hat sich das traditionelle Wahlmuster – Frauen wählen anders – umgedreht. Ein geschlechtsspezifisches Wahlverhalten schien ab Anfang der achtziger Jahre nur noch geringfügig feststellbar. Auch der Frauenanteil an Wählerinnen (nicht an Politikerinnen) sämtlicher Parteien entsprach ungefähr dem Frauenanteil der Gesamtbevölkerung. Sogar die vergleichsweise männerdominierte FPÖ hatte zu diesem Zeitpunkt gleich viel weibliche wie männliche WählerInnen.

56 Bei der Wahl 1995 stimmten schon fast ebensoviele Arbeiter für die FPÖ (34%) wie für die SPÖ (41%).

57 Die Zahlen stammen von Fessel-GfK, publiziert in: Plasser/Ulram/Seeber: (Dis)-Kontinuitäten und neue Spannnungslinien im Wählerverhalten: Trendanalysen 1986-1995. In: Wahlkampf und Wählerentscheidung. Plasser/Ulram und Ogris (Hg.), 175.

58 Quelle: Fessel-GfK, a.a.O.

59 Günter Ogris zeigt in einer noch unveröffentlichten Studie, daß Haider in den letzten elf Jahren seiner Obmannschaft zunehmend WählerInnen anzog, die antisemitischen und deutschnationalen Fragen nicht negativ gegenüberstehen. »So

neigen FPÖ-Sympathisanten überdurchschnittlich dem vorgegebenen Satz ›Durch ihr Verhalten sind die Juden an ihrer Verfolgung nicht ganz unschuldig‹ (Mittelwert 4,1 auf einer Skala mit dem Maximalwert 7), während bei SPÖ- und ÖVP-Anhängern der Zustimmungsindex unter dem Schnitt liegt (SPÖ: 3,2, ÖVP: 3,5). Den Satz ›Ich fühle mich sehr stark als Deutscher‹ unterschreiben fast 30 Prozent der Parteigänger von SPÖ und ÖVP. Ausschließlich als Österreicher fühlen sich nur 60% der Haider-Wähler« (Profil v. 27.10.1997).

60 Entschließungsantrag v. 28.11. 1996 der Abgeordneten Haller, Apfelbeck, Aumayr, Madl, Dr. Partik Pablè, Dr. Povysil, Rossmann und Kollegen betreffend Frauenerwerbstätigkeit, Kindererziehung, Frauenpensionen. XX.GP.-NR. 330/A(E).

61 Bezeichnenderweise war bei der Erstellung des neuen und ersten Parteiprogrammentwurfs unter der Führung Jörg Haiders keine einzige Frau beteiligt. Eine reine Männerriege mit Wilhelm Brauneder (Universitätsprofessor und Dritter Nationalratsabgeordneter); Lotar Höbelt (Universitätsdozent und Parteihistoriker); Herbert Scheibner (Parteiakademiechef) und Ewald Stadler (Klubobmann und Chefbeauftragter von Jörg Haider) entwarf das neue Grundsatzpapier der FPÖ. Massivste Kritik am Parteientwurf kam von der Wiener FPÖ, genaugenommen von Landesparteiobmann Rainer Pawkowicz.

62 Vor allem der damalige Kunst- und Kulturminister Rudolf Scholten bekam Haiders »aggressive Diktion gegen die angeblich ›im Gange‹ befindliche ›Kulturrevolution‹« zu spüren. In seinem Buch schreibt Haider: »Der linke Kulturtotalitarismus beherrscht im Bündnis von Kulturminister, Bundestheatern und staatlichem Monopolrundfunk das sogenannte Geistesleben. (...) Wie mit einer Dampfwalze wird jeder Widerspruch niedergemacht. Verletzung sittlich-moralischer Anschauungen, Brutalität und Gewaltverherrlichung, gepaart mit einer abgrundtiefen Mißachtung des Menschlichen, sind die ›Normen‹, auf die ›Kunstschaffende‹ ver pflichtet werden« (Jörg Haider 1993, 226, zit. n. Bailer-Galanda 1997, 82-83).

63 Jörg Haider, Erklärung des Bundesparteiobmannes anläßlich des Staatsfeiertages am 26.10.1993. In: Freiheit und Verantwortung. Jahrbuch für politische Erneuerung 1994, 175f zit. nach Bailer-Galanda 1997, 83.

64 Die 1992 leider nur für Wien, Kärnten, Salzburg und Vorarlberg veröffentlichten Zahlen zeigen, daß Selbständige im Durchschnitt 12% der Mitglieder stellten, während Arbeiter- und Angestelltenanteile in Kärnten bei 22% und 17%, in Vorarlberg jedoch bei 30% und 40% lagen, und jene der Bauern 15% und 3% betrugen.

65 Die von der Partei veröffentlichten Daten zeigen, daß der Anteil der unter 30jährigen 1992 in Ländern wie Burgenland (27%) und Tirol (22%) am größten war, wo auch die Mitgliederzahlen am stärksten angestiegen waren. 1994 deuten die Daten auf eine Milderung der Altersunterschiede zwischen den verschiedenen Landesgruppen hin. Unter der Rubrik der bis 30jährigen lag der Durchschnitt bei 13%, mit Salzburg (6%) und Kärnten und Voralberg (beide 11%) am unteren, Niederösterreich und Tirol (17% und 16%) am oberen Ende der Skala Die über 60jährigen machten insgesamt 25%, in Salzburg und Kärnten sogar 32% bzw. 30%, in Niederösterreich und Tirol jedoch nur 20% der Mitglieder aus (Luther 1997, 292).

66 market-Umfrage für: Der Standard v. 29./30./31.03.1997.

67 Identität. Aula Jugend. Frauenbilder 1/93, 8; vgl. auch Hartlieb/Spring 1995, 5.

68 Programm der Freiheitlichen Partei Österreichs. Beschlossen am Programmparteitag 1. u. 2. Juni 1985 in Salzburg. Veröffentlicht in: Informationen. Zeitung des Freiheitlichen Bildungswerkes, Folge 5/85. (Hg.) Freiheitliches Bildungswerk. Wien.

69 Das neue Programm der Freiheitlichen ist eine kostspielige, mit auffallend großen Farbfotos gestaltete Broschüre mit Jörg Haider als Coverfigur.

70 http://www.fpoe.or.at/aktuell/kindesmissbrauch.htm. (Stand v. 05.07.98)

71 Ausschußbericht des Justizministeriums Nr. 1359/Regierungsvorlage 1230; Strafrechtsänderung 1998, Beschluß vom 17. Juli 1998.

72 Ende November 1993 präsentierte Haider auch sein Buch «Die Freiheit, die ich meine«.

73 Freiheitliche Thesen zur politischen Erneuerung Österreichs, 1995.

74 Die acht Arbeitskreise, die ihrerseits wieder in insgesamt 45 Gruppen zu je 20-25 ExpertInnen gegliedert sind, sollen stellvertretend für die Ministerien stehen, mit denen FPÖ-Chef Haider als zukünftiger Bundeskanzler auszukommen gedenkt.

75 Eine amerikanische Nachahmung von Newt Gingrichs »Contract with America«.

76 Bei der Klubsitzung vom 13.10.1994 wurde ein Seniorenkonzept beschlossen.

77 Harriet G. Lerner, Das mißdeutete Geschlecht: falsche Bilder der Weiblichkeit in Psychoanalyse und Therapie, 1993, Harriet G. Lerner, Was Frauen verschweigen: warum wir täuschen, heucheln, lügen müssen, 1996. Harriet. G. Lerner, Zärtliches Tempo: wie Frauen ihre Beziehungen verändern, ohne sie zu zerstören, 1990. Harriet G. Lerner, Wohin mit meiner Wut?, 1990 bzw. 1994 Neuauflage.

78 Vgl. auch Edith Haller, »Für eine tragfähige Familienpolitik der Zukunft« – ein Freiheitliches Konzept. In: Freiheitliche Familienpolitik. Reihe Vertrag mit Österreich. Freiheitliche Akademie (Hg.) Wien, o.J.

79 Neue Wege für Österreich. Für eine sichere und glückliche Zukunft der Familien. ÖVP, Heft 9,1.

80 Alois Mock erklärt, daß »die neue Sozialpolitik Initiativen setzen soll, die den Aufbau der Nachbarschaftshilfezentren, Sozialstationen, regionale Krankenhilfe und Hauskrankenpflege forcieren, »denn die Bereitschaft zu freiwilligen, sozialen Diensten ist viel größer, als wir mitunter glauben wollen« (Alois Mock, Erklärung zur Lage der Nation, 1984, 26. Zit. nach Rosenberger 1992, 153).

81 Zu den Verliererinnen der Koalitionsverhandlungen von 1986 (nach zwölfjähriger SPÖ-Alleinregierung kam es zu einer SPÖ-FPÖ-Koalition) können die Frauen bzw. Frauenpolitikerinnen gerechnet werden. Quantitativ, weil die Regierungsbeteiligung von Frauen schlichtweg halbiert wurde: Anstelle von sechs Frauen (fünf Staatsekretärinnen und eine Ministerin) in der SPÖ-Alleinregierung waren es nun nur drei (zwei Staatssekretärinnen und eine Ministerin), die zur »Regierungsmannschaft« gehörten. Qualitativ, weil die Breite der ressortspezifischen Zuständigkeiten von Frauen eingeschränkt und ausschließlich auf »Frauenbereiche« gelenkt wurde (vgl. Rosenberger 1992, 155).

82 Während ab der Mitte der siebziger Jahre (in der Zeit der UNO-Frauendekade 1976-1985) Gesetze und Projekte zwischen den Geschlechtern in Form von Kompromissen zwischen den beiden Parteien initiiert und realisiert wurden, bleiben diese Reformen mehr und mehr aus. In einigen Fällen ist nicht mehr der Kompromiß in Fragen der Geschlechterpolitik das politische Ergebnis, sondern die Vertagung bzw. die Nicht-Anerkennung der politischen Relevanz von Frauenthemen (vgl. Rosenber-

ger 1992, 158). Diese institutionelle Umstrukturierung basierte nicht auf frauenpolitischen Interessen und Anliegen , sondern auf koalitionstaktischen Überlegungen.

83 1983, im Zuge der Koalitionsverhandlungen zwischen SPÖ und FPÖ wurde das Staatssekretariat für die Belange berufstätiger Frauen aufgelöst. Gleichzeitig wurde ein Bundesministerium für Jugend, Familie und Konsumentenschutz eingerichtet (vgl. Rosenberger 1992, 161)

84 Die vom Parlament einstimmig beschlossene Teilzeitbeschäftigung im öffentlichen Dienst ging von der ÖVP bzw. von dem ihr nahestehenden christlichen Lehrerverein aus. Die Forderung wurde einerseits damit begründet, daß einer beträchtlichen Zahl von arbeitslosen Lehrern und Lehrerinnen durch die Einführung der Teilzeit eine Berufsausübung ermöglicht werde, und andererseits mit dem aktuellen Wunsch vieler Frauen, Berufstätigkeit und Familie besser vereinbaren zu können. Den Forderungen nach Teilzeitarbeit liegt ein traditionelles, geschlechtsspezifisches Rollenverständnis zugrunde. Das Gesetz sieht nämlich vor, daß Frauen in pragmatisierten Dienstverhältnissen, die Kinder haben und diese pflegen, einen Anspruch auf Herabsetzung der Wochenarbeitszeit haben. Männer haben nur dann Anspruch auf diese positive Behandlung, wenn diesen »wichtige dienstliche Interessen nicht entgegenstehen«(vgl. Rosenberger 1992, 164)

85 Ein Erfolg der ÖVP ist zweifellos die Übernahme der Leitung des Familienministeriums. Damit ist es der ÖVP möglich, kontinuierlich familienpolitische Diskus sionen – in der vor allem immer wieder auf die soziale Lage von Mehrkinderfamilien hingewiesen wird – in der Öffentlichkeit zu lancieren. Somit muß sich auch die SPÖ verstärkt in familienpolitische Debatten einmischen. Frauenpolitische Themen rückten sukzessive in den Hintergrund.

86 (http://www.fpoe.or.at/Freiheitliche Frauenkonferenz '97); (Stand v. 7.03.1997).

87 (http://www.fpoe.or.at/Freiheitliche Frauenkonferenz '97); (Stand v. 7.03.1997).

88 Eine Studie von einer Frau Helga Kasimir (ohne Quellenangabe).

89 Die Bezeichnung »Damen« für Frauen wird auch von rechtsextremen Gruppierungen bevorzugt. (vgl. Renate Bitzan (Hg.), Rechte Frauen. Skingirls, Walküren und feine Damen, Berlin, 1997).

90 Ewald Stadler, F-Klubobmann und Koordinator des neuen Haider-Programms möchte durch das Aussparen von Kapiteln wie »Jugend«, »Senioren«, »Frauen« usw. Generationskonflike und den sogenannten Geschlechterkampf vermeiden: »Weil das Programm auch den gesellschaftlichen Fehlentwicklungen der vergangenen Jahrzehnte, durch die ganze gesellschaftliche Gruppen gegeneinander aus gespielt wurden, begegnen möchte, tauchen eigene Kapitel für »Jugend«, »Senioren«, »Frauen« usw. im Entwurf nicht auf. Abgesehen von der Tatsache, daß mit Jung- oder Altsein oder mit Mann- oder Frausein kaum Ideologie verknüpft ist (sic!), soll durch die Betonung einer generationsübergreifenden, ganzheitlichen Sicht der Gesellschaft bewußt gegen Konflikte Mann gegen Frau oder Jung gegen Alt (...) aufgetreten werden« (Profil v. 15.09.1997).

91 Auch in der Nominierung seiner Schwester in die oberösterreichische Landesregierung sieht Haider eine »große Chance« für die Freiheitlichen: Sie soll als Landesrätin beweisen, daß die an Männerüberschuß leidende Fraktion in der Lage ist, erfolgreiche Frauenpolitik zu betreiben (vgl. Profil v. 20.10.1997).

92 Britta Ruth Büchner, Rechte Frauen, Frauenrechte und Klischees der Normalität. Gespräche mit »Republikanerinnen«. Pfaffenweiler 1995.

93 Willibald Holzers Definitionen zum Rechtsextremismus werden als allgemein gültig angenommen und immer wieder zitiert, das Geschlechterverhältis wurde in seinen Definitionsmerkmalen jedoch nicht erwähnt (vgl. Willibald Holzer I. Rechtsextremismus. Konturen, Definitionsmerkmale und Erklärungsansätze. In: Handbuch des österreichischen Rechtsextremismus. Dokumentationsarchiv des österreichischen Widerstandes (Hg.) Wien, 1993. S. 11-96). Dies ist auch an Walter Oswalts Begriffsdefiniton zum Rechtsradikalismus und Rechtsextremismus zu kritisieren (vgl. auch Oswalt Walter. Definition des Begriffs »Rechtsradikalismus/ Rechtsextremismus«. In: Oswalt Walter, Kirfel Martina (Hg.). Die Rückkehr der Führer. Modernisierter Rechtsradikalismus in Westeuropa. Wien, Zürich 1991. S. 28).

94 Vgl. dazu Renate Bitzan (Hg.), Rechte Frauen. Skingirls, Walküren und Feine Damen, Berlin 1997 und Karin Liebhart und Judith Veichtlbauer, Die rechte Frau. In: Sehnsucht nach Schicksal und Tiefe, Eikhoff/Korotin (Hg.), Wien 1997, S. 128-147.

95 Auch innerhalb der FPÖ werden Stimmen laut, daß der F-Führer Jörg Haider die Koalitionsregierung SPÖ/ÖVP stürzen will. Andreas Mölzer, Haiders langjähriger enger Vertrauter und ehemaliger Leiter der Freiheitlichen Akademie, gab dies mittlerweile unumwunden im Zusammenhang mit Haiders angekündigtem Volksbegehren »Schilling zuerst« zu. Ähnlich wie beim Ausländervolksbegehren 1993 »Österreich zuerst« ginge es dem F-Obmann nicht in erster Linie um die Zuwanderung bzw. um die ÖsterreicherInnen oder um den Euro, sondern um den »Ballhausplatz«. Das Instrument eines Volksbegehrens hätte für die FPÖ derzeit nur den Sinn eines »Schwungelementes« für die nächste Wahl. (Andreas Mölzer, in: Profil v. 25.08. 1997).

96 Kriemhild Trattnig, die 1990 innerhalb der Partei noch als eine »der profiliertesten Vertreterin(nen) des nationalen Lagers« (Aula 6/90, 12-14) gegolten hat und als solche geschätzt wurde, galt 1992 – nachdem sie durch eine Kabaretteinlage von Parteifreunden verunglimpft wurde – nur noch als »altnationale Kärntner Bergbäuerin«, die aus bloßer Wehleidigkeit aus der Politik geschieden sei (Aula 6/92, 35). Ein Jahr nach ihrem Austritt aus der Partei konnte Haider seine ehemalige Mentorin mit dem Angebot, den Vorsitz einer »Werte – Kommission« zu übernehmen, ködern. Frau Trattnig ging darauf ein und trat wieder der FPÖ bei.

97 In der Ideologie der »sozialen Volksgemeinschaft«, die von den herkömmlichen rechtsextremen Gruppierungen und Parteien vertreten wird, werden Frauen auf Grund völkisch-biologischer Sichtweisen vorrangig als Mütter definiert, deren Platz in der Familie ist. Kriemhield Trattnig, die frühere Klubobfrau der FPÖ Kärnten und Vorsitzende der »Freiheitlichen Frauenschaft Kärntens« publiziert regelmäßig zu Fragen der Familien- und Frauenpolitik in einschlägigen FPÖ-nahen Zeitschriften und Zeitungen.

98 Ferrari-Brunnenfeld berief als damaliger Kärntner FPÖ-Landesparteiobmann 1976 Haider als Landessekretär zu sich nach Kärnten. Der Förderer Haiders fiel später seinem Schützling zum Opfer und trat 1988 aus der Partei aus (vgl. Bailer-Galanda/Neugebauer, 1997, 27).

99 FPÖ-Abgeordnete zum Nationalrat seit 1983.

100 Kandidierte als sogenannter Quereinsteiger 1995 für die FPÖ-Nationalratswahl, distanzierte sich jedoch bald wieder von der Partei.

101 Brigitte Bailer-Galanda, Jörg Haider wörtlich. Führer in die dritte Republik. Wien 1995.

102 Gewidmet hat Haider sein Werk übrigens seiner Frau und seinen beiden Töchtern.

103 Vgl. Erich Reiter (1982), der sich in seiner Untersuchung primär mit der Programmatik der FPÖ auseinandersetzte, und Otto Flechtheim »Theorie und Soziologie der politischen Parteien«, o. O. 1974.

104 Als Bundesfrauenkomitee beziehungsweise Bundeszentralkomitee (1945-1968) wird die SPÖ-Frauenorganisation bezeichnet.

105 Die ÖVP-Frauenorganisation nennt sich Österreichische Frauenbewegung.

106 Siehe auch »Initiative Freiheitliche Frauen (IFF)«.

107 Stand vom 20.03.1996. Quelle: Frauenbericht 1995, Aktualisierung nach Amtskalender 1995/96.

108 Am 13. Oktober 1996 kam es zu einer Nachwahl in zwei österreichischen Gemeinden (Rheutte/Tirol und Donnerskirchen/Bgld.), dabei verlor die ÖVP zwei Mandate an die FPÖ.

109 Zum Vergleich die Frauenquoten der anderen Parlamentsparteien: SPÖ: 31% (22 von insgesamt 71 Mandaten); ÖVP: 19% (10 von 52); LIF: 44% (4 von 9); Grüne: 56% (5 von 9).

110 Zum Vergleich die geschlechtsspezifischen Daten der Bundesfraktionen im ständigen Hauptausschuß: 5 von insgesamt 29 Mitglieder sind Frauen, davon: SPÖ: 1 Frau von 12, ÖVP: 2 von 8, FPÖ: 0 v. 7, Grüne und LIF hat je Mitglied, diese sind Frauen (Stand v. Juli 1998).

111 Zum Vergleich die geschlechtsspezifischen Daten der Bundesratsfraktionen: SPÖ: 7 von insgesamt 25 Bundesräten sind weiblich (28%), ÖVP: 4 der 26 Bundesräte sind Frauen (15%).

112 Die ÖVP-Steiermark nominierte 1995 erstmals eine Frau an die Spitze der Landesregierung. Aber auch die steirische Landespolitikerin Waltraud Klasnik lehnt die ihr zugehörige Bezeichnung »Landeshauptfrau« ab.

113 Quelle: Frauenbericht 1995, Aktualisierung nach Amtskalender 1995/96.

114 Quelle: Frauenabteilung der Freiheitlichen (Stand v. Oktober 1997).

115 Quelle: Frauenabteilung der Freiheitlichen (Stand v. Jänner 1997).

116 Mit September 1991 gab es laut Auskunft des Österreichischen Gemeindebundes von 2304 Bürgermeistern sieben Bürgermeisterinnen. Seither hat sich der Frauenanteil fast vervierfacht. Unter den ungefähr 2350 Bürgermeistern sind 26 Bürgermeisterinnen zu finden.

117 Im Rahmen einer Fernseh-»Pressestunde« formulierte einer der freiheitlichen EU-Spitzenkandidaten am 15.09.1996 zunächst, »deutschnational« sei »genau das«, was auf seine Person zutreffe, um wenig später zu erklären, er sei »ein wirklich überzeugter Österreicher« und keineswegs deutschnational. (Der Standard v. 16. 09. 1996).

118 Siehe dazu die Ausgaben der österreichischen Tageszeitungen ab dem 05. 02. 1993. Ähnlich erging es den Aussteigern Stix und Co, die sich dem Demokratievertrag der FPÖ nicht beugen wollten.

119 (http://www.foep.or.at.80/fpc/nr/br/n_htm); (Stand v. 01.03.1997).

120 (http://www.fpoe.or.at:80/fpc/nr/n_aumayr.povysi.apfelb.madl.haller.preisi.partik.rossma.htm); (Stand v. 01.03.1997).

121 Das Bildungsniveau der Töchter ist wesentlich höher als das der Eltern.

122 Haider besitzt das fünftgrößte Unternehmen in Kärnten.

123 Diese Gemeindepolitikerin hat selbst eine bosnische Flüchtlingsgroßfamilie in ihrem Haus aufgenommen. Ihre Auffassung von Flüchtlingspolitik bedeutet Rückführung

in die Heimat, denn »jeder will in seiner Heimat leben« glaubt sie, und sie findet es auch nicht bedenklich, wenn Flüchtlingen das Leben hier in Östereich erschwert wird. Als Gegenleistung bietet sie finanzielle Hilfestellung von ATS 140.000,- für die Heimkehr an. Dieses Geld dürfte reichen, um einen Betrieb im ehemaligen Kriegsgebiet zu errichten. Sie ist angeblich ein Vorstandsmitglied der deutschnationalen Zeitung »Eckartsbote« (Profil v. 03.03.1997).

124 Haider selbst und zahlreiche andere freiheitliche Politiker erlebten eine deutschnationale Sozialisation im Elternhaus (vgl. Bailer-Galanda 1995, 7).

125 Wie bereits erwähnt, gehört die Bezeichnung »Dame« zum Vokabular rechtsextremer Organisationen. Die Befragte selbst stammt aus einer traditionellen »Burschenschafterfamilie«. Im Zusammenhang mit der »Lutschaffäre« im Parlament 1993, also mit der Aufregung um den sexistischen Sager des damaligen ÖVP-Abgeordneten Paul Burgstaller – er hatte Terezija Stoisits während einer Ausschußsitzung zugerufen, sie solle das Mikrophon in den Mund nehmen und fest daran lutschen –, offenbarte diese Abgeordnete ihre Vorstellung von einer »Dame« wie folgt: »Als ich das über die Medien zum ersten Mal vernommen habe, da habe ich gehört, wie jemand gesagt hat: Wenn eine Frau eine Dame ist, dann denkt sie sich überhaupt nichts Schlechtes bei solch einer Bemerkung, und wenn sie sich etwas Schlechtes denkt, dann ist sie keine Dame. Das hat mir sehr gut gefallen« (Rossmann 1996, 23).

126 http://www.parlinkom.gv.at (Parlamentarier und Gremien/Österreichische Parlamentarier seit 1918); (Stand v. 11.02.1997); Wiener Zeitung v. 04. 12. 1993.

127 Gesperrter Text soll lautes und betontes Sprechen markieren.

128 Siehe auch »Ethos und Selbstverständnis – ›gerecht‹ und ›ungerecht‹«.

129 Es wird zwar an weibliche Personen gedacht, sprachlich fordern die Freiheitlichen Frauen hier jedoch offenbar männliche Haushaltsgehilfen.

130 Hier habe ich bewußt die männliche Form gewählt, weil die befragten F-Politikerinnen erstens die geschlechtsneutralen Formulierungen während der Befragung nie verwendeten und zweitens, weil sich ihre Gerechtigkeitsvorstellungen auf einen »patriarchalischen Habitus der Gerechtigkeit« ausrichtet (Bloch 1985, 55).

131 Die Befragte selbst spricht ausschließlich von »Asylanten, Migranten und Ausländer«.

132 Das Interview fand in ihrem Haus statt. Zum diesem Zeitpunkt hatte sie eine Flüchtlingsfamilie im Nebenhaus untergebracht.

133 In den meisten Rechtsstaaten der westlichen Welt sollen verfassungsrechtlich gesicherte Gleichheitsgrundsätze Vorrechte der Geburt, der Ethnizität, der Konfession und des Geschlechts ausschließen.

134 Laut FPÖ-Statuten ist für die Nominierung und Reihung der Bezirkswahllisten auch der Landesvorstand verantwortlich. Die FPÖ war jedoch bemüht, die Bezirksorganisationen in den Entscheidungsprozeß einzubinden. Die Bezirke wurden beauftragt, jeweils fünf KandidatInnen zu nominieren. Ein halbes Jahr vor der Wahl wurden die Bezirke beauftragt, die Zahl auf das Dreifache (die gesetzlich mögliche Anzahl) zu erhöhen. Da der Landesvorstand, der eine Nominierung vorzunehmen hatte, nicht alle aufgestellten ListenkandidatInnen kannte, wurde ein KandidatInnen-Hearing durchgeführt, welches die KandidatInnen auf »Auftreten, Rhetorik, politische Qualitäten« testen sollte. Danach gab der Landesvorstand eine Reihungsempfehlung ab, an die sich die meisten Bezirke hielten (vgl. Gratzer 1993, 242).

135 Sie ist Mutter von sieben Kindern und Ehefrau von Horst Jakob Rosenkranz, »Schriftleiter« der rechtsradikalen Zeitschrift »Fakten«.

136 Christine Landfried bezieht sich hier auf eine unter der Leitung von Dietrich Herzog durchgeführten Umfrage mit Mitgliedern des 11. Deutschen Bundestages, wo sowohl zwischen weiblichen und männlichen Abgeordneten als auch bei einigen Fragen zwischen FunktionsträgerInnen und NichtfunktionsträgerInnen differenziert wurde. Vgl. Dietrich Herzog, Hilke Rebenstorf, Bernhard Weßels (Hg.), Parlament und Gesellschaft. Eine Funktionsanalyse der repräsentativen Demokratie, Opladen 1993, 92.

137 Die beiden befragten Kommunalpolitikerinnen sind hier ausgenommen.

138 Max Weber unterscheidet zwischen zwei hauptberuflichen Politikern. Wer für die Politik lebt, macht im innerlichen Sinn »sein Leben daraus«: er genießt entweder den nackten Besitz der Macht, die er ausübt, oder er speist sein inneres Gleichgewicht und Selbstgefühl aus dem Bewußtsein, durch Dienst an seiner »Sache« seinem Leben einen Sinn zu verleihen. Wer von der Politik als Beruf lebt, der strebt danach, daraus eine dauernde Einnahmequelle zu machen (vgl. Münkler 1990, 25).

139 Siehe Kapitel »Wir schaffen es auch ohne Quote«

140 Dieselbe Politikerin erzählt mir vor dem Interviewgespräch, was sie prinzipiell vom österreichischen Parlamentarismus hält. In diesem Zusammenhang meinte sie unter anderem: »Gesetzesabstimmungen« seien sowieso nur »eine Show, weil Gesetze nicht im Parlament, sondern bereits vorher zwischen den beiden Koalitionspartnern abgemacht werden« würden. Außerdem vermisse sie die »direkte Demokratie«, ähnlich wie in der Schweiz.

141 Bei dieser parlamentarischen Abstimmung handelte es sich darum, das gesetzlich festgelegte Schutzalter für homosexuelle (männliche) Menschen von 18 Jahren auf 14 Jahre herabzusetzen, um so gleichgeschlechtliche Lebensgemeinschaften zu entkriminalisieren (Laut § 209 StGB wird »gleichgeschlechtliche Unzucht mit Personen unter achtzehn Jahren« bestraft).

142 Frau und Familie in der Gesellschaft. Schriftenreihe des Freiheitlichen Bildungswerkes 19. Freiheitliches Bildungswerk. Politische Akademie der FPÖ (Hg.), Wien, 1986.

143 Zur selben Zeit wurde auch eine Fernsehwerbung vom Verkehrsministerium durchgeführt mit dem Slogan: Lichtfahrer sind sichtbarer. Daß dabei Steuergelder verschwendet werden würden, war im Gegensatz zur Halbe/Halbe-Kampagne interessanterweise nie zu hören.

144 Vgl. dazu auch Öllinger 1997, 33.

145 Darunter waren Frauen aus den unterschiedlichsten Berufsgruppen zu finden, die einerseits bereits einen Namen in der Öffentlichkeit hatten, und/ oder sich in autonomen Gruppen für Frauenanliegen stark machten. Auch pro-feministische Männer gesellten sich dazu.

146 Die Forderungen zur tatsächlichen Gleichstellung lauteten: 1. Unternehmen erhalten Förderungen und öffentliche Aufträge nur, wenn sie dafür sorgen, daß Frauen auf allen hierarchischen Ebenen entsprechend ihrem Anteil an der Bevölkerung vertreten sind. 2. Gleicher Lohn für gleichwertige Arbeit ist anzustreben. Deshalb ist ein Mindesteinkommen von S 15.000,- brutto, das jährlich dem Lebenskostenindex angepaßt wird, zu sichern. 3. Teilzeitarbeit und geringfügige Beschäftigung

sind arbeits- und sozialrechtlich der vollen Erwerbstätigkeit gleichzustellen. 4. Keine Anrechung des Partnereinkommens bei Notstandshilfe und Ausgleichszulage. 5. Die Gleichstellung der Frauen muß auch durch staatliche Bildungsmaßnahmen gefördert werden. Die Bundesregierung hat geschlechtsspezifische Statistiken zu den Themen Beruf und Bildung zu erstellen und jährlich zu veröffentlichen. 6. Jeder Mensch hat das Recht, Beruf und Kinder zu vereinbaren. Daher hat der Gesetzgeber für die Bereitstellung ganztägliger qualifizierter Betreuungseinrichtungen für Kinder aller Altersstufen zu sorgen. Tagesmütter sind auszubilden und arbeits- und sozialrechtlich abzusichern. 7. Zwei Jahre Karenzgeld für alle AlleinerzieherInnen. 8. Gesetzlich garantierter Anspruch auf Teilzeitarbeit für Eltern bis zum Schuleintritt ihres Kindes mit Rückkehrrecht zur Vollzeitarbeit. 9. Ausdehnung der Behaltefrist am Arbeitsplatz nach der Karenzzeit auf 26 Wochen. 10. Jeder Mensch hat das Recht auf eine Grundpension, die nicht unter dem Existenzminimum liegen darf. Wenn ein/e Lebenspartner/in nicht erwerbstätig ist, hat der/die andere dafür Pensionsbeiträge zu zahlen. Kindererziehung und Pflegearbeit wirken pensionserhöhend. 11. Keine weitere Anhebung des Pensionsantrittsalters für Frauen, bevor nicht die tatsächliche Gleichberechtigung in allen Bereichen gegeben ist.

147 Entschließungsantrag v. 28.11.1996 der Abgeordneten Haller, Apfelbeck, Aumayr, Madl, Dr. Partik Pablè, Dr. Povysil, Rossmann und Kollegen betreffend Frauen-Erwerbstätigkeit, Kindererziehung, Frauenpensionen. XX.GP.-NR. 330/A(E).

148 Auch die ÖVP überlegt die Einführung des Familiensplittings und ließ dieses Jahr bereits eine Studie darüber vom parteinahen Östereichischen Institut für Familienforschung erstellen.

149 Vgl. Reihe Vertrag mit Österreich. Freiheitliche Familienpolitik, o. J., 15.

150 Im übrigen sei dahingestellt, wieviele Minderjährige mit »vier und fünf« Kindern es in Österreich gibt.

151 Vgl. Konzept der IFF, 1996.

152 Vgl. Reihe Vertrag mit Österreich. Freiheitliche Familienpolitik, o. J.

153 Die Freiheitlichen bekennen sich »aus familienpolitischer Sicht zum zweiten Karenzjahr«. Das Karenzgeld solle nach ihrer Vorstellung in »einheitlicher Höhe« den Kindern »aller« Eltern (Freiberufler, Bauern, Studenten usw.) zugute kommen. (vgl. Edith Haller, Freiheitliche Familienpolitik. In: Reihe Vertrag mit Österreich, o. J., 18)

154 Dabei stützen sie sich auf eine »Machbarkeitsstudie« des Österreichischen Institutes für Familienforschung von 08.07.1997, die ausschließlich von männlichen Experten erstellt wurde. (Vgl. [sic!] Nr. 20/1997 und Nr.16/1997)

155 Für diese zusätzlichen Kosten müßte der Familienlastenausgleichsfond FLAF zur Verfügung stehen.

156 Auf dem Bundesparteitag der SPÖ 1985 wurde auf massiven Druck der Frauen organisation eine 25% Quotenbestimmung in das Parteistatut aufgenommen. 1993 wurde die Quote auf 40% erhöht, sie sollte innerhalb der nächsten zehn Jahre erreicht werden. Die GAL schrieb in ihren »Leitlinien Grüner Politik« die »Frauenparität« fest. Konservative Parteien, vor allem ÖVP, sahen »rot«, wenn sie Quoten hörten.

157 Die SPÖ und die Grüne Alternative (GAL) haben Frauenquoten, wie bereits erwähnt, in ihren Parteistatuten verankert. Die ÖVP hat – selbst für Insiderinnen

überraschend, nach zahlreichen Wahlniederlagen – auf ihrem letzten Bundesparteitag (22. 04. 1995) ein neues Grundsatzprogramm beschlossen, das auch das programmatische Bekenntnis zu einer Ein-Drittel-Quote enthält. »Die Gleichberechtigung von Frauen in der Politik wollen wir durch die Einführung einer Mindestquote von einem Drittel bei öffentlichen Mandaten vorantreiben«, lautet der Passus im Parteiprogramm. (Das neue Grundsatzprogramm 1995, Abschnitt 3.8.5.) Eine entsprechende Statutenänderung ist noch ausständig. Das Anfang 1993 gegründete Liberale Forum lehnt Quotenregelung ab, schließt jedoch in Zukunft dieses politische Instrument nicht aus. Grundsätzlich würden jedoch jegliche Zwangsmaßnahmen den liberalen Prinzipien der Selbstregulierung widersprechen (vgl. Frauenbericht 1995, 593). Die Relevanz der selbst verordneten Quoten wird an den aktuellen Präsenzanteilen deutlich: SPÖ 31%, ÖVP 18%, FPÖ 22%, LIF 30 % und GAL 55% (Rosenberger 1997, 20). Die ÖVP-Ministerin Gehrer forderte erst vehement die Einführung der 30%-igen Frauenquote in ihrer Partei.

158 Erläuterungen zum ersten Parteiprogramm der Freiheitlichen Partei Österreichs 1958 (vgl. Reiter 1982, 257-275).

159 Bad Ischler Programm von 1968 (vgl. Erich Reiter 1982, 84-88).

160 Programm der FPÖ 1985. Beschlossen am Programmparteitag 1. u. 2. Juni 1985 in Salzburg. Veröffentlicht in: Informationen. Zeitung des Freiheitlichen Bildungswerkes, Folge 5/85. Freiheitliches Bildungswerk (Hg.), Wien.

161 Seit der Nationalratsnachwahl vom 13. Oktober 1996 verfügen die Freiheitlichen über 42 der insgesamt 183 Nationalratsmandate. Acht dieser Mandate werden von Frauen ausgeübt, damit beträgt der Anteil weiblicher F-Abgeordneter rund 19%. Zum Vergleich die anderen Parlamentsparteien: SPÖ: 31% (22 von insgesamt 71 Mandaten); ÖVP: 19% (10 von 52); LiF: 44% (4 von 9); Grüne 56%(5 von 9).

162 Die Freiheitlichen konnten auch dem Beschluß der europäischen Sozialminister, der eine Bevorzugung von Frauen in Führungspositionen bei gleicher Qualifikation für wünschenswert und EU-konform hält, nichts abgewinnen. Obwohl die positive Diskriminierung ohnehin nur eine Quote von 30 Prozent vorsieht, sind für den Freiheitlichen Abgeordneten Wolfgang Jungk »drei Prozent« Frauen in Führungspositionen »auch genug« (vgl. Profil v. 09.12.1996).

163 Haiders Wertschätzung von Menschen mit Behinderung ist ebenfalls an deren Leistung gekoppelt. Erst die Leistungsfähigkeit ermöglicht demnach die »Anerkennung personaler Integrität«. In diesem Sinne schrieb er an die »Kleine Zeitung«: »Integration findet erst dann statt, wenn der Nichtbehinderte seinem geistig behinderten Mitmenschen mit Ehrfurcht und echt empfundener Anerkennung gegenübertritt, was jedoch erst dann geschehen kann, wenn der Behinderte seine Leistung bringt, die nicht selbstverständlich für diesen Personenkreis angesehen wird, oder etwas besser kann als ein Nichtbehinderter« (Der Standard v. 04.09.1996).

164 Vor allem Bärbel Schöler-Macher hat »Fremdheit von Frauen in der Politik« zum Untersuchungsgegenstand gemacht. Schöler-Macher, Bärbel, Fremd(körper) in der Politik. Die Normalität des politischen Alltags in Parteien und Parlamenten aus der Sicht der Frauen, 1991. (Vgl. auch Gerda Hasselfeldt, Die Fremdheit von Frauen in der Politik. In: Politische Studien. Zweimonatszeitschrift für Politik und Zeit, Heft 328, Jg. 44, 1993, 31-35).

165 Alfred Schütz (1972) hat in seiner sozialpsychologischen Studie über den Fremden etwas beschrieben, das auch auf die Erfahrungen von Frauen in der Politik zutrifft: Ein »Neuankömmling« könne bestenfalls Gegenwart und Zukunft mit der für ihn neuen Gruppe teilen, er bliebe aber immer ausgeschlossen von der »lebendigen Erfahrung« und sozialen Interaktion, innerhalb derer sich die Regeln und Orientierungsschemata der neuen Gruppe gebildet haben. (vgl. Schöler-Macher 1991, 99).

166 Eva Kreisky bezeichnet in ihrer Analyse des Staates als Männerbund die Berufspolitik als männlich verfaßte und genormte Welt, in der nur »männliches, sachlich-distanziertes Verhalten« als das Richtige erscheint (Kreisky 1994, 193).

167 So nennen parteiinterne KritikerInnen jenen, aus sieben Personen bestehenden informellen Zirkel, der sich jeden Mittwochabend trifft und Strategien für die kommende Woche festlegt (Falter Nr. 48/ 97, 11).

168 Der ExpertInnenstatus ist ein relationaler Status, der sich aus der Fragestellung und dem Erkenntnisinteresse ableitet. Ziel von ExpertInneninterviews ist es, Wissens- und Handlungsmuster theoretisch generalisierbar zu machen. Offene Leitfäden beleuchten die ungeschriebenen Gesetze des ExpertInnenhandelns, sie sind aber nicht zwingendes Modell des Gesprächsverlaufs (vgl. dazu: Detlef Graz/Klaus Kraimer (Hg.): Qualitativ-empirische Sozialforschung. Konzepte, Methoden, Analysen. Opladen 1991, und Mayring Philipp: Einführung in die qualitative Sozialforschung. 2. Auflage, 1993).

169 Der Soziologe Alfred Schütz entwickelte vor allem den handlungstheoretischen und methodologischen Bezugsrahmen des narrativen Interviews.

170 George Herbert Mead und Martin Blumer, beide bekannt geworden durch den von Blumer geprägten Namen »Symbolischer Interaktionismus«.

171 Der forschungspraktische Bezugsrahmen des narrativen Interviews ist vor allem durch die soziologische Abteilung (Strauss, Becker, Goffman und Glaser/Strauss) der Chicagoer Schule geprägt.

172 Siehe Anhang.

173 Siehe auch »Traditionelle Rekrutierung und Quereinstieg«.

Literatur

Angerer, Marie-Luise, Appelt Erna, u.a. (Hg.), Auf glattem Parkett. Feministinnen in Institutionen. Wien 1991.

Appelt, Erna, Sozialpartnerschaft und Fraueninteressen. In: Emmerich Talos (Hg.) Sozial-partnerschaft, Kontinuität und Wandel eines Modells. Wien 1993.

Appelt, Erna, Frauen und Sozialpartnerschaft: Ein Nicht-Verhältnis? In: Frauenbericht. Bericht über die Situation der Frauen in Österreich. Bundesministerin für Frauenangelegenheiten/Bundeskanzleramt (Hg.). Wien 1995, 610-614.

Bailer-Galanda, Brigitte, Haider wörtlich. Führer in die Dritte Republik. Wien 1995.

Bailer-Galanda, Brigitte/Neugebauer, Wolfgang, Haider und die »Freiheitlichen« in Österreich. Berlin 1997.

Beckermann, Ruth, Jenseits des Krieges. Wien 1998.

Becker-Schmidt, Regina/Knapp, Gudrun-Axeli (Hg.), Das Geschlechterverhältnis als Gegenstand der Sozialwissenschaften. Frankfurt/Main/New York 1995.

Bernardoni, Claudia/Werner, Vera (Hg.), Ohne Seil und Haken. Deutsche UNESCO-Kommission, Bonn 1987.

Berchthold, Klaus, Österreichische Parteiprogramme 1868-1966. Wien 1987.

Beyme, Klaus von, Die politische Klasse im Parteienstaat, 2. Auflage, Frankfurt 1995.

Bitzan, Renate (Hg.), Rechte Frauen. Skingirl, Walküren und Feine Damen. Berlin 1997.

Bloch, Ernst, Naturrecht und menschliche Würde. 2. Auflage, Frankfurt/Main 1991.

Bohnsack, Ralf, Rekonstruktive Sozialforschung. Einführung in Methodologie und Praxis qualitativer Forschung. 2. Auflage, Opladen 1993.

Bohnsack, Ralf, »Orientierungsmuster« Ein Grundbegriff qualitativer Sozialforschung. In: Folker Schmidt (Hg.), Methodische Probleme der empirischen Sozialforschung. Hohengehren 1997, 49-61.

Böltken, Andrea, Führerinnen im »Führerstaat«. Pfaffenweiler 1995.

Büchner, Britta Ruth, Rechte Frauen, Frauenrechte und Klischees der Normalität. Gespräche mit »Republikanerinnen«. Pfaffenweiler 1995.

Dyk, Irene, Frauen im österreichischen Parlament. In: Herbert Schambeck (Hg.), Österreichischer Parlamentarismus. Werden und System. Berlin 1986.

Eckart, Christel, Töchter in der »vaterlosen Gesellschaft«. Das Vorbild des Vaters als Sackgasse zur Autonomie. In: Hagemann-White, Carol/Rerrich, Maria S. (Hg.) FrauenMännerBilder. Männer und Männlichkeit in der feministischen Diskussion. Bielefeld 1988, 170-192.

Filter, Cornelia, Ein (Männer)Volk. In: Emma. Nr. 1/93, 24-33.

Flaacke, Karin, Frauen und öffentlich sichtbare Einflußnahme. In: Feministische Studien, Heft 1, 91. Weinheim 1991, 136-142

Flechtheim, Otto, Theorie und Soziologie der politischen Parteien. o. O. 1974.

Fraisse, Geneviève, Geschlecht und Moderne. Archäologien der Gleichberechtigung. Frankfurt/Main 1995.

Frauenbericht. Bericht über die Situation der Frau in Österreich. Bundesministerin für Frauenangelegenheiten/Bundeskanzleramt (Hg.), Wien 1995.

Frischenschlager, Friedhelm, Die Freiheitliche Partei Österreichs. In: Politik in Österreich. Die zweite Republik: Bestand und Wandel. Wolfgang Mantl (Hg.), Wien/Köln/Graz 1992, 368-404.

Gerlich, Peter, Funktionen der Volksvertretung in Peter Gerlich/Helmut Kramer (Hg.) Abgeordnete in der Parteiendemokratie. Wien 1969, 181-198.

Gratzer, Christian, Die Kanditatenauswahl der FPÖ, GABL, VGÖ und des Liberalen Forums anläßlich der Niederösterreichischen Landtagswahl 1993. In: Kohl, Andreas/Ofner, Günter/Stirneman, Alfred (Hg.), Österreichisches Jahrbuch für Politik (ÖJP). Wien 1993, 239-266.

Graz, Detlef/Kraimer, Klaus (Hg.), Qualitativ-empirische Sozialforschung. Konzepte, Methoden, Analysen. Opladen 1991.

Götte, Rose, Frauengeschichten im Parlament. Neustadt 1991.

Haider, Jörg, Die Freiheit die ich meine. Das Ende des Proporzstaates. Frankfurt/Main/Berlin 1993.

Haider, Jörg, »Befreite Zukunft jenseits von links und rechts«. Konzepte für Österreich. Wien 1997.

Handbuch des Österreichischen Rechtsextremismus. Stiftung Dokumentationsarchiv des österreichischen Widerstandes (Hg.), Wien 1993.

Handbuch des politischen Systems Österreichs. Herbert Dachs/Peter Gerlich u.a. (Hg.), Wien 1992.

Handbuch des politischen Systems Österreichs. Die zweite Republik. Herbert Dachs/Peter Gerlich u.a. (Hg.), 3. erweiterte Auflage, Wien 1997.

Harnisch, Ernst, Periodisierungsversuche des 20. Jahrhunderts. In: Herbert Dachs u.a. (Hg.), Handbuch des politischen Systems Österreichs. Die zweite Republik. 3. erweiterte Auflage, Wien 1997.

Hartlieb, Petra/Spring, Claudia, Diskriminierung zum Schutz der Frauen. Frauen in der F-Politik. In: Die Linke, Nr. 13-14, Wien 1997, 5-6.

Hasselfeldt, Gerda, Die Fremdheit von Frauen in der Politik. In: Politsche Studien. Zweimonatszeitschrift für Politik und Zeit, Heft 328, Jg. 44, 1993, 31-35.

Henning-Scharsach, Hans, Haiders Kampf. Wien 1992.

Henning-Scharsach, Hans, Haiders Clan. Wie Gewalt entsteht. Wien, 1995.

Herzog, Dietrich, Politische Karrieren. Selektion und Professionalisierung politischer Führungsgruppen. Opladen 1975.

Hofinger, Christoph/Ogris, Günther. Achtung, gender gap! Geschlecht und Wahlverhalten 1979-1995. In: Wahlkampf und Wählerentscheidung. Analysen zur Nationalratswahl 1995. Fritz Plasser, Peter A. Ulram, Günther Ogris (Hg.), Wien, 1996, 211-232.

Hoecker, Beate, Politik: Noch immer kein Beruf für Frauen? In: Aus Politik und Zeitgeschichte. B 9 – 10/1987, Bonn 1987, 3-14.

Holzer, Willibald I., Rechtsextremismus. Konturen, Definitionsmerkmale und Erklärungsansätze. In: Handbuch des österreichischen Rechtsextremismus. Dokumentationsarchiv des österreichischen Widerstandes (Hg.), Wien 1993, 11-96.

Horstkötter, Marianne, Frauen in der Kommunalpolitik. Frankfurt 1990.

Huber, Antje (Hg.), Die Sozialdemokratinnen. Verdient die Nachtigall Lob, wenn sie singt? Stuttgart 1984.

Hünert, Monika, Macht- und Politikverständnis bei Frauen und Männern in der Kommunalpolitik. In: Virginia Penrose/Clarissa Rudolph (Hg.) Zwischen Machtkritik und Machtgewinn. Feministische Konzepte und politische Realität. Frankfurt/Main/New York 1996, 91-108.

Kahlweit, Cathrin, Damenwahl. Politikerinnen in Deutschland. München 1994.

Knapp, Gudrun-Axeli/Becker-Schmidt, Regina (Hg.), Das Geschlechterverhältnis als Gegenstand der Sozialwissenschaften. Frankfurt/Main, New York 1995.

Kohl, Andreas/Ofner, Günter/Stirneman, Alfred (Hg.), Österreichisches Jahrbuch für Politik (ÖJP)1993, Wien 1993.

Köpl, Regina, Frauenpolitik in der SPÖ. Reformpolitik im Spannungsfeld bürgerlich-partriachalischer Hegemonie und sozialdemokratischer Partizipationsstrategie. Dissertation, Universität Wien 1983.

Kramer, Helmut/Gerlich, Peter(Hg.), Abgeordnete in der Parteiendemokratie. Wien 1969.

Kreisky, Eva, Das ewig Männerbündische? Zur Standardform von Staat und Politik. In: Claus Leggewie (Hg.), Wozu Politikwissenschaft? Über das Neue in der Politik. Darmstadt 1994, 191-210.

Kreisky, Eva, Politische Institutionalisierung von Männlichkeit. Teil I und II. Skriptum zur Spezialvorlesung aus politischer Theorie und Ideengeschichte. WS 1996/97. Institut für Politikwissenschaft, Wien.

Kreisky, Eva/Sauer, Birgit (Hg.), Das geheime Glossar der Politikwissenschaft. Geschlechtskritische Inspektion der Kategorien einer Disziplin. Frankfurt/Main, New York 1997.

Kreisky, Eva, Wider verborgene Geschlechtlichkeit. Die maskuline Unterseite politischer Gerechtigkeitsdiskurse. (Vortrag an der Pägagogischen Hochschule Erfurth, am 01.07.1997). Institut für Politikwissenschaft, Wien.

Landfried, Christine, Politik als Beruf heute. Ein Anforderungsprofil an Professionelle. In: Claus Leggewie (Hg.), Wozu Politikwissenschaft? Über das Neue in der Politik. Darmstadt 1994, 211-228.

Lepsius, Renate, Frauenpolitik als Beruf. Gespräche mit SPD-Parlamentarierinnen. Hamburg 1987.

Liebhart, Karin/Veichtlbauer, Judith, Die rechte Frau. In: Sehnsucht nach Schicksal und Tiefe, Eikhoff/Korotin (Hg.), Wien 1997, 128-147.

Luther, Kurt Richard, Die Freiheitliche Partei Östereichs. In: Herbert Dachs u.a. (Hg.), Handbuch des politischen Systems Österreichs, Wien 1992, 247-295.

Luther, Kurt Richard, Die Freiheitlichen (F). In: Herbert Dachs u.a. (Hg.), Handbuch des politischen Systems Österreichs, 3. erweiterte Auflage, Wien 1997, 286-303.

Mayring, Philipp, Einführung in die qualitative Sozialforschung. 2. Auflage, Augsburg 1993.

Meyer, Birgit, Frauen an die Macht!? Politische Strategien zur Durchsetzung der Gleichberechtigung von Mann und Frau. In: Aus Politik und Zeitgeschichte, B 9-10/1987, Bonn 1987, 15-28.

Meyer, Birgit, Die »unpolitische« Frau. Politische Partizipation von Frauen oder: Haben Frauen ein anderes Verständnis von Politik? In: Aus Politik und Zeitgeschichte, Beilage zur Wochenzeitung Das Parlament B 25-26, 1992, 3-18.

Meyer, Birgit, Hat sie heute denn überhaupt gekocht? In: Brückner, Margit/Meyer, Birgit: Die sichtbare Frau. Freiburg 1994, 369-412.

Morgenroth, Christine, Die engagierte Frau. Frauen und Interessenorganisationen. Münster 1996.

Müller, Wolfgang C., Das Parteiensystem. In: Herbert Dachs u.a. (Hg.), Handbuch des politischen Systems Österreichs, Wien 1992, 181-196.

Münkler, Herfried (Hg.), Lust an der Erkenntnis: Politisches Denken im 20. Jahrhundert. Ein Lesebuch. München 1990.

Nagl-Docekal, Herta, Was ist feministische Philosopie. In: Feministische Philosophie. Nagl-Docekal, Herta (Hg.), Wien/München 1990, 7-39.

Neyer, Gerda, Frauen in der Politik. Am Beispiel der Repräsentation von Frauen im Nationalrat. In: Herbert Dachs u.a. (Hg.), Handbuch des politischen Systems Österreichs, Wien 1992, 296-308.

Neyer, Gerda, Frauen im Nationalrat. In: Renate Fleisch/Lydia Milon (Hg.), Frauen machen Stäat. Bregenz 1994, 7-21.

Neyer, Gerda, Frauen im österreichischen politischen System. In: Herbert Dachs u.a. (Hg.), Handbuch des politischen Systems Österreichs, Wien 1997, 185-212.

Offe, Klaus, Wider scheinradikale Gesten. In: Gunter Hofmann, Werner Perger (Hg.), Die Kontroverse. Weizsäckers Parteienkritik in der Diskussion. Frankfurt/Main 1992.

Öllinger, Gertrude, Rechte (und) Frauen. Skinheads – Neonazis – Rechtsextreme. Diplomarbeit, Wien 1997.

Ottomeyer, Klaus/Goldmann, Harald u.a., Jörg Haider und sein Publikum. Eine Sozial-psychologische Untersuchung. 2. Auflage, Klagenfurt 1992.

Pircher, Erika, Rosenberger Sieglinde, Organisationsformen und Fraueninteressen in Parteien westlicher Demokratien – unter besonderer Berücksichtigung christlich-demokratischer und konservativer Parteien. Innsbruck 1989.

Plasser, Fritz/Ulram, Peter A./Ogris, Günther (Hg.), Wahlkampf und Wählerentscheidung. Analysen zur Nationalratswahl 1995. Wien 1995.

Pleischl, Anna Maria, Politik als Männerberuf. Männerkarrieren im Nationalrat. Ein biografischer Zugang. Diplomarbeit, Wien 1996.

Penrose, Virginia, Orientierungsmuster des Karriereverhaltens deutscher Politikerinnen. Ein Ost-West Vergleich. Bielefeld 1993.

Penrose,Virginia/Clarissa, Rudolph (Hg.), Zwischen Machtkritik und Machtgewinn. Feministische Konzepte und politische Realität. Frankfurt/Main, New York 1996.

Reimann, Viktor, Die Dritte Kraft in Österreich. Wien 1980.

Reiter, Erich, Programm und Programmentwicklung der FPÖ. Österreichische Schriftenreihe für Recht- und Politikwissenschaft. In: Felix Ermacora (Hg.). Band 5. Wien 1982.

Rosenberger, Sieglinde, Frauen- und Familienpolitik. Eine Politik der Gegensätzlichkeit. In: ÖZP, Heft 2/1990, 179-192.

Rosenberger, Sieglinde, Geschlechterarrangement in der politischen Öffentlichkeit. Frauenorganisationen in Parteien. In: Angerer, Marie-Luise, Appelt Erna, u.a. (Hg.), Auf glattem Parkett. Feministinnen in Institutionen. Wien 1991.

Rosenberger, Sieglinde Katharina, Frauenpolitik in Rot-Schwarz-Rot. Geschlechterverhältnisse als Gegenstand der österreichischen Politik. Anton Pelinka (Hg.), Studien zur politischen Wirklichkeit, Band 6. Wien 1992.

Rosenberger, Sieglinde Katharina, Fremdkörper in der Politik. In politischen Institutionen sind Frauen noch immer unterrepräsentiert. Politik ist ein männlicher Beruf, der auf der Zuarbeit von Frauen basiert. In: an.schläge. Feministisches Magazin für Politik, Arbeit und Kultur. Wien Juni 1997, 16-21.

Rossmann, Eva, Unter Männern. Frauen im Österreichischen Parlament. Wien/Bozen 1995.

Rossmann, Eva. Heim an den Herd? Sparpaket, Arbeitsmarktmangel, konservative Trends und was Frau dagegen tun kann. Wien 1996.

Sartori, Giovanni, Parties and Party Systems. Cambridge 1976.

Schranz, Harry, Die F-»Bewegung« – Mogelpackung einer ewiggestrigen Partei. In: »Bewegung nach rechts« Vom Dritten Reich zur Dritten Republik. Zeitdokument 60, Wien o. J.

Schöler-Macher, Bärbel, Fremd(Körper) in der Politik. Die Normalität des politischen Alltags in Parteien und Parlamenten aus der Sicht von Frauen. In: Zeitschrift für Frauenforschung, 1991, Heft 1 und 2.

Schöler-Macher, Bärbel, Die Fremdheit in der Politik. Erfahrungen von Frauen in Parteien und Parlamenten. Münster 1994.

Schwarting, Frauke: »Manchmal hast du das Gefühl, du stimmst nicht ganz«. Erfahrungen von Frauen in Parlamenten. Münster 1995.

Soeffner, Hans-Georg, Populisten: Profiteure, Handelsagenten und Schausteller ihrer Gesellschaften. In: Helmut Berking u. a. (Hg.), Politikertypen in Europa. Frankfurt/Main 1994, 259-279.

Trömel-Plötz, Senta (Hg.), Frauensprache: Sprache der Veränderung. Frankfurt/Main 1982.

Trömel-Plötz, Senta (Hg.), Gewalt durch Sprache. Die Vergewaltigung von Frauen in Gesprächen. Frankfurt/Main 1984.

Trömel-Plötz, Senta (Hg.), Vatersprache Mutterland. Beobachtungen zur Sprache und Politik. München 1993.

Volk, Inge, Gibt es eine weibliche Politik? Gespräche mit Parlamentarierinnen. Weinheim 1992.

Walter, Oswalt, Definition des Begriffs »Rechtsradikalismus/Rechtsextremismus«. In: Oswalt Walter, Kirfel Martina (Hg.), Die Rückkehr der Führer. Modernisierter Rechtsradikalismus in Westeuropa. Wien/Zürich 1991.

Weber, Max, Politik als Beruf. In: Herfried Münkler (Hg.), Lust an der Erkenntnis: Politisches Denken im 20. Jahrhundert. Ein Lesebuch. München 1990, 22-34.

Wolfgruber, Elisabeth, Das Tätigkeitsprofil der Abgeordneten in ausgewählten österreichischen Bundesländern. In: Österreichische Zeitschrift für Politikwissenschaft (ÖZP), 26. Jg./1, Wien 1997, 7-22.

Zeuner, Bodo, Innerparteiliche Demokratie. Zur Politik und Zeitgeschichte. Berlin 1969.

Zeitschriften und Dokumente

an.schläge. Feministisches Magazin für Politik, Arbeit und Kultur.
an.schläge v. Juni 1997

Aula. Das freiheitlichen Magazin. (vormals: AULA. Stimmen zur Zeit. bzw. Die Aula. Freie Monatsschrift für Kultur Wirtschaft Politik) Nr. 6, 1990 und Nr. 6, 1992.

Austria Presseagentur
APA-Aussendung v. 06.09.1996
APA-Aussendung v. 25.10.1996
APA-Aussendung v. 06.11.1996
APA-Aussendung v. 09.12.1996
APA-Aussendung v. 16.05.1997

beziehungsweise unabhängig/wissenschaftlich/interdisziplíär/anwendungsbezogen. Informationsdienst des Österreichischen Instituts für Familienforschung. BM f.UJF, Projektgruppe im ÖIF, Helmut Schattovits, Wien, Nr.16/1997.

Entschließungsantrag der Abgeordneten Haller, Apfelbeck, Aumayr, Madl, Dr. Partik-Pablè, Dr. Povysil, Mares Rossmann und Kollegen betreffend Frauenerwerbstätigkeit, Kindererziehung, Frauenpensionen. XX. Gesetzgebungsperiode. Nr. 330/A (E) 28.11.1996.

Falter Stadtzeitung Wien.
Falter Nr. 35/1996
Falter Nr. 48/1997

Festschrift: F 40 Jahre Freiheitliche Partei Österreichs. Freiheitliches Bildungswerk (Hg.) Freie Argumente Folge 3/96, Wien 1996.

Frau und Familie in der Gesellschaft Schriftenreihe des Freiheitlichen Bildungswerkes 19. Freiheitliches Bildungswerk. Politische Akademie der FPÖ (Hg.) Wien, 1986.

Freiheitliche Familienpolitik Nationalrats-Abg. Edith Haller (Vorwort), Univ. Prof. Dr. Herbert Vonbach. Reihe Vertrag mit Österreich. Freiheitliche Akademie. Freiheitliches Bildungswerk (Hg.), Wien 1997.

Konzept der Initiative Freiheitliche Frauen im Parlament (IFF), Frauen und Gleich-behandlung, Wien August 1995.

Kurier v. 7.10.1984

News Österreichs größtes Nachrichtenmagazin. Politik. Geld. Szene. Leute.
News v. 31.07.1997

Österreichische Zeitschrift für Politikwissenschaft (ÖZP), Vierteljahreszeitschrift, 19. Jahrgang.
Heft 2, 1990.
Heft 1, 1997.

Österreichisches Jahrbuch für Politik (ÖJP), 1993.

Parteiprogramm Der Entwurf im Wortlaut. Freiheitliche Partei Österreichs (FPÖ), 1997.

Parteiprogramm der Freiheitlichen Partei Österreichs (FPÖ), 1998.

Die Presse Unabhängige Tageszeitung für Österreich.
Die Presse v. 18. 01. 1997

Profil Das unabhängige Nachrichtenmagazin Österreichs.
Profil v. 09.09.1986
Profil v. 19.02.1996
Profil v. 26.02.1996
Profil v. 09.12.1996
Profil v. 13.01.1997
Profil v. 29.03.1997
Profil v. 25.08.1997
Profil v. 03.09.1997
Profil v. 07.09.1997
Profil v. 08.09.1997
Profil v. 15.09.1997
Profil v. 27.10.1997
Profil v. 20.12.1997
Profil v. 06.07.1998

Schriftenreihe der Frauenministerin: Kreatives Formulieren. Anleitungen zum geschlechtergerechten Sprachgebrauch. Bundesministerin für Frauenangelegenheiten und Verbraucherschutz (Hg.), Wien 1997, Band 13.

[sic!] Forum für feministische Gangarten.
[sic!] Nr.20. v. 21.09.1997

Der Standard Österreichs unabhängige Tageszeitung für Wirtschaft, Politik und Kultur.
Der Standard v. 21.08.1995
Der Standard v. 04.09.1996
Der Standard v. 16.09.1996
Der Standard v. 15.10.1996
Der Standard v. 31.05./01.06.1997
Der Standard v. 15.09.1997
Der Standard v. 07.09.1998

Wiener Zeitung. Der erste klare Überblick.
Wiener Zeitung v. 04.12.1993

Internet-Adressen

http://www.fpoe.or.at:80/parteitag/riess.htm/ (Stand v. 07.11.1996)

http://www.DerStandard.at/arc/ (Stand v. 15.09.1997)

http://www.parlinkom.gv.at.(Parlamentarier und Gremien/Österreichische Parlamentarier seit 1918/Haubner) (Stand v. 11.02.1997)

http://www.parlinkom.gv.at (Parlamentarier und Gremien/Österreichische Parlamentarier seit 1918) (Stand v. 11.02.1993)

http://www.fpoe.or.at:80/fpc/nr/n_aumayr.povysi.apfelb.madl.haller.preisi.partik.rossma.htm. (Stand v. 01.03.1997)

http://www.foep.or.at.80/fpc/nr/br/n_htm. (Stand v. 01.03.1997)

http://www.fpoe.or.at/aktuell/kindesmissbrauch.htm. (Stand v. 05.07.98)